桃李牧歌

TAOLIMUGE

张政军◎著

黄河出版传媒集团
宁夏人民出版社

图书在版编目（CIP）数据

桃李牧歌／张政军著．—银川：宁夏人民出版社，2014.10

ISBN 978-7-227-05856-4

Ⅰ．①桃… Ⅱ．①张… Ⅲ．①中学教育—文集 Ⅳ．①G63-53

中国版本图书馆CIP数据核字（2014）第249098号

桃李牧歌　　张政军　著

责任编辑　陈　浪
封面设计　石　磊
责任印制　肖　艳

黄河出版传媒集团
宁夏人民出版社　出版发行

地　　址　银川市北京东路139号出版大厦（750001）
网　　址　www.yrpubm.com
网上书店　www.hh-book.com
电子信箱　renminshe@yrpubm.com
邮购电话　0951-5052104
经　　销　全国新华书店
印刷装订　宁夏精捷彩色印务有限公司
印刷委托书号　（宁）0016645

开　　本　720 mm × 980 mm　1/16
印　　张　22.75
字　　数　349千字
印　　数　1000册
版　　次　2014年10月第1版
印　　次　2014年10月第1次印刷
书　　号　ISBN 978-7-227-05856-4/G · 836

定　　价　38.00元

目　录

教学的歌谣

教育的歌谣

教学的歌谣

给说教一些歌谣

“子路、曾皙、冉有、公西华侍坐。”

遥想春秋杏坛，那是子路、曾皙、冉有、公西华几个学生陪老师孔子轻轻松松地席地而坐于郁郁葱葱的参天大树之下自由交流，绝不是老师孔子站在讲台上一本正经地给几个学生苦口婆心地说教。

子曰：“以吾一日长乎尔，毋吾以也。”不要因为老师比学生长几岁，学生就怯生生地不敢畅所欲言了。

闻道有先后，术业有专攻，师不必贤于弟子，弟子不必不如师，如此而已。学生还在仰视，老师就心甘情愿地俯视了。

“居则曰：不吾知也。如或知尔，则何以哉？”树荫之下，清风徐来，天朗气清，见学生个个拘谨，孔子索性找了一个兴奋点——政治。那好，就随随便便说说个人的政治理想吧。

亚里士多德说，人是政治动物。大家都是活生生的人，谁不喜欢政治呢？孔子也喜欢政治啊。半辈子辛辛苦苦地奔跑，还不是想把自己的政治主张找个好国君痛痛快快地嫁了。

子路率尔对曰：“千乘之国，摄乎大国之间，加之以师旅，因之以饥馑，由也为之，比及三年，可使有勇，且知方也。”政治如此妖娆，引子路同志竞折腰。多么井喷的治国壮志啊！多么可爱的快人快语啊！不畏“师旅”，不畏“饥馑”，雷厉风行，大刀阔斧，不到三年，人民人人有勇气，个个讲道理。即使他的理想是梦想，但“恰同学少年，风华正茂。

书生意气，挥斥方遒。指点江山，激扬文字，粪土当年万户侯。”又有什么好笑的呢？为什么夫子要“哂之”呢？是担心子路鲁莽发高烧而因材施教泼凉水降降温？还是介意心直口快的子路没有彬彬有礼谦谦君子的风度？还是直率的子路谈政治谈得太直白了？

难道要子路忸怩作态，嗫嚅半天，欲言又止？“我、我、我啥事也做不来，我就能给别人系个鞋带，打个杂剜个烟锅子。”

显然，孔子笑子路不是这个意思。即使当时已经礼崩乐溃了，但男人谈政治依然阳光灿烂神采飞扬。喜欢就是喜欢，不喜欢就是不喜欢，不藏不遮不掩不掖。哪里像今天，男人之于政治，就像之于妓女，心里想着，嘴里却骂着。我不知道这背后的奥秘究竟是什么？政治这样一个造福人类的美好东西，为什么会变得像妓女了？想之而心悸，谈之而色变。政治不美丽吗？不，恐怕是人谋取政治利益的心理见不得阳光吧。政治应当是天上的仙女抛给人间的美丽的彩球，天下的人民都有权利正大光明兴高采烈地去角逐啊！谁赢得了人民的信任，谁携手人民一路走向美好幸福；谁得不到人民的信任，谁甘拜下风养精蓄锐励精图治以求东山再起。阳光下最引人注目的事情，又有什么遮遮掩掩的呢？

所以，我真的不看好“夫子哂之”，尽管孔子是善意的。他为什么要笑可爱的子路呢？给子路一首歌谣，让他尽情地歌唱。哪怕后来可爱的子路被作乱者剁成肉酱，但那又有什么呢？子路是正衣正冠以后为他的理想和人民微笑着而走向天堂的，子路是幸福的子路。

“求，尔何如？”冉有，你是怎么想的？

怎么没有问曾皙呢？曾皙在干什么？怎么没有参与大家的讨论？

冉有对曰：“方六七十，如五六十，求也为之，比及三年，可使足民。如其礼乐，以俟君子。”冉有依然畅谈的是政治理想，励精图治三年，建设好一个小国的物质文明，使人民有吃有穿有房住。“如其礼乐，以俟君子。”至于精神文明还需要贤能的人来建设。谦虚的冉有对答得恰到好处。

“赤，尔何如？”公西华，你的理想呢？

怎么还不问曾皙？是有意冷落曾皙吗？

公西华对曰：“非曰能之，愿学焉。宗庙之事，如会同，端章甫，愿为小相焉。”听听，祭祀祖先，诸侯会盟，朝见天子，穿着礼服，戴着礼帽，主持赞礼和司仪，俨然人前人了，还说“非曰能之，愿学焉”。公西华是多么会做人啊！但是，过分的谦虚是不是近乎虚伪了呢？然而，弥漫提拔栽培之风的仕途，学不会低头，学不会谦虚，谁又会欣赏提拔你呢？

“点，尔何如？”曾皙，你在想什么呢？

突然问到了曾皙。曾皙在干什么呢？

“鼓瑟希，铿尔，舍瑟而作。”好一个逍遥自在的曾皙，原来他在弹奏着心爱的瑟，一个人置身于老师同学热烈的讨论之外，醉心于个人的歌谣，享受着蓝天白云，清风丽日。也许他正陶醉于老师同学的讨论，遐想这样美妙的交流需要音乐的伴奏，所以他就如痴如醉地弹起了心爱的瑟。一边是说教，一边是歌谣，行云流水，并行不悖。学生不担心老师生气，老师也不干涉学生的自由。多么和谐的杏坛！原来孔子的课是这么上！佩服！佩服！不是老师在勉强学生，而是学生在选择兴趣。

对曰：“异乎三子者之撰。”曾皙胸有成竹，掷地有声。其为政的才能和三位同学都不一样。

曾皙是羊群的驴驹子吗？

不，子曰：“何伤乎？亦各言其志也！”

啊！孔丘，多么可爱的先生！人各有志，在那个遥远的年代，如此崇尚自由的精神。因为对曾皙的包容，我早忘记了孔子对子路的“哂之”。

曾皙曰：“莫春者，春服既成，冠者五六人，童子六七人，浴乎沂，风乎舞雩，咏而归。”暮春时节，春天的衣服都穿好了，五六个成年人，六七个小屁孩，一起洗洗澡，一起吹吹风，玩啊玩啊玩够了，唱着歌高高兴兴地回家啦！

这是政治理想吗？没有刀光剑影，没有钩心斗角，没有尔虞我诈，没有欲擒故纵，没有釜底抽薪，没有假痴不癫……

夫子喟然叹曰：“吾与点也。”

这是孔子的政治理想吗？是的，这是孔子的政治理想，这是孔子的乌托邦，这是孔子美丽的歌谣。

子路、冉有、公西华，可能还没有走进老师的心田，所以，带着一点点失落先款款离去，曾皙是老师的知音，从从容容地留了下来。

曾皙曰："夫三子者之言何如？"

子曰："亦各言其志也矣！"不是他们说得不对，而是老师更喜欢曾皙的歌谣啊！

曾皙曰："夫子何哂由也？"

子曰："为国以礼，其言不让，是故哂之。"

可爱的孔丘，"为国"是要"以礼"，子路之言"不让"是有些不知"天高地厚"，但是，率直的子路毕竟是率直的子路啊。萨特说："他人即地狱。"子路就是子路，给说教再多一些歌谣。

2012年11月3日

满城尽是花牡丹

我不知道我生活的这样的城市在中国有多少，我不知道其他地方这样的城市近几年市民喜欢什么画点缀居室。在我生活的这座山城里，经过广大劳动人民自力更生艰苦奋斗不懈努力，一部分人先富起来了。解决了吃，解决了穿，解决了住，解决了行，解决了性。近两年正在向更高层次的生活领域进军，追求性感，追求美丽，追求娱乐，追求风雅，追求名望，追求长寿。

一句话，吃饱了干什么？

吃饱了想干的事情太多。在此，只能说说耳闻目睹自己熟悉的，比如：追求美。追求美涉及的领域太广阔了，我只说装点居室的画。

一所居室，有时就像一个人。人温饱解决好了，就需要打扮一下。居室建好了，装潢好了，就需要点缀一下。书画之于居室，好比领带之于男人，首饰之于女人，点缀而已。点缀是一种心情，一种个性，一种品味，一种气质，一种风度。国家首脑打什么领带，男人都打什么领带；刘德华打什么领带，男人都打什么领带。这一定会让人晕的。丈夫是大款，夫君是高官，身为钱太太官太太，自然要高贵了。耳坠佩金，颈项戴银，腕着美玉，指享钻石，举手投足，矫揉造作，不免叫人叹为观止。居室里点缀书画亦如此，挂什么样的画，散发什么样的味道。

人们追求城市，似乎在追求楼房，追求柏油路。不管是楼房，还是柏油路，相同点是，告别土地，告别花草，告别虫鱼，告别牛马，告别雄鹰，告别“两个黄鹂鸣翠柳，一行白鹭上青天”，告别“忽如一夜春风来，千树万树梨花开”，告别“黄四娘家花满蹊，千朵万朵压枝低。留连戏蝶时时舞，自在娇莺恰恰啼”。精致的楼房住得久了，难免生出许多的寂寞。稀释寂寞的办法，除了养养花弄弄草，就是养养阿猫阿狗小龟小鱼。当然，这些业余爱好，可以享受娱乐，但满足不了风雅。其实人心都比天高，也比海遥远，于是，挂一幅字，挂两幅画就十分自然了。

咖啡需要冲着喝，大红袍需要泡着喝，富贵也需要稀释着享受。中国的字画是富贵的稀释剂，过去如此，今天也如此。

乾隆皇帝，问鼎天下，九五之尊，什么好玩的没有玩过？普天之下莫非王土，率土之滨莫非王臣。但他狗改不了吃屎，一根筋地玩字画。凡他老人家见过的字画，没有干干净净脱身的，仿佛对待漂亮的宫女似的，喜欢了总想给如花似玉的体内奉献一点爱才志得意满。饱蘸御墨，大笔一挥：乾隆御题。末了盖一朱红大印：乾隆御印。清宫字画，无一幸免。真像一只健壮的公狗，见了电线杆就要提腿美美地撒一泡尿。乾隆皇帝的字实在不敢恭维，入帖而难出帖，媚俗而少筋骨，对不起他风流倜傥、风雅千古的雄心壮志。

和珅大人，富可敌国。“和珅跌倒，嘉庆吃饱”可不是传说，但是，这和大人玩着玩着什么也没有兴趣了，只是见了名字名画，眼睛就发光。谢谢和大人，一些稀世字画，因为他爱不释手，精心收藏，才得以流传后世。

我不好界定今天的人富贵了没有，但比以前好多了。既然富贵了，那就需要稀释。如何稀释呢？吃喝嫖赌，庸俗！琴棋书画，高雅。可是，琴需要天赋，棋少不了耐心和慧心，书法是汉字线条的艺术，少了苦性灵性悟性中的一性都不行，那只好玩画了。画嘛，文盲根据生活经验，也不会把马认作驴，把鱼认作蛤蟆，把蜜蜂认作苍蝇，把菊花认作莲花。评头论足，谁会装哑巴？但是，叫我犯怵的是，为什么满城尽是花牡丹？书画店挂的是牡丹，书画市场展览的是牡丹，画匠画的是牡丹，十字绣绣的是牡丹，家里装饰的是牡丹，单位上炫耀的是牡丹，宾馆里迎客的是牡丹。啊！啊！牡丹，众香国里最壮观。啊！啊！牡丹，百花丛中最鲜艳。我蓦地明白，“水陆草木之花，可爱者甚蕃。晋陶渊明独爱菊。自李唐来，世人盛爱牡丹。”为什么“世人盛爱牡丹”？因为，“牡丹，花之富贵者也。”

我有一个画画的朋友，他孜孜不倦地画了二十几年了，画来画去画的全是又灰又瘦的明清风格的田园山水画，尤其酷爱八大山人的画风，画了十几年，也只有租借的一间画室。有时和我喝茶，我嘲笑他不如抱砖头去，他浅浅地一笑，看不上我的俗气。

“为什么不画牡丹？贺房的，走情的，多喜欢送红牡丹啊。”我开导他。

“我试一下吧。”他似乎动心了。

过了好长一段时日，我去喝茶，满画室挂的是花花草草，不是牡丹，是莲花。

“今年流行莲花吗？”

“没有，流行花牡丹。”他淡然回应，“莲花也卖不动。”

“莲花风雅，为什么卖不动？”

“予谓菊，花之隐逸者也；牡丹，花之富贵者也；莲，花之君子者也。噫！菊之爱，陶后鲜有闻。莲之爱，同予者何人？牡丹之爱，宜乎众矣。”他背起了周敦颐的《爱莲说》。

“酸文人！富贵了总比富而不贵好，富贵了总比富而不仁好。玩什么清高？”旁边的一个经营茶叶的朋友闷声批驳。

2012年5月8日

何陋之有

山不在高，有仙则名。水不在深，有龙则灵。斯是陋室，惟吾德馨。苔痕上阶绿，草色入帘青。谈笑有鸿儒，往来无白丁。可以调素琴，阅金经。无丝竹之乱耳，无案牍之劳形。南阳诸葛庐，西蜀子云亭。孔子云：何陋之有？

此诗之美，有诗可比；此诗之妙，有诗可比。

此诗之静，无诗可比；此诗之淡，无诗可比。

诸葛孔明云："非宁静无以致远，非淡泊无以明志。"这才是踏上人生道路的姿态，宁静了才可以致远，淡泊了才可以明志。

刘禹锡的《陋室铭》，是已到达人生目的地的心情，致远了是因为曾经宁静，明志了是因为曾经淡泊。

我有时徜徉于书画市场，四条幅的《陋室铭》常常映入眼帘，篆书，隶书，楷书，行书，草书，比比皆是，应接不暇。我觉得，篆书，隶书，楷书，营造了《陋室铭》宁静的意境；行书，草书，破坏了《陋室铭》宁静的意境。

一直认为，曾经沧海，两鬓染霜，急流勇退，种菜田园，陋室挂安静典雅的隶书四条幅《陋室铭》，乃画龙点睛；涉世不深，青丝蓬勃，弄潮江海，前程万里，雅室挂龙飞凤舞的行草四条幅《陋室铭》，乃画蛇添足。但是，常常看到，行书草书的《陋室铭》挂到了年近不惑的春风得意的中年人的金碧辉煌的洋房里，这是怎样的心灵寄托呢？还是随便挂挂附庸风雅而已？

回味《陋室铭》，刘禹锡当年致远了吗？咀嚼《陋室铭》，刘禹锡当年明志了吗？

“苔痕上阶绿，草色入帘青。”何等的绿色，何等的优雅，何等的宁静，何等的心平气和！未致远，何以如此宁静？如清水一潭，云过落影不动，花开潭边不羡。

“可以调素琴，阅金经。”何等的朴素，何等的悠闲，何等的儒雅，何等的非经典不读！未明志，何以如此淡泊？致远了，明志了，功成了，名就了，体体面面地告老还乡了，该享享清福了。一篇《陋室铭》，全是绵绵丝竹声吗？不，我听到的更多的是铮铮金石声。

“山不在高，有仙则名。”我不是凡人，我是仙人。

“水不在深，有龙则灵。”我不是鱼虾，我是一条龙。

“斯是陋室，惟吾德馨。”我贫穷，我的房子简陋，但我的品德如鲜花般芳香迷人。室不在阔，有德则馨。豪宅里住头猪，再豪华也只是一个豪华的猪圈。

“谈笑有鸿儒，往来无白丁。”别以为凤凰落架了，鸡就可以来谈笑；别以为虎落平阳了，狗就可以来戏耍。

“无丝竹之乱耳，无案牍之劳形。”听烦了歌功颂德，听烦了靡靡之音；看厌了八股公文，看厌了矫揉造作。

“南阳诸葛庐”，以为我是谁？我就是“志见出师表，好为梁父吟”的卧龙先生；我就是“功盖三分国，名震八挂图”的诸葛孔明。

“西蜀子云亭”，以为我是谁？我就是扬雄扬子云，大赋盖两汉，紫冠震名士。

我金银一无所有，我精神充实丰盈。不服？孔子云：何陋之有？

遥想刘禹锡当年，非两鬓染霜，告老还乡，而是年轻气盛，贬官“巴山蜀水凄凉地”啊！高歌一曲“何陋之有？”是他唯一的自尊了。面对“身世浮沉雨打萍”的世袭专制官场，他还能干什么？

曾记否？他的人生如巍巍高原的冰雪，静静地积淀，积淀，无畏严寒，不怕寂寞，耸立云霄，厚积薄发，一泻千里，不尽长江滚滚来。翻过了千山万岭，闯过了千沟万壑，春潮澎湃，秋汛汪洋，生命之歌，慷慨激昂。突然，暗礁林立，激流撞击而曲折隐退。流进一片低洼地，流成一片静寂的湖泊。“清风徐来，水波不兴。”“苔痕上阶绿，草色入帘青。”“可以调素琴，阅金经。”暗淡了刀光剑影，远去了鼓角争鸣，眼前飞扬着一个个曾经的鲜活的面孔。如今还能干什么？如今落魄走麦城。如今还能干什么？如今“斯是陋室，惟吾德馨”。如今还能干什么？如今只能扛大旗拉虎皮请孔子帮腔，自尊地反击：何陋之有？

2012年5月5日

有多少人情愿以苦为乐

不明白刘基大人怎么就管不住自己的一张乌鸦嘴，大明王朝这只山沟沟孵化出来的金凤凰，还没有翱翔蓝天，就先听到了乌鸦嘴放出的丧歌，怎么就不好好学习那些百灵鸟千媚百啭高唱的颂歌？

一开口就什么《苦斋记》，为什么不来个《乐阁颂》？或者《爱屋赞》也蛮时尚的嘛。这刘基大人何许人也？这么没有眼色。街头走走看看，八卦八卦，“太公在此，伯温再世。”噢！刘基原来就是刘伯温，玩八卦的。一部透天机，神秘《推背图》，推算未来五百年，了不得了，刘伯温的未来不是梦，他真的想活五百年？无非晓通经世之学，上知天文下精地理，懂兵法会算计，写了一本破书叫《郁离子》，辅佐朱元璋平定天下，创立基业，封诚意伯，谥号文成嘛。就幻想迟几百年拜见阎王爷？看不惯朱和尚收拾李善长、常遇春、胡惟庸、徐达；看不惯朱和尚卸磨杀驴，兔死狗烹。向张良同志学习，解甲归田，回浙江青田老家颐养天年啊。怎么？失落焦急得坐不住？那活该好好享用一只御鸭子一壶御酒，一命呜呼！动不动还拐弯抹角地弹劾王侯将相的公子少爷“金玉其表，败絮其里”。人家老爸是李刚，又不是比尔·盖茨，不潇洒白不潇洒，不挥霍白不挥霍。小沈阳至理名言：“人最痛苦的是，人死了钱没有花完。”全中国人民会心地笑了。有多少人放着钱不花，放着福不享，心甘情愿地以苦为乐呢？除非加重富人税，除非加重遗产税，除非让以苦为乐的德高望重，除非让挥霍浪费的汗颜羞愧，除非让穷奢极欲的身败名裂。否则，

“人生得意须尽欢，莫使金樽空对月。”“有花堪折直须折，莫等无花空折枝。”品味品味《苦斋记》吧，苦得谁能受得了。唯物主义告诉我们，没有来世，一个人只能活一辈子。今生的苦，修不来死后的乐；今生的乐，也惹不来死后的苦。唯物主义就是这么牛，过把瘾就死。

刘基大人还苦心孤诣地营造了一个苦斋，说是朋友章溢的。是你自己的不是更有教育意义吗？苦斋“覆之以茆，在匡山之巅”，山之巅几座破破烂烂的草房，寒碜。有剑溪，有苍石，有白云，自然风景不错。一年四季，苦涩的北风呼呼地吹，“故植物中之，其味皆苦，而物性之苦者亦乐生焉”。是的，苦的植物都命长，羊不吃，牛不吃，驴不吃。我们西海固人说：“拔的荨麻喂驴呢——把心尽到。”荨麻苦，知道驴不吃，自己还落个人情。

这山上风苦就惹大麻烦了，春夏秋冬，呼呼地吹，呼呼地刮，树是苦的，草是苦的，菜是苦的，花是苦的，果实是苦的，竹笋是苦的，蜜蜂酿的蜂蜜也是苦的，但嚼着嚼着就有了甜味儿，能治咳嗽，能退热，能解燥热心烦的病。不知道抑郁症能治吗？茶是苦的，水是苦的，鱼是苦的，但食之可以醒酒，不错，适合酒鬼居住。可惜“从者多艰其昏晨之往来”，不屑来此苦地方，“惟先生乐游”。掐着吃苦草的嫩芽，拾着吃脱落的苦果，只要饿不死，间或还登高远望，倚大树而长啸，临苦水而濯足。樵歌出林，击打苍石随着唱，人莫知其乐也。

先生自己以苦为乐，自然不过瘾，梦想拥有众多的粉丝，于是侃侃而谈。“乐与苦，相为倚伏者也，人知乐之为乐，而不知苦之为乐，人知乐其乐，而不知苦生于乐，则乐与苦相去能几何哉！”角逐脱口秀的好教材。是的，“今夫膏粱之子”，闲坐于华堂之上，口不尝苦菜之味，身不历农亩之苦，睡的是席梦思，吃的是山珍海味，出入有小车接，“是人之所谓乐也”。难道不该好好享受吗？不及时行乐，谁来拉动消费？怎么了？“一旦运穷福艾，颠沛生于不测”，吃惯了鲍鱼的胃，吃不消烂尾鱼；睡惯了席梦思，卧不了烂草席。“虽欲效野夫贱隶”，胳膊伸不直，腿伸不展，烂草丛生的地方逃一条命也不可得。这难道不是昔日的乐变成了今日的苦吗？哎呀呀，这是哪朝哪代的事了，管他呢。今日有酒今日醉，明日没酒喝凉水。要的是，今天我享受，没有人弹劾就好。

孟子曰："天将降大任于斯人也，必先苦其心志，劳其筋骨，饿其体肤……"我又不想当总统，为什么要吃大苦？

孔子说："忠言逆耳利于行，良药苦口利于病。"问题是非要我吃苦，才有乐。我爱超女，一夜成名，噢耶！

"井以甘竭，李以苦存。"真的吗？乐是乐的通行证，苦是苦的墓志铭，怎么办？

"夫差以酣酒亡，勾践以苦胆兴。"但人家不是勾践啊，人家是富二代，人家是官二代，人家是星二代。人家就是不想以苦为乐啊，你想咋的？你仇富，你羡慕嫉妒恨。

2012年10月28日

穷途之歌

“孟尝高洁，空余报国之情；阮籍猖狂，岂效穷途之哭。”《滕王阁序》中，王勃这样抒情明志。孟尝品行高洁，却空有一腔报国热情；怎能效法阮籍不拘礼法，在无路可走时便恸哭而还呢？据说，王勃当年14岁，我觉得他过20岁了。可惜，他只活了27岁，英年早逝，如果活到40岁，年过不惑，他或许能理解阮籍的穷途而哭。大唐盛世，才子王勃，风华正茂，踌躇满志，激扬文字，自然是“海内存知己，天涯若比邻。无为在歧路，儿女共沾巾”了。阮籍的泪雨滂沱，怎能理解？

“邦有道则仕，邦无道则隐。”阮籍之苦，乃“邦无道则必须仕”。这一点王勃是体验不到的。魏晋交替，尔虞我诈，暗流涌动，阴霾晦涩，阮籍之性格造就了阮籍之活法。

夜中不能寐，起坐弹鸣琴。
薄帷鉴明月，清风吹我襟。
孤鸿号野外，翔鸟鸣北林。
徘徊将何见，忧思独伤心。

他只好如此活着，他还能怎样？像嵇康一样，天鹅赴火海？像山涛一样，黄牛履薄冰？不，阮籍就是阮籍，他是竹林七贤中不能复制的一个，和嵇康一样，个性鲜明，不可复制。

“时无英雄，使竖子成名。”站在项羽刘邦“龙争虎斗”的古战场，阮籍不屑一顾，须发飘飘，仰天长叹。好一个猖狂的阮籍！心比天高，生不逢时，命比纸薄。

时逢乱世，黄钟尽弃，瓦缶齐鸣。苍天无言，百鬼狰狞。同流合污则心不忍，抽身上岸则心不甘，于是，默默无言，冷眼旁观，看那些虾兵蟹将做拙劣的表演，看那些狗官鼠吏玩低能的游戏。

狂者的表演如何？“坏府舍屏障，使内外相望。法令清简，旬日而还。”府衙的门，拿下；府衙的墙，拆掉；办公的屏帷，撕毁；天地日月，朗朗乾坤，光明正大，清明政府，透明办公，全心全意为人民服务，有什么遮的掩的？繁文缛节，撤掉；冗朽法令，精简；工作作风，端正。不几日，百姓安居乐业，勤劳上进。中国的老百姓蛮善良的嘛，中国的老百姓蛮好管理的嘛。阮太守说声“Ok！”就拜拜了。“悄悄的我走了，正如我悄悄的来；我挥一挥衣袖，不带走一两银子。”“还有我那没有墙的政府，是阳光下透明的美女。道一声监督，道一声监督，那一声声监督里，有甜蜜的忧愁。不然，我就经不住诱惑，偷偷地去当妓女。”时空滑到了大唐，李太白情不自禁，高声讴歌：“阮籍为太守，乘驴上东平。剖竹十日间，一朝风化清。”快哉！快哉！

“谈笑间，樯橹灰飞烟灭。”有如此之才能，为什么自己弃而不用？

“杨朱泣歧路，墨子悲染丝。”

人生无处不选择，尤其是到紧要处。是左是右？难。两全其美？少。要了富贵，丢了名节；要了名节，丢了富贵。阮籍这种人，是上天赐给人间的尤物，容貌瑰杰，志气宏放，傲然独得，任性不羁，斯世受苦，来世留名，他们是名节的珠穆朗玛峰。不屑于官场的污浊，不屑于市侩的庸俗，纵情大自然，游戏天地间。

中国现代经济学家，《资本论》的译者王亚南说：“专制制度下只有两种人，哑子和骗子。中华民国是少数骗子统治多数哑子。”魏晋交替时代的格局，有过之而无不及。阮籍不想当骗子，那么，就当哑子。“喜怒不形于色”，这是铁哥们嵇康都自愧不如的。沉默是金，沉默是金……阮籍当年自言自语最多的一定就是这句话了。但是，时间长了，也会憋出病的，于是，他选择了出游，出游多好啊！

“衣上征尘杂酒痕，远游无处不销魂。”陆游像出笼的小鸟一样歌唱。

阮籍的出游怎么样呢？“时率意独驾，不由径路，车迹所穷，辄恸哭而反。”兴致来了，坐个驴车，率意独行，喝啊喝啊喝啊，喝醉了吗？不知道。走啊走啊走啊，走哪儿去？不知道，这一路上啊，小鸟儿在歌唱，蜻蜓在滑翔，落叶何翩翩，柔条纷冉冉。突然，驴不走了，“嘚！”不走；“嘚！”还不走。醉眼一看，呵，前面是悬崖，没关系，掉转驴头，能走的地方走嘛。“驴儿呀，你慢点走慢点走……”唱他几嗓子。为什么“辄痛哭而反”？我有些瞧不起，穷途而唱多好啊！不就那么点事儿吗，皇帝不急咱急什么？

阮籍好哭，但有时不哭。老母亲死了，他下围棋，充耳不闻，下完了，喝二斗酒，“哇”吐几升血，不哭。老母亲下葬前，食一蒸肫，喝二斗酒，说“穷矣！”“哇”吐几升血，不哭。活着孝敬，强如死了恸哭声。老了就要死，死了就要埋，不哭。兵家女死了，他连其父都不认识，便跑过去，哭得稀里哗啦，哭够了，尽了哀才回来。那是年轻的生命，那是美丽的生命，怎能不哭？知我者谓我何忧，不知我者谓我何求。谓我何求者，白眼以对；知我何忧者，青眼有加。“十有九人堪白眼，百无一用是书生。”（清代诗人黄景仁语）书生真的不会来事，但书生活出了真性情。茫茫天地间，人生多少年？“安能摧眉折腰事权贵，使我不得开心颜？”

司马昭为儿子司马炎求亲。攀龙附凤者，有之；梦寐以求者，有之；受宠若惊者，有之。阮籍有一女，司马父子情有独钟，媒人登门求亲，阮籍醉得不省人事，达六十天之久，只好作罢。

民间有一案，儿子杀母亲，官员争论得热火朝天。阮籍自语：“杀父尚可，杀母绝不可。”“你说什么？”司马昭幽幽地问。阮籍平平地说“禽兽只知有母，不知有父；杀母者不如禽兽。”阮籍阎王殿转了一圈，有惊无险。专制下的官场就是阎王殿，小鬼可以混，人不能混。

还是喝酒好，但愿长醉不长醒。阮家门前那个酒店，酒店里有个少妇，少妇有个男人，长得五大三粗。阮籍喜欢在那里喝酒，一喝还想喝醉，喝醉了就在那少妇旁边一躺。那个五大三粗的男人，拳头攥了又攥，老婆说，阮籍没有邪念，阮籍真的醉了。于是男人看了又看，看了又看，醉了的阮籍，幼稚得像个婴孩，不像想占便宜的无赖。那个木讷的男人，也许还不知道，这世上吃鱼的猫，一个个都道貌岸然，不像阮籍随意率性。

2012年3月14日

裸饮天地

记不清是哪一年哪一期的《读者》，中间有两页趣味摄影，其中有一幅叫人神清气爽。绿茵沙场，两军鏖战，突然，一裸体男子跑进球场，蓬黑的长发，蓬黑的络腮胡须，翻滚的肌肉。三个球场警察跑上去，其中一个急中生智，摘下黑色礼帽，潇洒地遮住了裸体男子的走光处，一脸的坏坏的笑，好像干了一件惊天动地的美事。那男子可能看球太激动了，想借机秀一下健美的胴体吧？不知违不违犯球场的规定，但带给大家的快乐是实实在在的。谢谢他的惊世骇俗。

前两天，上网随便浏览，见一法国女记者，尝试裸体行为生活。公众场合大大方方地买东西，潇潇洒洒地骑自行车，从从容容地铲雪。优美的胴体凸凹不平，曲线分明，流畅养眼。周围的人有的善意地微笑，有的悄然赞叹，有的视而不见。法国人骨子里的浪漫啊。

想想我们身边的见闻，如果有这样的风景，那一定会议论纷纷。其实，中国人玩起浪漫，一点也不逊色于欧洲人。远在魏晋时期，“竹林七贤”中的刘伶，就特喜欢玩了，他玩的是裸饮。这刘伶不喝则已，一喝必醉，一醉必脱，一脱必光光净净。可惜，他奇丑无比，瘦骨嶙峋，黑不溜秋，不堪入目。一次，他酣畅淋漓地裸饮，一朋友运气不好，撞个满怀，黑瘦河山，一览无遗。“哎呀！老兄，怎么一丝不挂地喝酒？”朋友有些着急。刘伶却慢条斯理：“一丝不挂？天是房子，地是席，屋子不过是衣服，你钻进刘伶裤裆了，还胡言乱语。”这家伙体小心大，“日月为扃牖，八荒为庭衢。”“幕天席地，纵意所如。”“唯酒是务，焉知其余？”够酷！

当然，刘伶的这种玩法，老婆实在是莫名其妙，常常忍受他烂醉如泥，满嘴臭气。时间长了，沉默呵沉默，不在沉默中熏死，就在沉默中暴发。一天，河东狮子吼，倒了美酒，砸了酒具。刘伶一本正经地保证：“老婆啊，这猫尿我早就不想喝了，但也必须搞个隆重的仪式，请弄些好肉好酒把祖宗祭起来，我发个毒誓，从此滴酒不沾。”老婆喜出望外，屁颠屁颠地忙活了半天，一切准备就绪。刘伶跪在祖宗牌位前，郑重其事地宣誓：“天生刘伶，以酒为命。一饮一斛，五斗解酲。妇人之言，慎不可听。”言必，饿虎扑食似的扑在酒肉上，大嚼一口肉，猛喝一嘴酒，喝着喝着，烂醉如泥，酣然入梦。“无思无虑，其乐陶陶。兀然而醉，恍尔而醒。静听不闻雷霆之声，熟视不睹泰山之形。不觉寒暑之切肤，利欲之感情。俯观万物，扰扰焉若江海之载浮萍。”一曲《酒德颂》，遮了滥饮名。“自古圣贤皆寂寞，惟有饮者留其名。”时不用我才，休想夺我酒，刘伶真酷！

其实，刘伶更酷的是野外出行。他坐的车，是鹿拉的车。“携一壶酒，使人荷锸随之。”并且，正色告之：“死便掘地以埋。”实乃“大人先生者，以天地为一朝，万朝为须臾”。生是暂时的，死才是永恒。可是，红尘滚滚，几人能看透？《金瓶梅》里潘金莲似乎彻悟了，张口闭口“街死街埋，坑死坑埋”，但是，我想，这金莲女士不过是亏心事做得太多了，心虚，怕没有人埋的自我安慰吧。

2012年3月18日

广陵绝唱

《广陵散》活到今天，那是怎样的享受？是《二泉映月》，如泣如诉如水阻冰下浅呜咽；是《高山流水》，如吟如诵如云遇瀑布话知音；是《梁祝》，如痴如醉如蝶之恋蝶低吟诉；是《春江花月夜》，如沐如浴如月洒银光语江花；是《命运交响曲》，如歌如吼如江冲壶口不低头。是……什么都不是，《广陵散》就是《广陵散》，因为嵇康就是嵇康，他连阮籍都不是，尽管他俩都是“竹林七贤”的精神领袖。

嵇康走了，《广陵散》从此绝矣！

可是，我还是按捺不住内心的好奇，《广陵散》的内容是什么？是吟诵聂政刺杀韩相侠累的悲歌，那也许就是“风萧萧兮易水寒，壮士一去兮不复还”的燕赵大地上的慷慨悲歌。当时的人们真是享受啊！耳闻目睹了嵇康的广陵绝唱。

遥想那个叫人心潮澎湃的杀场，千万颗人头攒动，闪闪烁烁，没有声音，只有泪水滂沱。“康将刑东市，太学生三千人请以为师，弗许。”泪水泡不软杀人者黑硬的心肠，民心的涌动让刽子手不寒而栗，于是，加快了磨刀的动作。留下嵇康，放虎归山，一呼百应，后患无穷。所以，杀无赦！

我不知道那一天有没有刮风？天若有情天应刮风。一个海拔一米八几的中年男子，黑发茂密，长发飘飘。面若润玉，目似澈潭。神情自若，昂首款步。布袍褴褛，风神潇洒。名士自带风流，何必锦缎加身？杀人者相形见绌，急问死有何求？不吃肉，不喝酒，无遗嘱，拿我琴来。哥哥嵇喜递琴退身，弟弟嵇康盘膝而坐，伟岸阔直，抚琴腿上，朗声而语："当年，一个叫袁孝尼的朋友曾向我求学此曲，我总舍不得教他。没想到现在，这首《广陵散》就要成为绝唱了。"话音未落，万人俱静，风声萧萧，落木萧萧，乌云翻滚，琴声铮铮，长发飘飘，长袖飘飘，似万马奔腾，如三峡决堤。突然，"嘣"的一声，弦断人起，琴飞九天，一声"《广陵散》从此绝矣！"人潮如海涌动，殷红的血染红了天空。

《广陵散》从此绝矣！泱泱华夏，茫茫九州，是谁的妙手，能弹一曲广陵绝唱？落难的是英雄，得意的是小人。浩渺宇宙，是谁主持着公正？是真理，是强权？我在发问。

嵇康，这样一个性情中人，削头的理由是"不孝不忠"。

可是，什么是"不孝"呢？他的那个"千里命驾"的朋友——吕安，有一个同父异母的哥哥吕巽，禽兽不如，乘弟弟外出，灌醉弟媳，强行奸辱，弟弟愤怒，嵇康从中调停，吕巽发誓做良民，吕安隐忍。不想哥哥坏了良心，恶人先告状，诬陷弟弟殴打母亲，辱骂兄长。官府拿下吕安，流放野地，途中吕安怨愤，给嵇康发信鸣不平。不料发出去的信半路上落入吕巽、钟会之手。吕安要遭殃，嵇康说不清。说不清就说不清，嵇康索性掷给吕巽一纸绝交书，与猪狗不如的人怎么能为朋友？于是，钟会说，吕安"不孝"，嵇康就"不孝"；于是，司马昭颔首致意，吕安"不孝"，嵇康就"不孝"。嵇康抓定了，可是，嵇康死不了。吕巽睡不着，钟会睡不好。削不了头，咋办？好办，得扣个"不忠"的铁帽。

可是，什么叫"不忠"呢？

其一，"玉山倾倒"叫不忠。"嵇叔夜之为人也，岩岩若孤松之独立；其醉也，傀俄若玉山之将崩。"嵇康往那儿一站，傲然如青松；醉了要倒，也魅力无穷，像玉山将倾倒。"风景这边独好"，龙种龙孙的脸往哪儿搁？狗头猪脑的人往哪儿躲？贼眉鼠眼的人往哪儿藏？

其二，"惊若天人"叫不忠。嵇康常常逍遥山林，挖野菜，采草药，寻隐者，论天道。山民偶遇之，惊叹是神仙下凡。嵇康是神仙，那巴结钻营、神通广大、飞黄腾达之流成什么了？况且，竹林七贤，隐而不仕，什么意思？非暴力抵抗运动吗？把司马家的官儿都不当个官儿？

其三，“相思命驾”叫不忠。“嵇康与吕安善，每一相思，千里命驾。”两个爷们儿，怎么这么好？每一相思，即使相隔千里，也要驾车一见。同性恋吧？有伤风化，有伤风化。多少老百姓的父母官，三妻四妾的也不见得“千里命驾”。

其四，“柳下锻铁”叫不忠。“嵇康性绝巧而好锻，宅中有一柳树甚茂，每夏月，居其下以锻。”一个帅男，心灵手巧，喜欢打铁，酷！烈日炎炎，柳树郁郁，挥汗如雨，肌肉翻滚，打铁声“叮当叮当”，更酷！再看，拉风箱的是谁？向秀，“竹林七贤”一哥们儿。一言不发，“光啦光啦”，和“叮当叮当”声此起彼伏，和谐流畅，如行云流水。酷得了不得！

突然，尘土飞扬，旌旗翻滚，一群人骑着高头大马，锦袍峨冠而来。嵇康头不抬，向秀眼不睁，打铁声萦绕天空。马上的钟会大人脸上挂不住了：嵇康啊嵇康，你以为你万人敬仰你就是个神了？我说你是个神你就是个神，我说你不是个神你就不是个神。“哼哼”，打铁的风采迷人啊，铁器也是兵器啊，大姑娘收拾尿布子——备事真长远啊。“哼哼”，钟大人沉思着欲掉转马头而去。

“何所闻而来，何所见而去？”嵇康平声问道。

“闻所闻而来，见所见而去。”钟会和声回答。

两个绝顶聪明的人，在乱世撞在了一起。可惜，一个是君子，一个是小人。当“君子是君子的墓志铭，小人是小人的通行证”时，吃亏的一定是君子。嵇康是君子，嵇康有好下场吗？

其五，“乘龙快婿”是不忠。算起来嵇康还是曹操的孙女婿呢。曹操的儿子，沛王曹林的女儿长乐亭主嫁给了他，他自然是正宗的皇亲国戚了，可惜，搭了个末班车。曹马相争，司马家一鞭子甩过去，嵇康难免抽不着。专制下的草民，身世浮沉雨打萍。况且，他借古讽今，一挥而就《管蔡论》，微词司马昭比不上周公。嵇康豁了命让司马昭一时不开心，这就是被独裁的可怜之处；司马昭一阴笑让嵇康一辈子难开心，这就是独裁的迷人之处。

其六，“万人敬仰”是不忠。“康之下狱，太学生数千请之。于是，豪俊皆随康入狱，悉解喻，一时散遣。”这些天之骄子，也真会玩，为了心中的偶像请愿也就罢了，有的还跟嵇康一起去体验坐牢的滋味，想过一把瘾就死？太学生以君子之腹度小人之心，与其说是想拉嵇康进天堂，不如说是推嵇康下地狱。这下好了，嵇康“恃才傲物，乱群惑众”的恶名不查自现。至于“上不臣天子，下不事王侯”，这是钟会要嵇康命的一把火，时候到了，一点就行。

既然孜孜以求，已有六个“不忠”，那么，再孜孜不倦地找下去，十个、二十个有的是。嵇康这样绝顶聪明的天才，会没有感觉？于是，千古奇文——《与山巨源绝交书》重磅出炉。民主之向往，平等之憧憬，令法兰西民族仰视；自由之精神，独立之意志，叫美利坚民族羡慕；博爱之胸怀，敬天之智慧，叫中华民族骄傲。面对昔日“契若金兰”的好朋友，绝情之境界，令山巨源脸若开水烫。这个性情中人，难道真的如此绝情？不，我想，他是太重情，不愿城门失火，殃及池鱼。因为，嵇康清楚，他迟早会走火，山巨源又如此地有见识，何必连累这样一个有见识的好人？所以，重磅出炉，与他绝交，免得好人受牵连。不然，嵇康慷慨赴难之前，对儿子嵇绍说：“巨源在，汝不孤矣！”生死相托，令人泪流满面。

可惜，这个被山巨源叔叔教育成人的孩子——嵇绍，以男儿的血肉之躯挡住了刺向中国历史上最没有心肝的皇帝——司马衷的利剑，鲜红的血洒在了专制苍凉的大地，也染红了司马衷的黄袍，当谄媚的奴才请司马衷换染脏的黄袍时，没有心肝的皇帝总算说了一句人话：“不换，上面有嵇绍的血。”所有的奴才感动得泪流满面。

我不想看到这些感动得泪流满面的奴才，我只想聆听那遥远的广陵绝唱。

2012年3月13日

幸有舟楫迟，得尽所历妙

学习陆游的散文《过小孤山大孤山》，开篇一段，有词句云：是日风静，舟行颇迟，又秋深潦缩，故得尽见，杜老所谓“幸有舟楫迟，得尽所历妙”也。

读着读着，颇觉南宋文人的潇洒，陆放翁，好雅兴！

坐着一叶木舟，慢悠悠地观赏品味着小孤山的风致，大孤山的风情。不用买观赏票，不用坐轮船，不用坐游艇，不用念念不忘旅游团定好的集合时间。

他积攒了大把的悠闲的光阴，在这木舟上放肆地挥霍，好一个爽字了得。

结果，一看文章下面的注解，才发现这一段光阴，这一次旅行，正处在陆游人生的郁闷期。因为他力主抗金，恢复中原，因为他老是“夜阑卧听风吹雨，铁马冰河入梦来”，所以被罢官赋闲在家。好不容易熬到这一年，起用为夔州（今重庆奉节）通判。他离开了故乡山阴（今浙江绍兴），前往夔州上任，途经小孤山大孤山，触景生情，雅兴盎然，一挥而就。即便是苦中作乐，也是如此的悠闲，如此的自由，如此的开心浪漫。想想今天旅游观光的我们，真是好汗颜啊。

“幸有舟楫迟，得尽所历妙。”这样的幸福，我们无福消受。

身处闪电时代，何时有幸坐在慢慢行驶的一叶木舟上，尽情地欣赏所经历的一切美景？不担心昂贵的门票，不担心上车睡觉，不担心下车尿尿，不担心到了景点忙着拍照，不担心坐地日行八万里三日游遍新马泰，不担心回到家亲朋好友问起来什么也不知道，不担心小偷念念不忘自己可怜的腰包，不担心让导游忽悠到购物点被温柔地宰了一刀。

旅游观光是富人的休闲游戏，吾辈囊中羞涩，不凑这个时尚的热闹。剿灭“可上九天揽月，可下五洋捉鳖”的豪情，老老实实地悄悄地窝在家里，行了吧？不行，不是你不明白，这世界变化快。一不小心，你就要被淘汰。家里的世界很无奈，外面的世界真精彩。生在这个闪电时代，你不快也要快。

“春风得意马蹄疾，一日看尽长安花。”这不是金榜题名后的闪电幸福，是闪游一个城市的真实写照。

想想过去现在和将来，看看中国亚洲和世界。欧美历经三百年，我们跑了三十年。现成的工业技术，电子技术，信息技术，数码技术，资源共享，不用白不用。

“师夷长技以制夷”。没有雄霸天下的野心，只想好好学习人家的先进科学技术，让生活的幸福指数天天向上。但是，看了白岩松的随笔《幸福了吗？》，英雄所见略同，当下的许多人并不幸福。穷的哼哼，富的也哼哼。丑的哼哼，俊的也哼哼。女的哼哼，男的也哼哼。老的哼哼，少的也哼哼。低处的哼哼，高处的也哼哼。闪电时代成了哼哼时代。快乐快乐，快快地享乐。“人生最大的痛苦，人死了，钱没有花完。”

“幸有舟楫迟，得尽所历妙。”成了许多人奢望的心灵历程。

人的一生都有两个点，起点是生，终点是死。人生的乐趣，一定伴随着向往，向往前面有更美的风景。人生的目的，无非就是寻求幸福，而人生的终点没有幸福，因为终点就是坟墓。幸福洒落在走向坟墓的路上。行色太匆匆，怎么能欣赏沿途的风景？行色太匆匆，怎么能孕育心中的幸福？

我们生活的世界因为自激而失控。上帝死了，魔鬼偷偷地给人类注射了兴奋剂，人类丢失了哲学的刹车，得意忘形地握着娱乐的方向盘，疯狂地奔跑。每一个人都是洪流中裹挟进去的一粒沙子，梦想着功利的梅林，忘却了精神的引航仪，忘却了道德的润滑剂。

想象一下，非洲一望无际的大草原上有一只飞奔的豹子，它华丽的矫健的外表令我们多么的目炫啊！但是，它这样毫不减速地狂奔下去，一定会慷慨悲壮地一命呜呼，因为，它不是自然地奔跑，它是被一个魔鬼偷偷地给矫健的躯体注射了一种停不下来的兴奋剂。它贪婪愉快而自激，它因为自激会自杀。

看过《金瓶梅》的人都知道，西门庆三十而立，正值壮年，“金戈铁马，气吞万里如虎”啊！但是，可怜的他趴在潘金莲的润滑酥软的肚皮上再也没有下来。与其归罪保健品没有起到保健的作用，还不如反刍一下他的人生座右铭：“有我西门庆泼天的富贵，就是奸了王母，干了仙女，谁又奈我如何？”

是的，谁又能把西门大官人怎么样呢？但道法自然，人不可逆天而行。男欢女爱，深谷探幽亦是如此。仗着伟哥，风驰电掣，冲锋陷阵，欢呼是暂时的，疲软是潜伏的。这就仿佛烧水，为了水的迅速沸腾，火加大烧旺，水激情澎湃了，壶盖顶起来了，可是，火抽了呢？水一定会少一些的。这一点一点少下去，不容易看见，但干涸的命运是逃脱不了的。快乐快乐有何乐？还是“幸有舟楫迟，得尽所历妙”来得幸福。

我有时回到农村，一个人悄悄地坐在家门前那块石碌碡上，望着无边无际黑幕上眨着眼睛笑嘻嘻的不计其数的星星，就不由自主地讨厌城镇化的大潮中迅速崛起的钢筋混凝土建筑，是稠密的它们剥夺了人类观赏星星的自由。

康德情不自禁地歌唱：“位我上者，灿烂星空；道德律令，在我心中。”如果因为仰望天空的星星而保住了我们美丽的灵魂，我情愿痴心妄想，城镇化的脚步慢一点，科学一点，人文一点，天地人合一点。我甚至呆呆地瞎想，铺天盖地地城镇化了，没有了乡村，还有没有城市？留一点乡村的小草、大树、蚂蚁、蜜蜂、清泉、小河，留一点乡村的大地和天空，宁静和纯朴。让那些在城市的喧嚣中奔跑累了的人们，有一块心灵的休憩地。就像陶渊明的桃花源，就像索罗的瓦尔登湖，就像刘亮程的一个人的村庄。

因为水，人在地球上已经生活了几千年。自然界的进化是残酷的，人身体的弱势不能不逼迫人头脑的非常强势。在漫长的四五千年中，人能活过来，尊严地走到现在，不能说人不是地球上最聪明的最有智慧的物种。

但是，那时的人类为什么没有射杀大象，没有捕杀巨鲸，没有围追藏羚羊？那时的人类为什么没有挖掘煤炭，没有钻抽石油，没有开采天然气？那时的人类为什么没有吃地球的肉，喝地球的血，啃地球的骨头？那时的人类为什么没有只为了自己活得舒服，毫不在乎其他物种活得舒服不舒服？

想想欧美三百年来蹂躏地球掠夺地球的愚蠢远远地超过曾经的几千年的愚蠢，想想中国三十年来蹂躏地球掠夺地球的愚蠢远远超过曾经的几千年的愚蠢，我就不寒而栗。欧美因为地球的报复清醒了，难道我们死不相信，要重蹈欧美蹂躏地球掠夺地球的覆辙？慢一点，慢一点，不要因为保证飞快的发展速度而过分地和养育万物的地球过不去。喝地球的血，抽地球的筋，吃地球的肉，啃地球的骨头，有一天，地球不再丰润，干瘪下去怎么办？同归于尽？

人类的磕磕碰碰争争斗斗，和自然界的物种相互争斗一样，是自然规律使然。古人为了更有利于自身的生存和发展，几千年的聪明智慧，慢悠悠地发明创造了刀枪棍棒十八般武器，最先进最了不得的也不过拉弓射箭了。这不能证明古人不聪明，只能念怀古人有顾虑有悲天悯人之心。他们恪守科学伦理，不狡猾地披着科学研究的外衣制造杀人触目惊心的武器。但是，二三百年来人类膨胀的聪明才智，却快速发明创造了步枪手枪机关枪，炮弹导弹氢弹原子弹。照这个加速度下去，还不知道会发明创造出什么弹呢？我想，激烈的失控的军备竞争，总能创造出“灭球弹”，一个弹就可以毁灭地球，到时候大家都完蛋。谁也别想“幸有舟楫迟，得尽所历妙”了。

今天，地球依然十分大度十分宽容十分仁厚地养育着人类。人类却不知天高地厚，厚颜无耻地违背自然之道，贪了还要贪，快了还要快，好像明天就要进坟墓，今天必须把能享受的都享受了再说。巧取豪夺，花样翻新；穷奢极欲，恬不知耻。

死死地握着手中的权力，一年敛财10万还嫌不快，50万，不快；100万，不快；500万，不快；赶紧，快退休了，剩5年了，搞个5年计划，1000万，有点慢。10000万，够了！脸上的厚皮剥了去见马克思吧。早知这么早去见马克思，还不如当初牵一只黄狗，和儿子在一望无际的草地上追野兔呢。

自然生长的韭菜慢悠悠的多急人。化肥化肥，尿素尿素。好！一个礼拜，指头宽的叶子，一尺高的个子，绿茵茵，水灵灵，摇曳多姿，让人垂涎三尺。可惜，炒在锅里一包水，嚼到嘴里一口草。

西红柿长得太慢了，黄瓜长得太慢了。没关系，生长素一喷洒，十几天就迅速膨胀。摘下来放着还在长，吃到肚子里还长不长？

记得小时候，家里种了几株西红柿，从发芽抽苗到挪种换秧，从长高打岔到开花结果，我都“得尽所历妙”。终于有一天，一个西红柿慢慢变红了，我担心弟弟发现偷吃，就用一片大大的向日葵叶子包住，但还是被弟弟偷吃了。今天，说到西红柿，有的学生只知道在蔬菜超市里买的。飞快的速度掩杀了慢慢成长的快乐。

一个月长一只又肥又大的肉鸡，你信不信？不信，掏高价买一只野生野长的土鸡你就相信了。肉鸡便宜，是因为速成的。

小时候，家里也常常养鸡。那时候连人吃的都不够，哪里有鸡吃的粮食！至于生长激素，天方夜谭。我常常见我家的那只绿花大公鸡，骄傲地率领着几只母鸡，目中无人地昂首阔步，漫步在草丛里，树林里，啄草籽儿，吃虫虫，吃屎壳郎。动不动还拉长脖子雄鸣几声，想和哪一只母鸡谈情说爱了，就啄一只小虫虫送过去，献个小殷勤，乘母鸡专心致志地吃小虫虫，老公鸡就顺势踏在了背上，开开心心地幸福一回。好不容易有一次，家里宰了一只不下蛋的母鸡，那个肉的芳香，我到今天还回味无穷。今天，速成的肉鸡肉，嚼到嘴里越嚼越多。“快”有什么味道？

我无意诋毁现代科学技术给人类带来的方便快捷愉悦幸福。

汽车、火车、电车、磁悬浮列车，一日千里，早晨在北京吃早点，中午到南京用午餐，傍晚坐在广州的家里看《新闻联播》了。

轮船、飞机、宇宙飞船。漂洋过海，翱翔蓝天，实现了人类上天游海的美梦。今天在北京观海棠，明天到东京赏樱花，后天坐在古巴黑色的沙滩上抽雪茄。

骄人的速度，解了燃眉之急，诉了相思之苦，享了异地之物，赋予了人类成就感愉悦感幸福感。但是，除了这些，还有多大的价值？其实，速度的背后，还隐含着打人更方便，杀人更快捷。中国不就是吃过坚船利炮的亏吗？

想想古人骑驴吟诗，坐牛扑蝉，别有一番情趣在心头。至于快马加鞭，“仰手接飞猱，俯身散马蹄”，真叫人心驰神往。“一骑红尘妃子笑，无人知是荔枝来。”更令人浮想联翩，有了绝对权力，就可以把不要脸当加速度玩。

有时，看到惨不忍睹的交通事故，客车相撞，轮船坠海，飞机罹难，我呆呆地想，人类这是何苦呢？为了快快快，为了幸福幸福幸福，结果痛苦痛苦痛苦。我也明白“沉舟侧畔千帆过，病树前头万木春”；我也明白，不可因噎废食。但是，“沉舟病树”的痛苦，谁又化解得了？人类几千年不是慢慢地走过来了吗？从唐诗看，从宋词看，从《清明上河图》看，古人并不是不幸福啊！慢一点，慢一点，还是慢一点。其实，有些事儿，留给后人做更美。有些资源，留给后人用更好。今天的人把今天的事儿做个长远的规划，有条不紊，认认真真地做好，给后来的人不要留后遗症就烧高香了。今天的财富既然非常的不均匀，那想办法相对均匀一点不是更和谐幸福吗？

信息时代，有线电话，无线电话，地球变成了小小的村子。此处话未落，彼处音已到，这是“快”的便捷。

可惜，如此的便捷，没有了鸿雁传书之苦，没有了“家书抵万金”之喜，没有了“一日不见如隔三秋”的相思，没有了“人约黄昏后，月上柳梢头”的等待，没有了“松下问童子，言师采药去。只在此山中，云深不知处”的韵味和意境。

期盼声音，是等待的过程；聆听声音，是得到的结果。看景不如听景，生活之美，有时的确是一种向往的过程。

贾岛因为骑在一头瘦骨嶙峋的老驴上，苦吟“僧敲月下门”还是“僧推月下门”，和文坛领袖韩愈成就了一段“推敲”的佳话，为后来的文学爱好者津津乐道。

杜甫发下毒誓，“语不惊人死不休”，足见琢磨诗句的过程之漫长。至于诗人“吟安一个字，捻断数茎须”显然是夸张的修辞手法，但也说明佳句不是随随便便一吟而就的。

曹雪芹“披阅十载，增删五次”，呕心沥血，才“生育”了《红楼梦》这个世界文学的宠儿，“满纸荒唐言，一把辛酸泪。都云作者痴，谁解其中味？”

可惜，奔波于闪电时代，你要懂得什么是“快餐文化”，否则，就落伍了。谁不想一鸣惊人？一首诗，一篇散文，一篇随笔，一篇杂文，一挥而就，“飞流直下三千尺，疑是银河落九天。”但是，有点慢，没意思。有能耐，一个月玩一篇二十几万字的长篇小说给大家瞧瞧。于是，长篇小说越写越多，一转眼一部，一转眼一部，两三年就著作等身。有品位的人一看，就好像刚刚从污水里捞出来的抹布，臭水哗啦啦地淌，提起来一拧，越拧越多。但是，没有关系，好酒的不进茶馆，钢镚粉丝有的是，网上点击率嗖嗖嗖地飙升，银子照样哗哗哗地往口袋里流。“快”有快的回报。

既然，作家都可以速成，那还有什么不可以速成的？作文速成班、绘画速成班、书法速成班、二胡速成班、古筝速成班、钢琴速成班、歌手速成班……不信？超女就是绝佳的证明。

但这些被速成的孩子幸福吗？体验学习过程的美好远远胜于得到学习结果的虚拟。艺术真的可以速成？冰冻三尺，非一日之寒。树高千尺，非一日之功。

艺术难以速成，其他的总可以提高速度。

“诺亚舟优学派，成绩提高快快快。”“步步高学习机，不用背不用记，成绩提高快快快。”半年速成一个状元是没有问题的。学习的过程，没有必要享受。

“一个月只需注射一针，六个月乙肝转阴。”“泻立停，泻立停，拉肚子一吃就停。”“芬必得，芬必得，风湿关节炎，一擦就灵。”药到病除，妙手回春，多好！谁也不愿意慢慢地享受病痛的折磨。

“壮，壮，壮，一吃就壮；长，长，长，一吃就长。”“小，小，小，一吃就小；紧，紧，紧，一吃就紧。”蛟龙翻江倒海，爱巢颠鸾倒凤，都是极乐享受，都是闪电速度。

有时，我慢悠悠地徜徉在城市的大街上，阅读着一张张扑面而来的脸孔，可惜，我看不到困在车里面的人的面孔，他们的机动车风驰电掣般的一闪而过。这些行色匆匆的人，他们在急急忙忙地追逐什么？食、色、知识、权力、金钱，还是名望？但这些丰富多彩的表象背后的本质是一样的，不管追逐什么，都是为了愉快幸福。不敢想象，谁在追逐烦恼和痛苦。但是，望着他们一张张没有微笑的脸，我不止一次地问自己，跑到前面的人愉快了吗？幸福了吗？不管在那个行业的跑道上，即便是你跑得再快，睁开眼一看，前面一定有跑着的人。人生的喜怒哀乐都是因为比较而产生的，人类的路是没有尽头的，人的欲望哪里有个够？快乐不快乐，幸福不幸福，主要看比较得科学不科学，公平不公平，精彩不精彩。而不在于谁的金钱有多多，谁的权力有多大，谁的小蜜有多漂亮。钱多被人恨，权大被人咒，小蜜漂亮被人嚼，难道你会潇洒地转身，不屑一顾，撂下一句“走自己的路，让别人去说吧”？有时，我真的羡慕李白的“李白乘舟将欲行，忽闻岸上踏歌声。桃花潭水深千尺，不及汪伦送我情”，真的羡慕王维的“渭城朝雨浥轻尘，客舍青青柳色新。劝君更尽一杯酒，西出阳关无故人”，真的羡慕高适的“千里黄云白日曛，北风吹雁雪纷纷。莫愁前路无知己，天下谁人不识君”。可惜，闪电年代，我们越来越离大自然遥远了，一年三百六十日，旅游成了接近大自然的奢望。

闪电年代，抓紧享受。人有多大胆，地有多大产。没有做不到的，只有想不到的。一切梦想都可以成真。乱花渐欲迷人眼，炒红才是硬道理。酒香最怕巷子深，才高就怕不作声。有钱能使鬼推磨，没钱家里悄悄坐。

一个民族如果用金钱来养育，尽管阔绰豪华，但骨子里浸透着粗鄙和庸俗。一个民族如果用书来滋润，尽管朴素清淡，但浑身散发着潇洒和高雅。人尽管离不开物质，但人的确是一种偏精神的动物。俗语说，人活一口气，气者，精神也。

近些年，金石字画的价格飙升，可见精神重要之一斑。玩金石字画的，多是有钱人，贫穷的人多为吃穿住行奔波，无暇顾及品味金石字画的味道。有钱人附庸风雅，无非担心别人说他满身的铜臭味儿。一个富人和一只吃饱了的老虎的想法是不一样的。老虎吃饱了就吃饱了，心无他念。人富了就想体面，体面了还想高雅。

由此看来，读书是一辈子的事儿。但今天的读书计划似乎是十八年里紧紧张张的事儿。形势逼人啊。坐在娘胎里要胎教。一到三岁要朗诵唐诗灌耳音。三到六岁要上棒棒的幼儿园，背唐诗，背宋词，学画画，学书法，学音乐。六到十二岁要进最好的小学，学语文，学数学，学社会，学思品，学自然，学历史，学地理，学电脑，学音乐，学绘画，学英语，学体育。十二岁到十五岁必须要上重点的初中，学语文，学数学，学英语，学物理，学化学，学生物，学历史，学政治，学地理，学美术，学音乐，学体育，学微机，学书法，学钢琴，学舞蹈。十五岁到十八岁一定要上重点的高中，学语文，学数学，学英语，学物理，学化学，学生物，学地理，学历史，学政治。只学习高考的科目，美术没有时间学了，音乐没有时间学了，微机没有时间学了，但是，体育要上两节，预防学晕了怎么办。这十八年一路风风火火学来，学生连放屁的工夫都没有，过犹不及，何谈嘻唰唰嘻唰唰？何谈“幸有舟楫迟，得尽所历妙”？

在这十八年里，好些知识都是重复了又重复，好像烂在锅里的剩饭热了又热，热了又热，捣进学生的嘴里，学生不由自主地恶心呕吐出来。再捣进去，捣进去。捣进去，吐出来；捣进去，吐出来；捣进去，没办法，咽下去。苦苦熬到高考结束，万岁！万岁！终于可以倾盆大吐了，有的学生将厚厚的复习资料撕得粉碎，潇洒地撒向天空，如鹅毛大雪，飘飘洒洒……我爱你，塞北的雪！飘飘洒洒不要再来麻烦我。

昂首阔步走进大学的门，悠闲得有些无所适从，优哉游哉毕业了，亲爱的书啊！再见了，再见了。除非考研，看看你；除非考公务员，背背你。否则，不要再来麻烦我。

一生的读书计划，压缩在十八年一闪而过。有什么读书的乐趣和幸福？我曾经调查过我的学生，他们快要升高三了，上前线了。上前线吃什么？吃高一高二吃过的剩饭。整整高三一年，就将这些剩饭搅过来搅过去地热着吃。我这个语文老师掂着厚厚的复习资料，都觉得了无趣味。于是，我请学生实实在在地举手，表决一下他们是不是快快乐乐心甘情愿学习的。令我无奈的是，没有一个人举手。我细心地数了数，66个含苞待放的花蕾，36个戴着近视眼镜，18个少白头，9个驼背。我不知道我们的教育哪儿出了问题，怎么失去了“学而时习之，不亦乐乎”的幸福？于是，我痴心妄想，幼儿园过“百草园”的生活，不亦乐乎？小学在玩耍中学习，在学习中玩耍，不亦快哉？初中高中，在学习中玩耍，在玩耍中实践，在实践中创新，在创新中再学习，何乐而不为？大学，在学习中思考，在思考中创新，在创新中演讲，在演讲中交流，在交流中学习，在学习中再创新，何乐而不为？毕业了，工作了，在阅读中工作，在工作中生活，在生活中享受读书的乐趣。这样一来，就不会有全民近视的可能，就不会有太多的少白头，太多的驼背，太多的失眠症。一辈子走来，一辈子慢悠悠地阅读，我们这个民族将会是何等的潇洒，何等的儒雅，何等的健美强壮，何等的精神抖擞！

楼房盖得那么快，房价还是那么高。错综复杂的原因大家都知道，老百姓的玩笑话，房价都是丈母娘炒上去的。闪婚时代，不需要“不见复关，泣涕涟涟。既见复关，载笑载言”的煎熬，不需要“昨夜西风凋碧树，独上高楼，望尽天涯路”的望穿秋水，不需要“为伊消得人憔悴，衣带渐宽终不悔”的相思减肥，不需要“一日不见如隔三秋”的望眼欲穿，只需要“蓦然回首，那人却在灯火阑珊处”的一锤定音，只需要票子、房子、车子并驾齐驱。

恋爱是好感的发酵，爱情是恋爱的延伸，结婚是爱情的公证，奋斗是结婚的憧憬，同甘共苦是奋斗的幸福，相濡以沫是同甘共苦的滋润。成家立业，享受的是过程；立业成家，看重的是结果。一个刚刚走进社会创业的二十几岁的年轻人，一下子哪里来的票子、房子和车子？如果都有了，不是老男人，就是富二代，要么就是公子少爷。什么都要一步到位，那结婚了两个人并肩奋斗什么？同甘共苦是感情的化学试纸，一步到位，不是将婚姻一把推向坟墓了吗？婚姻的路上向往什么？你耕田，我织布；你挑水，我喂猪。落伍了？想有一座房子，面朝大海，春暖花开。过时了？那向往什么？那就向往生儿育女吧，没有必要娘怀十月，一朝分娩，干脆一蹴而就，一上床就坐月子。

2012年6月2日

与猪同饮

我一直不能理解阮咸的与猪同饮，这比他的叔叔阮籍的穷途而哭还酷。我曾见过皑皑雪地与狗同睡的人，那是因为人喝醉了，吐了，狗吃了，狗也醉了，于是相伴而眠。多亏了抱狗而眠，不然，早冻死了。阮咸与猪同饮，为什么呢？无聊了找几个朋友喝酒，惬意啊。惬意了就兴奋，兴奋了就大碗喝。喝着喝着欣喜若狂，好，摔了大碗，趴在酒缸上喝，快哉！快哉！不知不觉，来了几头猪，也吭哧吭哧凑热闹，趴上酒缸喝。喝着喝着一两头还跳进酒缸去了。阮咸等同志离开吧，怎么还"酒逢知己千杯少"？不离开，就是不离开，与猪兄围缸共饮，与猪弟围缸同嬉。这画面真好玩，围观的人能笑死。但好玩是他们的，毁的名誉是阮咸们的。何必？何必？

后来，看了王小波的一篇随笔《一只特立独行的猪》，觉得人有时真的不如一头猪。比如，当你因为看不惯而反对，反对而无望，无望而违心地选择了适应，适应而变得习惯，习惯了就麻木得自然而然。但一头猪生性如此，会一意孤行一辈子。阮咸也许觉得人不如猪，于是羡慕猪，崇拜猪，猪遂成了他的图腾。与猪同饮，不是人给猪给面子，而是猪给人给面子。人不如猪的地方太多了。比如，猪也抢着吃，但吃饱了就心满意足，不贪。猪也有性欲，但性交了就心旷神怡，不占。猪也要住房，但有一间小屋足矣，不求豪宅几十座。猪也行路，但从不会横行霸道，更不会撞伤了人不救，退车再压人一次，撞死了人骄傲地宣布"我爸是李刚！"。猪也想登高远望，但从来都是自己吭哧吭哧地往上爬，没有动过蹬着同事的身子往上爬的脑筋。猪的瞌睡多，但总比做了亏心事，老怕半夜鬼敲门，彻夜失眠强。既然如此，阮咸想，与其和衣冠楚楚、道貌岸然的正人君子寒暄敷衍，还不如与猪共饮，酣畅淋漓。道德上的洁癖，转化成了行为上的极度肮脏，这是阮咸的风流，也是魏晋名士的风流。比如，三五成群地懒洋洋地斜躺在暖洋洋的金色阳光下，细长的手指不停地在褴褛的布袍下蛇一样地游动，巧妙地捏了一个又一个小动物，潇洒地往嘴里一丢，"嘣"的一声脆响，不是玩别的，是吃了一个虱子。既然不能美丽，那就彻底地龌龊哦，气死你。

物欲横流的环境，免不了暴发户的炫富，东西横着一条街，以北叫北阮，以南叫南阮。北阮富得流油，南阮穷得叮当响。阮咸卧居南阮。这一天，七月七，家家户户要晒衣。北阮的衣架上，衣绳上，墙头上，房顶上，全是绫罗绸缎，"赤橙黄绿青蓝紫，谁持彩练当空舞？"阮咸翻箱倒柜，找不到几件衣服，不晒也好。不行，得应个日子，大家都晒，你不晒，不是不敬天，就是嫉妒人家富了。阮咸才不嫉妒他们一夜暴富呢！找根长长的竹竿，高高地竖起来，上面不能空，就挑那个又破又脏的大裤头吧。对不起，北阮的那些阮家人，谁知道你们炫晒的绫罗绸缎究竟是怎么来的，看看我阮咸艰苦奋斗自力更生的破裤头吧！

2012年3月17日

高处不胜寒

“才二十几岁，海子为什么卧轨自杀？”

这是学生学习《面朝大海，春暖花开》经常喜欢问的问题。

“说了你们也不懂，懂了也不问。”我常常不知所云。

其实，自己对此问题也糊涂，也许不必明白。为什么要明白呢？郑板桥说：难得糊涂。那是因为他明白了，才感慨由聪明转入糊涂多难。天地，人生，生生死死，谁又能说得清呢？宇宙是一切有生命和无生命者的。有时，连高尚、卑鄙、君子、小人，我们都说不清。社会是大家的，又不是谁一个人的。卑鄙多了，高尚就是卑鄙；小人多了，君子就是小人。当“卑鄙成了卑鄙者的通行证，高尚成了高尚者的墓志铭”的时候，先知先觉者除了痛苦，还有什么？

从明天起，做一个幸福的人
喂马，劈柴，周游世界
从明天起，关心粮食和蔬菜
我有一所房子，面朝大海，春暖花开

今天幸福吗？不幸福。今天在干什么？没有“喂马，劈柴，周游世界”。今天关心什么？没有关心“粮食和蔬菜”。那么一天究竟在干什么？“我有一所房子，面朝大海，春暖花开”。噢！在梦着一个美妙绝伦的梦。远离尘世，推窗见海，春天来了，百花盛开……身居闹市，谁不向往这样的房子？美啊！但是，亲爱的海子，你为什么连“喂马，劈柴，粮食，蔬菜”都向往呢？这是俗世之人想逃离的劳苦啊。俗人想逃离，是因为拥有；你想拥有，是因为没有。人生有四境界：自然境界、功利境界、道德境界、天地境界。到不了道德境界，成不了好诗人；到不了天地境界，成不了伟大的诗人。海子的境界是高的，所以他是一个优秀的诗人。他奉献的是美，咀嚼的是空旷和寂寞。自古圣贤皆寂寞，上帝很公平，留得身后名，活着受孤独。李太白孤独，所以“仰天大笑出门去”，骂骂咧咧的，“我辈岂是蓬蒿人”；吹牛皮，“天子呼来不上船”，为什么？“自谓臣是酒中仙”。李太白聪明，用美酒冲淡了苦水，用诗歌吟唱了不平。虽是饮者，千古留名。海子呢，高处不胜寒，山海关卧轨自杀，永远地面朝大海。

从明天起，和每一个亲人通信
告诉他们我的幸福
那幸福的闪电告诉我的
我将告诉每一个人

那么昨天呢？躲进陋室，孤零零一个人，没日没夜地写着写不完的梦中的诗。顾不上和亲人通信，顾不上和每一个人分享自己的幸福。快乐着别人的快乐，痛苦着别人的痛苦。那么，写诗又有什么用呢？因为美而美。

秋天深了，神的家中鹰在集合
神的故乡鹰在言语
秋天深了，王在写诗
在这个世界上秋天深了
该得到的尚未得到
该丧失的早已丧失

多美的声音啊！可惜，在尘世，鹰是独一无二的，王是独一无二的。什么是应该得到的，什么是应该丧失的，谁能说得清？也许只有神。难道高尚的就一定能得到，卑鄙的就一定会丧失？如果这么简单，还祈求神干什么？可惜，人不是神。尼采说："上帝死了，我是太阳。"有的欧洲人像小孩子望着狼外婆一样怯生生地望着他。有一天，他抱着拉重车拉得筋疲力尽的一匹老马的头，泪流满面地呼喊："我的兄弟啊！"何其感人！但是，他疯了。在哲学的天空，留下了一个唯美的画面，拷问着人类的良心。尼采毕竟不是太阳，海子写诗，也不是王在写诗。上帝也不能死，因为上帝是人类的良知的综合。康德温和多了，侃侃而谈："上帝可以信仰，但不可以相信。"不可以相信是因为"人是人的上帝"；可以信仰是因为上帝是人的良知的综合。一个人的良知再大能大过所有人的良知加在一起吗？所以，尼采疯了，屈原跳江了，陶渊明回家了，贾宝玉出家了，海子自杀了。他们都是上帝宠坏了的孩子，可惜可惜。但是，没有这些上帝宠坏了的孩子，世界将墨守成规，了然无趣。

给每一条河每一座山取一个温暖的名字
陌生人，我也为你祝福
愿你有一个灿烂的前程
愿你有情人终成眷属
愿你在尘世获得幸福
我只愿面朝大海，春暖花开

"给每一条河每一座山取一个温暖的名字"，但是，就是不能给自己一个温暖的家，一种温暖的生活，这是什么境界？这是天地境界。海子的好朋友诗人西川回忆说："海子没有幸福地找到他在生活中的一席之地。这或许是他的偏颇。在他的房间里，你找不到电视机、录音机甚至收音机。海子在贫穷、单调与孤独之中写作。他既不会跳舞、游泳，也不会骑自行车。"是的，他什么也不会，他只会做梦，做着"面朝大海，春暖花开"的梦。他是偏颇，但是，他不偏颇，就不执着；不执着，就没有海子的诗。他在俗世的生活中是个脑残，他在诗歌的王国里是个精灵。海子，永远的海子。我爱你。

2012年2月21日

奉之弥繁，侵之愈急

战国七雄中的齐楚燕韩赵魏究竟是怎么灭亡的，众说纷纭，见仁见智，至今也难以异口同声。但有一点是可以斩钉截铁的，六国的生产关系已经不适应生产力的发展了，但是利益既得集团还抱守残缺，冻死不下驴，做着万岁的美梦，睡在富贵的温柔乡里假寐。大西北的秦国，被凛冽的西北风折磨着，视商鞅的法家思想为稀世珍宝，稀里哗啦地打破了和六国一样的生产关系，为青春萌动的生产力松了跳跃的荷尔蒙的绑，使得秦国的青春野性酣畅淋漓的在六国大地肆意挥洒。齐楚燕韩赵魏像一个个千柔百媚的小家碧玉被秦国这个来自黄土高原的鲁莽汉子毫不怜香惜玉地横扫到烟花柳巷，一个个沦落成了风尘女子，哪里还有大家闺秀的身段？

但是，苏东坡的父亲苏老泉说："六国破灭，非兵不利，战不善，弊在赂秦。赂秦而力亏，此破灭之道也。"似乎也掷地有声，言之凿凿，无懈可击也。"或曰：六国互丧，率赂秦耶？曰：不赂者以赂者丧。盖失强援，不能独完。故曰：弊在赂秦也。"说来说去，还是义正词严："弊在赂秦也。"思想城堡固若金汤，谁也休想攻破。谁叫他"二十七，始发愤"，虽大器晚成，却占了倚老卖老的便宜。老成持重的人生经验的螺纹钢框架浇灌丰富的四书五经的水泥浆，构建起来的高楼大厦，那还用说。再说了，人家"教二子，美名扬"，有了苏轼、苏辙两兄弟，连说"不才，不才，卑之无甚高论，卑之无甚高论"，也是才撼曹子建，智胜诸葛孔明。时人，后人，面对六国破灭之因，虽有不同声音，也难小觑苏老泉的“弊在赂秦”的定论。但是，请问苏老泉先生，齐楚燕韩赵魏为什么一个个要争先恐后地偷着背着讨好贿赂秦国呢？还不是骑着骆驼打仗——蹄子不赢人。一个个色厉内荏，底气不足。为什么底气不足？还不是舍不得打破病入膏肓的破烂不堪的生产关系嘛。如此说来，学习苏洵的千古名篇《六国论》，我倒不是心服口服他的六国破灭的论点，哪怕他的论据顶天立地也罢。我佩服得五体投地的，是苏老泉的仗义执言，披肝沥胆。一篇《六国论》，洋洋洒洒，一气写来，收尾竟然是醉翁之意不在酒，而在愤怒大宋献阴柔之媚，无阳刚之气也。可赞可赞！“夫六国与秦皆诸侯，其势弱于秦，而犹有可以不赂秦而胜之之势。苟以天下之大，下而从六国破亡之故事，是又在六国下矣。”好一个“是又在六国下矣”！没有视死如归之胆，没有精忠报国之志，谁又敢说大宋王朝还不如齐楚燕韩赵魏呢？那辽契丹西夏不是成了攻无不克战无不胜的强秦了吗？然而，我最佩服的是大宋的气魄，使苏老泉没有惹来牢狱之灾，反而成就了《六国论》的美名。大宋就是大宋，文人治国，虽然柔弱了一点，但天下的文人的日子还是挺滋润的，一个个长袖善舞，演绎得宋词风华绝代。

大宋的中枢神经真的是麻木于“奉之弥繁，侵之愈急”吗？生活的直接经验告诉他们“抱薪救火，薪不尽，火不灭”。割地赔款于辽，就好像抱薪救火啊。但明白了又能怎么样？开国以来，文人治国，斯斯文文，日积月累，已积重难返了。一时亢奋，赤膊上阵，难免逞匹夫之勇。在那个冷兵器时代，演绎的是发达的肌肉。况且，上层建筑已经千疮百孔，勃起了又能坚持多久？杨家将是辽国随便捏的软柿子吗？有潘仁美后面使绊子就行了。岳家军是绵羊之师吗？有秦桧惦念着就足矣。

“奉之弥繁，侵之愈急。”谁不明白？我们曾经上初中的时候，学习过蒲松龄的一篇短文《狼》，两匹狼盯上了一个卖肉的屠夫，屠夫怕狼爱上了他，丢一块肉，狼吃了；又丢一块肉，狼吃了；没有肉了，怎么办？丢一块骨头，狼啃了；又丢一块骨头，狼又啃了。骨头也没有了，怎么办？总不能丢人吧？屠夫明白了“奉之弥繁，侵之愈急”，屠夫想了个办法，依靠到草垛上，伺机收拾了两匹狼。今天的老百姓，口口声声唠叨：“大老鼠，大老鼠，贪得无厌，贪得无厌。”但一个一个为什么给大老鼠奉献呢？官桥渡口，气死霸王，你不好好奉献，大老鼠轻易让你过关？绝对权力，的确太性感了！性感得绝对淫荡腐败。明白了“奉之弥繁，侵之愈急”的道理，又能怎么样？

2012年10月26日

秦如流星缘何故

秦如流星缘何故？这是一个无知的疑问，因为答案太简单：“仁义不施而攻守之势异也”。贾谊盖棺定论，后人随声附和，于是，免去了许多的劳神费思，何乐而不为？历史的舞台上一个一个的朝代就这样身不由己地表演下去，施行仁政，王朝将兴旺发达，生生不息；不施行仁政，王朝将衰落颓废，摇摇欲坠。神州大地上的王侯将相绞尽脑汁、淋漓尽致、游刃有余地表演着得天下的快乐和丢天下的快乐。

得天下，威震四海，呼风唤雨，大兴宫殿，美女如云，奴才如蚁。天下之大，全是王土；天下之臣，全是王奴啊。天之骄子的感觉可谓爽也。难怪项羽望着巡视天下的秦始皇豪气冲天地道：“彼可取而代之。”至于刘邦，更是垂涎三尺无不坦率地说：“大丈夫当如是也。”还有千古明君李世民，站在城楼上沾沾自喜：“天下英雄入吾彀中矣！”李唐之开明，世人称道，遍查唐代诗文，有几个“民”字出现？柳宗元在《捕蛇者说》的结尾期盼，“以俟夫观人风者得焉”，“民风”写作“人风”，不好理解啊！王的感觉，真是云里雾里，如仙如醉。

那么，丢天下呢？有几个不是“人生得意须尽欢，莫使金樽空对月”的主儿？只要活着享尽荣华富贵，哪怕死后洪水滔天。一个个莺歌燕舞，醉生梦死，荒淫无度，酒池肉林，乐不思蜀，听着马嘶当虎啸。何言不快乐？比开国之君还快乐。至于李煜的“小楼昨夜又东风，故国不堪回首月明中”的忧愁，不过怀念“雕栏玉砌”的日子，过过婉约诗人的瘾而已。

当尊贵的天子表演仁政和表演暴政的时候，布衣百姓的感觉如何呢？鲁迅先生冷言："仁政时期是做稳了奴隶，暴政时期是想做奴隶而做不成奴隶啊！"我初见此言，以为先生眼太冷，慢慢地深感先生心太热。亡，百姓苦；兴，百姓苦。多少草民都入了黄土。城头变幻大王旗，你方唱罢我登场。都盼子孙做将军，一将功成万骨枯啊！一部中国古代史，跳不出兴亡兴亡兴亡的怪圈。善良而愚昧的百姓只有可怜兮兮地期盼明君仁政清官薄赋，宁做太平犬，不做乱世人啊！

大秦王朝如一颗流星似的在历史的银河划过，原因究竟是什么？在贾谊时代认为是不施行仁政是时尚的，在今天难免有些迂腐。秦帝国的大厦不过三代便在陈涉的呐喊声中稀里哗啦地倒下，今天看来主要有三个原因：一、法治的分寸把握不当；二、接班人有问题；三、六国的豪杰复仇之心不死。

首先，在狼烟四起、硝烟弥漫、刀光剑影、诸侯争霸的战国时代，秦国能脱颖而出，狼行羊群，得益于商鞅的法治。《过秦论》中说："当是时也，商君佐之，内立法度，务耕织，修守战之具；外连横而斗诸侯。于是秦人拱手而取西河之外。"后继之君"蒙故业，因遗策"，励精图治，发奋图强，使六国"从散约败，争割地而赂秦，秦有余力而制其弊，追亡逐北，伏尸百万，流血漂橹，因利乘便，宰割天下，分裂山河。强国请服，弱国入朝"。"及至始皇，奋六世之余烈，振长策而御宇内，吞二周而亡诸侯，履至尊而制六合，执敲扑而鞭笞天下，威振四海"。大秦帝国，如日中天，一统江山，拯民于战乱之中。统一文字，统一货币，统一度量衡，前无古人，后无来者，功高盖世啊！

可惜，绝对的权力凌驾于法律之上，从而使法律升温发烧，物极必反。隳名城，杀豪杰，防民、压民、愚民、弱民，使民敢怒而不敢言。这样的表演元有明有清亦有，为什么元近百年，明清各近三百年，唯独秦短寿不足三十年？这恐怕与接班人有问题不无关系吧。历史不能重来，但历史可以假设。假使秦始皇长寿，不会在出巡的路上突然崩驾，有他的铁腕统治，秦国能摇摇欲坠吗？假使扶苏继位，李斯辅政，胡亥失落，赵高失宠，秦国能怨声载道、烽烟四起吗？假使胡亥英武神明，赵高不至于指鹿为马，祸乱朝纲，秦国能分崩离析吗？可惜历史不能重来。选举国家元首的制度出了问题，国家一定会出问题。可惜那时只能世袭，不能竞选。杨广、刘禅有问题，隋短命，蜀窝囊。民主选举，法律监督，能者上，庸者下，才是国家长治久安的灵丹妙药。草民没有选举的权利，执政者一定私欲膨胀，为所欲为，巧取豪夺，官逼民反。反了又有什么好处呢？一部《水浒传》，看了宋江兄弟何去何从，举步维艰，妻儿家小，无所适从，我泪湿衣衫，反觉得曾经血染沙场马革裹尸的英雄好汉倒痛快潇洒，死了，死了，眼不见，心不烦。

再说，秦灭六国，不过战马跑到了，战火烧到了，六国的人心收到了吗？不过小孩子用积木垒了个大房子而已，抽一块就倒了。偏偏这一块就是陈涉抽的，陈涉真幸运啊，从此扬名华夏，实现了他大丈夫与其默默无闻地生，还不如轰轰烈烈地去死的梦想。其实，秦帝国的真正的杀手是赵高、张良、项羽、刘邦、韩信这些人，陈涉不过马前卒而已。如果说荆轲的报仇慷慨悲壮，“风萧萧兮易水寒，壮士一去兮不复还。”那么，赵高的复仇就叫人毛骨悚然，不寒而栗。国恨家仇，无处可报，净我男儿身，媚脸进秦宫，忍辱包羞几十年，只因嬴政太巍然。始皇走了，胡亥来了，机会来了，指鹿为马，游刃有余，长袖善舞，风起秦楼倒。于是，张良、项羽、刘邦、韩信，风起云涌，大浪淘沙，鹤立鸡群，收拾残局。张良乃韩国的没落贵族，恨秦恨得咬牙切齿，刺嬴政不成，浪迹江湖，凤求梧桐，先择项羽，后栖刘邦，运筹帷幄，决胜千里，功成名就，急流勇退。天地一仙鹤，玉树临风啊！项羽者，楚之南蛮子也。力拔山兮气盖世，破釜沉舟震乾坤。豪气冲天，骁勇善战，楚虽三户，亡秦必楚，南蛮子不好惹啊！刘邦、韩信，浪迹村巷，人微言轻，微不足道，伺机崛起。烽烟弥漫，天下大乱，群龙无首，王侯将相，宁有种乎？兔子飞奔，不争白不争。况且，他们知道底层人的酸辣苦咸以及需求，会收拢人心，会带兵打仗，搅起秦的这一江浑水，如潜江乌龙，如浪里白条。秦爱奢侈，六国人亦爱潇洒，一人之心，千万人之心。秦如流星划过，多少苍生如蝼蚁被踩死？

秦如此，隋亦如此，我们求仁政，我们更加追求制约权力的法政。

2008年8月15日

流毒无穷地聪明

“流毒无穷地聪明”说的是中国人，此语是钱钟书《谈中国诗》中说的。先生说“中国诗是早熟的”，原因是“中国人的心地里，没有地心引力那回事，一跳就高升上去。梵文的《百喻经》说一个印度愚人要住三层楼而不许匠人造底下两层，中国的艺术和思想体构，往往是飘飘凌云的空中楼阁，这因为中国人聪明，流毒无穷地聪明”。

这一“流毒无穷地聪明”引起了学生的兴趣。

一学生起立反问：“那世界最发达的国家为什么不是中国？”

“近代夜郎自大闭关自守落后了啊。”

又一学生追问：“诺贝尔奖为什么至今无一个中国人获得？”

“杨振宁、李政道、丁肇中、李远哲、朱棣文、崔琦、高行健、高锟、钱永健，都是获得诺贝尔大奖的中国人啊。”

“不，老师，是黄种人，是华人，不是中国国籍。”

“这……这个将来会有的。再说了，瑞典皇家科学院评委意识形态也有偏爱性。”

“物理、化学、生物医学等自然科学如何偏爱？”

“这……大了就明白了。”

学生大了能明白吗？明白了又能怎么样？钱学森临走的时候说了一句明白话：我们的大学教育有问题，阻碍了学生的发明创造。可惜活着的人有的还说诺贝尔奖有问题，对诺贝尔奖不屑一顾。诺贝尔奖真的老是和中国人过不去吗？给达赖、刘晓波发和平奖，的确伤中国人的感情，但一码是一码，其他奖项的含金量不低，尤其是自然科学，独领世界风骚，每年揭晓时，多少世界顶尖的科学家翘首以待，望穿秋水。吃不上葡萄就说葡萄酸，明显的酸葡萄心理。

中国人聪明，而且是“流毒无穷地聪明”。钱钟书在海外留学多年，又十分的敏感睿智，有此感悟，应该不是一时妄语。况且，我们身为中国人，也深有感触，中国人真的聪明。曾经的造纸术、印刷术，指南针和火药；曾经的《道德经》《南华经》、唐诗、宋词，不聪明能领先世界吗？可惜，“流毒无穷地聪明”常常用在了什么地方？用在了“做人”上。做人就要琢磨人，琢磨人是多么费心智啊。西方人喜欢干什么？做事，研究自然。研究自然就单纯多了，快快乐乐，孜孜不倦地去研究就得了。

你看，孔子、孟子、荀子、老子、庄子、墨子、韩非子、朱熹、程家二兄弟，哪一个不是琢磨人的？四大发明不过是业余爱好，玩出来的。蔡伦是宦官，本分工作是伺候皇帝。毕昇是官员，正经工作是管理老百姓。火药炼丹成仙，指南针看风水墓地。

西方呢？苏格拉底、柏拉图、亚里士多德，兴趣要么在大自然，要么在大自然和人的关系。亚里士多德斩钉截铁地说：“吾爱吾师，吾更爱真理。”意思明摆着，我也要做人，但是，对不起，我更要做事，追求真理啊！不敢想象，孔子高徒七十二，谁能向孔子说这样的话？若有，乃恩将仇报之人，没良心！所以，几千年的农耕文明就这样彬彬有礼、心平气和地过来了。

西方呢？哥白尼说：“太阳是地球的中心！”他便离死不远了。

布鲁诺说：“我顶你！”他被烧死了。

伽利略说：“我拿望远镜看了，对着呢。”他失去了自由。

康德说：“上帝可以信仰，但不可以相信。”他茕茕孑立，形影相吊。

费尔巴哈说：“人是人的上帝。”他孤独无援，寂寞少助。

尼采说：“上帝死了，我是太阳。”他疯了。他疯了吗？没有。他为真理献身了。

达尔文恍然大悟：“自然法则，适者生存，不适者被淘汰。”

于是，西方人都明白了：适者生存，适者生存，适者生存……牛顿明白了苹果为什么落地，瓦特明白了蒸汽机的好处，法拉第明白了发电机的妙用，爱因斯坦明白了相对论的关系……西方人将聪明才智用在了做事上，用在了探究自然规律上，所以，西方人就告别了农耕时代，走过蒸汽时代，进入电子时代。生产力突飞猛进，生产关系举步维艰，西方人毅然绝然打破了阻碍生产力发展的生产关系，建立促进生产力发展的生产关系，跑得更快了。

中国人呢？中国人还睡在农耕文明编制的天朝帝国的摇篮里，玩着自我陶醉的游戏，耗着“流毒无穷地聪明”。朱元璋玩着杀人术，朱棣玩着夺人术，张居正玩着笼人术，王阳明玩着养人术，李贽玩着笑人术，崇祯玩着稳人术，康熙玩着统人术，乾隆玩着治人术，慈禧玩着宰人术，曾国藩玩着驭人术……这多么累人啊，这多么耗费心智啊。但是，他们一个个玩得不亦说乎，玩得得心应手，玩得惊心动魄，玩得鼎鼎大名，玩得遗臭万年，玩得文明古国病入膏肓、奄奄一息。孙中山惊醒了，在西方流浪了若干年，歃血盟誓，非猛药无以救中国！猛药何在？“三民主义”“五权宪法”也。三民主义者，民族、民权、民生也。五权宪法者，行政、立法、司法、考试、监察也。行政、立法、司法是西方之精华，考试、监察乃中国之良政，中西珠联璧合，乃中华希望之所在。他想把中国人的注意力转移一下，不要光夜以继日地琢磨人，应该孜孜不倦地琢磨琢磨事。可惜，中国依然你方唱罢我登场，城头变幻大王旗。大家玩的就是个心跳。何哉？中国没有实业，中国还留恋男耕女织自给自足的农耕时代，中国还留恋彬彬有礼道德自律的农耕文明。中国想做官的人太多，想做事的人太少；难以走进电子时代，难以走进民主法治时代；生产力难以发展，生产关系更不想改变；少数琢磨人的人指手画脚，多数琢磨事的人沉默懈怠；几个会说话的，驾驭着一群懒得说话的。于是，孙中山去搞铁路建设，堂堂的大总统啊，不愧为民国之父。

上帝太公平了。金无足赤，人无完人。开一扇窗子闭一扇门。精于做人的人不善于做事，善于做事的人不精于做人。喜欢大自然的人善于做事，喜欢人际关系的人精于做人。崇尚天地自然的人聪明，热衷人类社会的人勤奋。获得诺贝尔奖的人一般是崇尚天地自然的聪明人，不是热衷人类社会关系的勤奋人。诺贝尔奖不是靠勤奋就可以拿下的，它需要更多的天赋。中国历来滋养人才的土壤就缺少给聪明人更多的养料和水分，社会把更多的阳光雨露给了勤奋人。西方恰好相反，所以，西方后来居上，走在了中国的前面。所以，诺贝尔奖多被西方人收入囊中。

中国为什么偏爱勤奋的人？因为勤奋的人流的汗多，事倍功半，令人同情。为什么挤压聪明的人？因为聪明的人流的汗少，事半功倍，叫人嫉妒。还有，勤笨的人老仰视人，令人舒服；聪明的人老俯视人，叫人讨厌。既然是人治社会，聪明人一定永远吃亏，勤笨人一定永远占便宜。比如，老子、庄子、屈原、曹植、阮籍、嵇康、陶渊明、李白、苏东坡、李贽、金圣叹、庞统、杨修……这些人都是人中之龙，鸟中之凤，吞舟之鱼，食日之鸟。如果有“海阔凭鱼跃，天高任鸟飞”的环境，摘下诺贝尔头上的皇冠是不在话下的。可惜，他们或遁隐山林，或逍遥宇宙，或投江自尽，或装疯卖傻，或客死他乡，或慷慨赴难，或采菊东篱，或仰天长笑，或对酒当歌，或出语骇人，或嬉笑怒骂，或长睡不醒，或自作聪明……在茫茫天地之间，追寻心理平衡，追寻人的自尊。但是，在人治的社会，他们皆竹篮打水一场空，留下的只是美的海市蜃楼。站在幕后偷偷地笑的，往往是那些志得意满的勤笨人。比如，孔子、荀子、苏秦、萧何、曹丕、韩愈、欧阳修、朱熹、曾国藩、鲁肃……

钱学森说，我们为什么离诺贝尔奖远，因为我们的大学教育有问题，阻碍了学生的发明创造。其实，我们的高中教育、初中教育、小学教育，幼儿园教育也是如此。听话的学生受赞美，不听话的学生挨批评。听话的一般是勤奋守规矩的，不听话的一般是聪明不守规矩的。发明创造一般出现在聪明的不守规矩的人群。但是，不听话的学生有什么好处呢？在学校受打击，走向社会受排挤，所以，还是听话好，还是不要诺贝尔奖好。除非，生活竞争的环境是不亏待老实人，不挤压聪明人，尤其是不打击“流毒无穷地聪明”的人。

2012年3月3日

另类得惊艳美丽

除却这一百年，中华五千年的文明史，李清照是当之无愧的另类。一个弱女子，凭什么跻身另类，还名垂青史?

遥想母系社会，可惜没有文字，否则，不知有多少巾帼英雄要留名千古?但是，当人类社会的车轮进入父系社会，男人独统天下，女人只有生儿育女、相夫教子、织布缝衣、烧火做饭的份儿，而无读书及第、齐家安郡、治国平天下的殊遇。像黄炎尧舜、周公管仲、秦皇汉武、唐宗宋祖、成吉思汗这样的治国安邦之才，没有女人的份儿；像老庄孔孟、屈原史迁、李白杜甫、东坡稼轩、贯中雪芹这样的悲天悯人之才，没有女人的份儿；就连像夏桀商纣、赵高董卓、秦桧严嵩这样声名不佳者，也没有女人的份儿。男人留名，数不胜数。女人留名，寥寥无几。掐指算来，也没有几个。妲己、褒姒、杨玉环，红颜祸国；吕雉、武则天、慈禧，阴毒理国；西施、貂蝉、王昭君，美色倾国；蔡文姬因为曹操出名，班婕妤沾了父兄的光，花木兰是想象的，杨门女将是虚构的，秋瑾是实打实的鉴湖女侠。可惜啊可惜，皇皇华夏史，女人有几个?你说李清照不是另类吗?她有什么资本?没有祸国的红颜，没有理国的阴毒，没有倾国的美色，没有花木兰之英勇，没有秋瑾之侠骨。她凭什么留名千古?一部中国历史，就是一部中国男人史。一部中国古代文学史，也是一部中国男人文学史，那些才华横溢的天才文人，抡起如椽的巨笔，泼墨如水，也很少溅到古代女人身上。正襟危坐的士大夫，可能不屑于写女人。试看，秋瑾的绝笔

“秋雨秋风愁煞人”，只此一句，千百句酸儒的陈词滥调怎么可以匹敌？无名女一首五言绝句“打起黄莺儿，莫教枝上啼。啼时惊妾梦，不得到辽西”，压倒多少搔首弄姿的相思诗？可惜，历经几千年，只此大众熟悉的两员女将为李清照摇旗呐喊。其他的巾帼英雄都被埋杀在深宫后院里。出名的也多是男人眼中的“尤物”而已，不在青楼皇宫，就在烟花柳巷。多亏了那些多情的骚客，曹植神笔《洛神赋》，白居易泼情《琵琶行》，杜牧“十年一觉扬州梦”，苏轼“十年生死两茫茫”，柳永“杨柳岸、晓风残月”，陆游“山盟虽在，锦书难托。莫，莫，莫”。还有，曹雪芹红楼一梦泪千行，不然，我们如何了解曾经那些美丽善良温柔的“半边天”的音容笑貌、穿着打扮、言谈举止？华夏之幸，几千年出了个李清照，另类得惊艳绝伦，另类得美丽绝伦。一女当关，万男莫开。

我给学生讲了二十几年的语文，最大的愤怒就是五千多年的中国古代文学草原，全是一些老男人行吟。不是耍脾气，就是发牢骚，像皇帝老儿的一群妻妾。受宠了，“春风得意马蹄疾，一日看尽长安花。”失宠了，不是“长风破浪会有时，直挂云帆济沧海”，就是“我劝天公重抖擞，不拘一格降人才”。一个个怀才不遇，壮志难酬，报国无门。连“采菊东篱下，悠然见南山”的陶渊明也不能脱俗，说什么“精卫衔微木，将以填沧海。刑天舞干戚，猛志固常在”，直接导致的麻烦，是学生跟在我的屁股后面刨根问底，“为什么？为什么呢？”我不得不重重地甩给一句“都是专制惹的祸！”。所以，遇到李清照的诗词，如清风拂面，如畅饮美酒，这个登峰造极的另类，美丽无比，惊艳绝伦，是何资本？

凭的是美女的矫情写作？还是超女的煽情炒作？

不，李清照自有她惊世骇俗的资本。

男人可以博览群书，女子为什么不能满腹经纶呢？谁叫她生在书香门第？谁叫她是大家闺秀？父亲李格非饱读经书，丈夫赵明诚经书饱读，公公位列宰相，书读得少吗？丈夫的爷爷还是状元呢？吓死你！书不读白不读。“腹有诗书气自华”啊！再漂亮的少女，不读书，也不过一个花瓶，一览无遗。饱读诗书的少女，就是陈年的美酒，别人要懂，需要细细地品。

“常记溪亭日暮，沉醉不知归路。兴尽晚回舟，误入藕花深处。争渡，争渡，惊起一滩鸥鹭。”她的浪漫，尊贵的男士，懂不懂？

“蹴罢千秋，起来慵整纤纤手。露浓花瘦，薄汗轻衣透。　见有人来，袜刬金钗溜。和羞走，倚门回首，却把青梅嗅。”她的清纯，尊贵的男士，懂不懂？

什么大家闺秀，小门不出，大门不迈？她偏要出去逛逛。大宋江山，《清明上河图》的繁华市景，她怎么能不大饱眼福？三寸金莲她不要，大脚丫子多舒服。叫你惊，叫你看，一个少女在男人群里转，惊得男人回家给老婆说稀罕。

嫁不出去怎么办？不要杞人忧天，难道是一表人才、儒雅风流、年轻有为的金石专家赵明诚瞎了眼？

“薄雾浓云愁永昼，瑞脑销金兽。佳节又重阳，玉枕纱橱，半夜凉初透。　东篱把酒黄昏后，有暗香盈袖。莫道不销魂，帘卷西风，人比黄花瘦。”咋了？新婚不久远别离，死法律又不让她跟丈夫去，还不允许她想念？想了她就要写出来。说什么她“轻巧尖新，姿态百出”，说什么她“夸张笔墨，无所羞畏”，说什么她“无检操”，一派胡言，全是羡慕嫉妒恨。她丈夫赵明诚喜欢啊！回应她的词几十首，离不开“莫道不销魂，帘卷西风，人比黄花瘦”，那是她的精魂。

“红藕香残玉簟秋，轻解罗裳，独上兰舟。云中谁寄锦书来？雁字回时，月满西楼。　花自飘零水自流，一种相思，两处闲愁。此情无计可消除，才下眉头，却上心头。”她父官场受排挤，她随父亲受连累，离开京城常漂流，明诚明诚寄书来，真爱无过。她魂销大宋，人们为什么还执着地吟唱“云中谁寄锦书来？雁字回时，月满西楼”？

金兵跨马扬鞭，剑指长江，磨刀霍霍，清照想投笔从戎，可恨抡不起大刀，大宋的爷们，你们都死光了？“生当作人杰，死亦为鬼雄。至今思项羽，不肯过江东。”

国破了，家散了，明诚也走了，张汝舟也嫁错了，再婚夫也起诉了，大宋的牢也坐了，闲话也落尽了，眼泪也流干了。“寻寻觅觅，冷冷清清，凄凄惨惨戚戚。乍暖还寒时候，最难将息。三杯两盏淡酒，怎敌他、晚来风急？雁过也，正伤心，却是旧时相识。　满地黄花堆积，憔悴损，如今有谁堪摘？守著窗儿，独自怎生得黑！梧桐更兼细雨，到黄昏、点点滴滴。这次第，怎一个、愁字了得！”你们都说她另类，一切她都不后悔。她唯一后悔的，可能就是没有给赵明诚生儿育女。“这次第，怎一个、愁字了得！”

2012年4月8日

解牛是一首歌

我是1984年上的高中，因为课文《庖丁解牛》，“游刃有余”这个成语刻在了我的大脑中。以后的生活中，孜孜不倦地追求干什么事都要“游刃有余”。有一次，骑自行车飞驰在上学的马路上，突然，“游刃有余”的瘾来了，于是，双手毅然离开车把，手之舞之，足之蹈之，纵情高歌，“啪”的一声钝响，我被甩出丈远，舒展地躺在马路边的松软的麦田里。但这毫不打击我对“游刃有余”的向往。

我有时希望自己心狠手辣，是个屠夫的料，凶神恶煞，磨刀霍霍向猪羊。可惜做了人民教师，就得文质彬彬，斯文儒雅，磨刀霍霍不得。没有宰过羊，没有杀过猪，更不要说解牛了。有幸杀过几只鸡，用的都是宰牛的刀，虽然给自己壮了胆，但看着鸡脖子冒着血就是好长时间不愿意死去的可怜样子，还是不住声地“阿弥陀佛、阿弥陀佛”，很难享受到“动刀甚微，谍然已解，如土委地。提刀而立，为之四顾，为之踌躇满志，善刀而藏之”的成就感愉悦感幸福感。

看《三国演义》电视连续剧时，看到“凤雏”庞统烂醉如泥，衣衫褴褛，横卧在草塌上，有一下没一下地摇着小巧玲珑的小扇子的滑稽样子，愉快感油然而生。张飞呵斥庞统辜负了他大哥的一片好意，误了县里的大事。庞统醉眼蒙眬，悠然地反问：“误了什么大事？”顷刻之间，张飞擂鼓喊冤，招呼了一群打官司的老百姓。庞统升堂过问，“嘭嚓嚓，嘭嚓嚓……”几曲华尔兹就摆平了。张飞鼓捣老百姓：“有意见吗？”老百姓异口同声：“庞大人断案，哪里有意见？”我幸福地觉得庞统断案，游刃有余，不愧为“凤雏”也。

由此，喜欢上了乔丹，喜欢上了NBA，喜欢上了“梦之队”的游刃有余。喜欢上了马拉多纳，喜欢上了足球，喜欢上了贝克汉姆的游刃有余。喜欢上了一个美丽的姑娘，不是因为漂亮，而是因为她的花式调酒的动作游刃有余令我眼花缭乱令我如痴如醉。电视栏目的报道是微词应试教育不好，赞美素质教育好。姑娘讨厌读重点高中，父母亲自然愁坏了，将姑娘扫地出门。姑娘孤傲地走进了艺校，练习花样调酒。每天和一堆脏不拉几的酒瓶子打交道能练出来什么高雅的好手艺？熟悉的人都不屑一顾。有一天，姑娘电视上闪亮登场了，国际花样调酒技艺大赛，她梦幻般的动作陶醉了每一个观众，也陶醉了我，怎一个“游刃有余”了得？桂冠戴在了姑娘的头上，掌声雷动，鲜花如潮，电视机前的父母泪流满面。我执拗地以为，编导刻意要父母泪流满面的镜头收尾，不是画龙点睛，而是画蛇添足，没有多大的教育价值。应试教育桎梏下的中国父母坐在电视机前几股子热泪一流，遇上“不务正业”的孩子依然横眉冷对，河东狮子吼，一声最后通牒：“你再不好好学习考大学，玩你那没出息的劳什子，我们就一刀两断。”连文学浪子韩寒的父母对当年韩寒写《三重门》时都围追堵截，你还苛求一般孩子的父母能支持孩子的“不务正业”？幸亏韩寒父母当年没有把《三重门》掐死胎中，不然，今天憎恶应试教育的孩子找谁来支撑自己孤傲的天空？

多年来，庖丁解牛时游刃有余的美丽，陶醉着我日渐荒漠的心空。那是怎样的一首令我如痴如醉的歌谣啊！游刃有余，游刃有余，是一个叫丁的厨师游刃有余，还是梦蝶的庄子游刃有余？厨师的美丽在炒菜做饭，解牛的游刃有余该是一个屠夫的精彩。也许屠夫有些粗俗有些腌臜有些血腥味有些不合庄子的审美情趣，所以坏坏的庄子偷梁换柱，在他创造的寓言里让厨师取而代之屠夫表演解牛的游刃有余的动作，畅谈解牛的出神入化的天道。替谁表演畅谈？替庄子。给谁表演畅谈？给那个半脑子梁惠王。一个超智的人给一个弱智的人淋漓尽致地表演，喋喋不休地畅谈，似乎有太多的滑稽荡漾其中。但是，浏览一下中国千年的历史，就是这么走过来的。才华横溢、做事游刃有余的人，老是恓恓惶惶地徘徊在权力的边缘地带，为什么？因为权力的中心大多横着一些脸厚心黑翻手为云覆手为雨特别会来事的人。独裁专制的心蛮横不住了，帝国的大厦在枪炮声中稀里哗啦地倒下去了。丢下一个960万平方公里的烂摊子，需要多少不甘沉沦的炎黄子孙奋起直追？

我不知道今天的高中语文必修课为什么丢弃了庄子的《庖丁解牛》。我和学生一起交流《庖丁解牛》，是因为选修了《中国古代诗歌散文欣赏》，有个学生嘲笑"文惠君"是个半脑子，令我措手不及，但还不敢反对，故作镇定，听他侃侃而谈："庖丁为文惠君解牛。手之所触，肩之所倚，足之所履，膝之所踦，砉然响然，奏刀騞然，莫不中音。合于《桑林》之舞，乃中《经首》之会。明明是'解'之不尽，歌以咏之。咏之不尽，手之舞之，足之蹈之。达到了艺术化的境界。为什么能达到这样音乐的境界？熟能生巧，巧能生妙嘛。身为国君，还恬不知耻地津津有味地问道：嘻，善哉！技盖至此乎？哇，爽歪了！解牛的技术怎么会达到这样呢？"

学生这么一番慷慨陈词，我真暗暗感谢庖丁好耐心，不厌其烦地给梁惠王娓娓道来。唉，谁叫人家是梁惠王呢？庖丁是邀宠，是卖弄，还是嘲讽？如果是庄子，我想一定是嘲讽多于邀宠卖弄。他用一首美丽的解牛歌谣歌唱了"超智"面对"弱智"的无奈。在庄子的言辞中，面对权贵，《庖丁解牛》是最客气的一次语言交锋。"臣之所好者道也，进乎技矣。"就这一句，羞死梁惠王，可惜堂堂国王连"技术"的层面都没有达到，还奢望达到什么"天道"的境界？这一次智慧的博弈，显然不是在同一个等量级上。犹如诸葛亮遇上了一个臭皮匠，注定要解释半天。"始臣之解牛之时，所见无非牛者。三年之后，未尝见全牛也。"目无全牛，懂不？就是眼睛看到的是活生生的一头透明的玻璃牛。骨是骨，筋是筋，肉是肉，肝是肝，肺是肺，膀胱是膀胱，睾丸是睾丸。依乎天理，切中肯綮，以刀锋入骨缝，就可以出神入化，就可以游刃有余，就可以让用了十九年的刀，锋利得就好像刚刚从磨刀石上磨下来的一样。当然，不可能一直这样潇洒，"每至于族，吾见其难为，怵然为戒，视为止，行为迟。动刀甚微。"懂不？就是遇到麻烦了，"山重水复疑无路"时，要小心翼翼，反复思考，才会谍然已解，如土委地，"柳暗花明又一村"，那个爽啊！是不能用语言描绘的。

文惠君曰：“善哉！吾闻庖丁之言，得养生焉。”他怎么就没有明白治国之道，造福天下苍生，偏偏对养生之道恍然大悟？难道梁惠王要一心一意地养得毫发无损白白嫩嫩长生不老，让天下害羞的处女都变成深宫的怨妇？让天下受苦的苍生断了易主的“不良”念头？那庄子《庖丁解牛》这一首美丽的歌谣不是白唱了吗？

2012年6月26日

鸡肋是什么意思

不知道今天的初中课文有没有《杨修之死》一文，我教高中语文，知道高中是没有的。我记忆犹新，1983年上初三，学习《杨修之死》。老师说，杨修之死是因为杨修太聪明了。为什么人太聪明了会惹祸而死呢？教育不就是教育孩子越来越聪明吗？聪明了多好，一点就通，多轻松。孙悟空就很聪明，跟师傅学艺，师傅不教，悟空生气，师傅头上敲了三下，戒尺当空一绕，背着手，优哉游哉而去。时至三更，皓月当空，悟空悄悄地从后门而去，喜不自禁，明月下一老翁端坐如钟，正是师傅也。心有灵犀一点通，悟空聪明，乃可塑之才，师傅喜欢。骆宾王也很聪明，七岁吟诗一首"鹅，鹅，鹅，曲项向天歌。白毛浮绿水，红掌拨清波。"胜过愚蠢的诗人涂鸦一百首。曹植也很聪明，七步成千古绝唱："煮豆燃豆萁，豆在釜中泣。本是同根生，相煎何太急？"一诗换一命，值了。"咯叽咯叽咯叽咯叽咯叽咯叽……"日本动画片《聪明的一休》风靡全球，惹得中国孩子一度走着站着"咯叽咯叽"，不就是一休聪明得了不得吗？试问天下父母，谁不希望孩子聪明？试问天下老师，谁不喜欢聪明的学生？聚天下英才而教之，此人生一大乐趣也！杨修怎么会因为太聪明而惹杀身之祸呢？不明白，就是不明白。后来，郑板桥的"难得糊涂"之乱石铺街体的书法横幅流行于有的人的书房甚至办公室，我亦纳闷儿，"聪明难，糊涂更难，由聪明转入糊涂还难。"什么的什么的乱七八糟的说的什么吗？糊涂有何难？由聪明转入糊涂去喝尿去吃屎？慢慢地慢慢地慢慢地，身上的棱角模糊不清了，折服郑板桥是扬州八怪之第一高人了。当糊涂是糊涂者的通行证，聪明是聪明者的墓志铭时，糊涂真难得啊！尤其是聪明人的糊涂之难难于上青天。十个人在一块儿共事，九个人糊涂，那孤零零的一个聪明人谁还说他是聪明人呢？于是，我们的传统文化里，有了一个颇含玄机的成语“大智若愚”。

鸡肋是什么意思呢？

夏侯惇声如洪钟：“啊？咱一介武夫，鸡肋？不知道！鸡肋？就是鸡身上的肋嘛。魏王是高人，谁知道？”所以，夏侯惇步步高升，曹操偏爱有加，封侯晋爵。箭射眼珠，拔而自吃，美名远扬。战死沙场，烈士一个，永垂不朽。

鸡肋是什么意思呢？

吴质慢悠悠地抬起头，“什么？鸡肋？不明白，吾天生愚钝，不明白……”所以，吴质先生曹丕奉若神明。这家伙慢条斯理，游刃有余，平步青云。

鸡肋是什么意思呢？

曹丕眼珠一转，六神无主。“吴质先生，您说是什么意思呢？”所以，曹丕赢了，成了魏文帝。

鸡肋是什么意思呢？

曹植风神潇洒，朗然一笑。“鸡肋，鸡肋，好玩。食之无肉，弃之可惜！德祖兄，父王的这点脑筋急转弯，你不会不知道吧？”所以，曹植输了，差一点儿搭上了小命。

鸡肋是什么意思呢？

杨修杨德祖果然知道，“大家收拾行李铺盖吧，今魏王进不能胜，退恐人耻笑，所以，鸡肋鸡肋，既传了口令，又保全了面子，一箭双雕啊。曹子建君所言不差，鸡肋鸡肋，食之无肉，弃之可惜也。”所以，杨修不死谁死？专制环境中，知王之所不言者，其罪大矣。宁可做个糊涂虫，不敢做王肚子里面的蛔虫。

千年中国史，多少聪明人，因为“才”生，因为“才”死。所以，时至清朝，郑板桥长叹一声：难得糊涂啊！对聪明人而言，哪里有比这更苍凉的叹息？板桥之苦，莫大于怀才不遇。板桥之苦，胜于美人自毁容。

阿基米德说，给我一个支点，我就能撬起整个地球。欧洲人说，你太伟大了。

我们身边的聪明人说，给我一个舞台，让我旋转起来。糊涂人说，你太不知天高地厚了。

你想，聪明人旋转得光彩夺目、熠熠生辉，让糊涂人干什么？在台下当观众？喝彩？还是鼓掌？不，糊涂人才不这么想，他们拼不过才华，比听话；拼不过能力，比苦力；拼不过聪明，比糊涂。他们再糊涂也心知肚明，专制独裁下，哪一个主子的屁股不喜欢奴才舔？哪一个主子不喜欢奴才虽然事倍功半，但是汗流浃背？汗流浃背好啊，他在卖命地干啊！这样的人，要好好学习啊，大家要好好地干啊。至于苦下了，汗流了，效果不佳，没关系，态度端正就好，一个人的能力有大小嘛。专制下的主子才不喜欢聪明人恃才放狂，更不喜欢聪明人虽然呼呼大睡，但是事半功倍。好，你恃才放狂，你比寡人还了不起？好，你呼呼大睡，你尿尿不捉家当——还拿了个大。你事半功倍，好，算你狠。怎么？尿到裤子上咧，你看寡人怎么收拾你，不收拾你怎么收拾民心？大家都像你这样三天打鱼、两天晒网，投机取巧、哗众取宠，那还不烂了摊子？谁叫你把寡人不当个兵器？

杨修34岁就糊里糊涂地驾鹤西去，就是把魏王没有当个兵器。曹操门上大笔一挥一个“活”字，杨修让下人拆了重建，嫌阔了，曹操嘿嘿一笑，杨修以为自己是个人才。

曹操在酥箱上端庄泼墨“一合酥”，杨修给人家“一人一口酥”地享受了，曹操嘿嘿一笑，杨修以为自己是个人才。

曹操梦游杀了人，杨修泪流满面，仰天长叹“丞相非在梦中，君乃在梦中耳”。曹操什么也没有听见。我可爱的杨修，你怎么还以为你是个人才呢？

曹丕装吴质于大簏中，神不知鬼不觉地抬出抬进地促膝交谈，杨修以为发现了新大陆，径去告知曹操，结果大簏里装的是绢匹。杨修，你玩得过吴质吗？曹植玩得过曹丕吗？只要体制是专制的，君子很难玩过小人。君子喜欢用阳的，小人擅长来阴的。

曹植是天下一流的聪明人，后来的南朝大诗人谢灵运更是对其赞许有加："天下才共一石，曹子建独占八斗，我得一斗，天下共分一斗。"杨修如遇知音，奏高山流水，心有灵犀，一点即通，但何苦将锦囊妙计手把手书写到帛上装在曹植的身上呢？你以为曹植是脑残？让聪颖过人的曹植记在心里就行了嘛。这把柄捏在曹丕的手里，不就是铁证如山吗？看在曹操的眼里，不就是欺君罔上吗？"匹夫安敢欺我耶？"曹操一沉吟，曹植落花流水春去也；曹操一沉吟，杨修秋后的蚂蚱还能蹦跶几天？聪明的杨修，你真不该知道鸡肋是什么意思。才高有何过？身死因才高。曹植也悲歌："高树多悲风，海水扬其波。利剑不在掌，结交何须多？"聪明有何过？都是聪明惹的祸。

2012年5月1日

她不知道项链是真的

莫泊桑的《项链》是短篇小说中的精品，新教材怎么就砍掉了？上世纪80年代，上高中时，老师大讲特讲《项链》，尤其是中心思想，深刻揭露了资本主义社会小资产阶级的虚荣性，令人记忆犹新。至于玛蒂尔德夫妇性格闪光的一面，被严肃的中心思想遮盖了。今天重温名著，令人感慨良深。

虚荣性是人性中最脆弱的一根神经，或多或少，人皆有之。不图体面的人仿佛死水微澜，好面子也是热爱生活的一种表现。当然，应把握好分寸，否则，会让人忍俊不禁。

借好朋友的价值连城的项链佩戴去参加高规格的舞会，也没有什么不当，况且，她又长得那么漂亮，骏马配良鞍，良将配宝剑，自古亦然，无可厚非。打扮得美丽动人，让人赏心悦目，也是尊重他人的良好用心。可惜，项链丢了。怎么就丢了呢？丢了怎么办？

有三种选择。一、悄悄地溜到他处生活；二、求朋友宽让，慢慢挣钱还；三、好借好还，诚信无价，四处借债，完璧归赵。选一的卑鄙，选二的平常，选三的高尚。玛蒂尔德夫妇选择了借债买还十万法郎的项链，就选择了高尚。遍观人世，一诺千金，好借好还者，是多还是少？一诺千金，这是多么令人激动的优秀品质啊！怎么就一夜虚荣十年苦，活该活该呢？叫人可气的是，好朋友佛朗杰斯夫人，难道就不清楚还来的是真的，借出去的是假的吗？怎么就一声不吭地心安理得地收下了呢？难道高贵的太太真的如此潇洒？将15法郎的假项链和10万法郎的真项链混淆不分？还是难得糊涂想占便宜？如果是装糊涂想占便宜，也太不够朋友了。这正应了一个类比，穷人想和富人交朋友，就如同雨天瘦子想钻进胖子的伞下避雨一样，避不了小雨，反淋了伞边的大雨。看了《项链》，我常常有这一种感觉。

佛朗杰斯夫人真是混蛋。一次眼花，害得玛蒂尔德夫妇节衣缩食，艰苦奋斗，苦苦在社会的底层挣扎了十年。洗衣做饭，送煤拉炭，替人带孩子，为人扛米面。十年啊！人生有多少个十年啊！皮肤松了，头发干了，双手粗糙了，眼角的鱼尾纹多了。昔日的闭月羞花之貌，一去不复还了。

当佛朗杰斯夫人在公园偶尔遇到玛蒂尔德时，已经认不出来了。当玛蒂尔德老老实实地解释了个中的原因时，高贵的阔太太潇洒地耸耸肩，摇摇头，说："那是假的啊，至多值15法郎。"混蛋，佛朗杰斯夫人。玛蒂尔德，可爱的可怜人，上法院，将10万法郎的项链要回来，还佛朗杰斯夫人15法郎就行了。哦，即便再加上十年的利息也距离10万法郎远着呢。

2008年9月25日

他们不过是几个小人物

我第一次见契诃夫的肖像是2000年了，当时看高一的课文《装在套子里的人》，他的肖像映入眼帘，心里颇感惊诧。他怎么会是一幅地地道道的贵族绅士做派呢？蓬松的金发三七开地向后梳着，顺畅的络腮胡须阳刚俊朗，戴一副圆形的金边眼镜，左耳处吊一串五寸长的金丝链儿，儒雅睿智。笔挺的西服，整洁的领带。面无表情，似乎在沉思着什么。

1983年，学习《变色龙》，就知道契诃夫是俄国19世纪著名的文学家，世界三大短篇小说巨匠之一。但那时课本上没有他的肖像，于是，我想象他的形象沧桑得像写《钢铁是怎样炼成的》的奥斯特洛夫斯基，苦难像写《童年》《在人间》《我的大学》的高尔基，朴素得像写《小二黑结婚》的赵树理。1986年，学习《装在套子里的人》，想想那些可笑的小人物，更坚信契诃夫看上去就是朴素、苦难、沧桑的感觉，不然，他怎么会熟悉俄国社会的小人物呢？所以，2000年见了贵族绅士派头的契诃夫的肖像，就免不了有些惊诧。

其实，这样悲天悯人的大师古今中外不在少数。他们从物质上看，衣食无忧，但是，就是要操起手术刀，在有病的社会肌肤上这儿划划，那儿剜剜，惹得当局吹胡子瞪眼睛的，有的倒霉了还被要了命。图的是什么呢？有的希望唤醒当局救治病态的社会，有的希望唤醒民众干掉不可救药的社会，有的也就只是出于从生活上同情弱者从精神上救助自己。契诃夫是明眼人，他洞若观火，用显微镜观察到了沙皇俄国的细微处，发现已经病入膏肓了，与其希望治病让它苟延残喘，还不如索性让大家清楚已经不可救药将它弃之如敝屣。这从《变色龙》和《装在套子里的人》等小说我们阅读时的感觉就能明白，阅读时，不由自主地要笑，是因为已经没有必要哭了，放弃它吧。和阅读《红楼梦》的感觉是不一样的，阅读《红楼梦》，心肠再硬也情不自禁地想哭，因为，曹雪芹希望这个百足僵虫活下去。

《变色龙》里面的高大壮实的警官奥楚蔑洛夫，初二学习的时候，我就觉得他的官大得了不得，仅仅比将军的官衔小一级，起码也是个师长级的干部。他一登场，就闪闪发光，披着新的军大衣，颐指气使，呼风唤雨，像个骄傲的老公鸡一样，轻易不打鸣，一鸣必惊人。发言前喜欢亮亮嗓门儿，“出了什么事儿？”“干什么？……为什么？……谁在嚷嚷？”“去调查一下，这是谁家的狗？打个报告上来！……马上去办，别拖！”运筹帷幄的将军啊，指挥着千军万马，决胜千里是必然的了。

结果，狗是将军家的，“叶尔德林老弟，给我脱下大衣，天气真热啊！”这家伙原来只带了一个兵，而且兵的头发枯燥得连火鸡一样。

有人说“这不是将军家的狗”，那狗一定是“下贱胚子”。

有人说“没错儿，是将军家的狗”，那狗一定是娇贵的小动物，应亲自送到将军家里去。“叶尔德林老弟，给我穿上大衣，天气真冷啊！”

将军家的厨师说“我们那儿从来没有这样的狗”，那一定是条野狗，弄死算了。

厨师说“这是将军哥哥家的狗”，小狗怪伶俐的，咬人咬得好，多好的一条小狗啊！

看到这里，青春年少的我们笑得眼泪都出来了。于是高高兴兴地归纳总结：官气十足，盛气凌人，装腔作势，恃强凌弱，耀武扬威，狡猾善变，趋炎附势，见风使舵，媚上欺下，反复无常，阿谀逢迎，卑劣无耻，走狗，奴才，沙皇警犬。好长时间，都觉得这么多的脏水泼到奥楚蔑洛夫身上都不是太过分，而是太客气。但这些年给学生分析，有时不免反问，他为什么媚上？原来他不过上面的一只警犬而已，他不是国家的警察，更不是人民的警察。在昏庸的独裁专制的铁爪下，他这样的片儿警，是个小人物，不过老鹰爪下的一只小麻雀，是死是活，主要看鹰高兴不高兴。他没有骨气没有想法，他想活，而且想活得精彩，所以只有这样。他不过一个小人物，他活得也非常不容易，他改变不了黑暗的现实，所以选择了适应。于是，我开始可怜他了。我真希望他专横恣肆，飞扬跋扈，哪怕是记错了处理咬人的狗所犯的罪行的条款，执拗地一错到底，也是精彩的人生。可惜，他不敢，如果他是这样的警察，那沙皇俄国也就不至于被推翻。

《装在套子里的人》中的别里科夫，我一直对他没有好印象。因为他畏缩得连个老鼠一样，更倒霉的是，高中老师刚上过这篇小说，天降大雨，我穿了一双长靴子，中午，突然晴空万里，我家远，没有换雨鞋，课间晒太阳，一同学往我头上打了一黑雨伞，群声起哄："噢，噢，别里科夫，别里科夫。"于是，我这个"别里科夫"一直被同学孜孜不倦地叫到高中毕业。工作了，老同学见面还叫"别里科夫"。哈哈！名著的魅力无穷啊！

"他也真怪，即使在最晴朗的日子，也穿上雨鞋，带着雨伞，而且一定穿着暖和的棉大衣。他总是把雨伞装在套子里，把表放在一个灰色的鹿皮套子里；就连那削铅笔的小刀也是装在一个小套子里。他的脸也好像蒙着套子，因为他老是把它藏在竖起的衣领里。他戴黑眼镜，穿羊毛衫，用棉花堵住耳朵眼。他一坐上马车，总要叫马车夫支起车篷。"契诃夫不愧为高明的大夫，用小小的手术刀，一层一层地剥开了沙皇俄国的一个病人的肌肤。他是多么畏缩、猥琐、萎缩啊！活像一只小小的黑老鼠，似乎满街的人都在喊打。

"每逢经过当局批准，城里开了一个戏剧俱乐部，或者阅览室，或者茶馆，他总是摇摇头，低声说，当然，行是行的，这固然是好，可千万别闹出什么乱子。"能闹出什么乱子啊？这个可恶的别里科夫！

"在别里科夫这样的人的影响下，全城的人战战兢兢地生活了十年到十五年，什么事都怕。他们不敢大声说话，不敢写信，不敢交朋友，不敢看书，不敢周济穷人，不敢教人念书写字……"这符合一个人民教师的职业道德吗？这样的教师就该通宵做噩梦，这样的教师就该还没有恋爱就赶紧失恋，这样的教师就该被别人画漫画捉弄。但是，他为什么这样生活呢？原来"只有政府的告示和报纸上的文章，其中规定着禁止什么，他才一清二楚”。他可厌，他可憎，他可恶，他可恨，但他也很可怜。他不过一个可可怜怜的小人物，一个可怜中学的可怜教师而已，在专制的黑幕下，看不到黎明的曙光。在暴风雨来临之前，感觉不到大海的暗流涌动。他不惜活得连老鼠一样，想一厢情愿地和独裁相安无事。他甚至害怕风华正茂、激扬文字的年轻人被开除被绑架被屠杀，进而自己被连累。他是一个令人讨厌的可怜的好人。面对专制的强暴，没有办法反抗，慢慢地将麻木变为理智，只好战战兢兢地自我安慰地受暴，老是抱怨年轻人不理智，动不动就闹出什么乱子。全城的人十几年不高兴，是因为别里科夫一个人的不高兴传染的吗？不，是政府压根儿就不想让人民高兴，不想让人民高兴的政府人民别无选择，只好干掉它。这也是历史的铁律。

你想，一个小公务员因为感冒站在上司的对面，一不小心打了一个喷嚏，就惶惶不可终日，一遍又一遍地道歉，终于让上司不耐烦了，甩一句“滚蛋！”于是，这个小公务员就快快地滚到上帝那里去了。这样的沙皇政府培养出这样的公务员，公务员战战兢兢地死了，政府还能长命百岁吗？看到这样的公务员，我笑不出来，我泪淹心扉。

2012年6月6日

说说四大吝啬鬼

20世纪80年代初，正值包产到户的春风吹暖了农民的心，我父母高高兴兴地在责任田里挥汗如雨，鞭策我好好学习，天天向上，希望将来考上大学当市民吃商品粮。其时，我学习起来的确愉快，有一种黑面馍馍吃久了，突然见了白面馍馍的心旷神怡。尤其是语文课，我像一台录音机一样，把老师讲的就录下了。比如，老师讲《威尼斯商人》，总结了一下，世界文坛著名的四大吝啬鬼，夏洛克、葛朗台、泼留稀金、阿巴贡。末了还说，中国的严监生也毫不逊色，加起来是五大吝啬鬼。我到现在还记忆犹新。

今天的学生看到这五个名字可能会很陌生，因为，今天的课本砍掉了这几篇课文。我不知道今天的学生相互开吝啬鬼的玩笑文学素养有多高，充其量就叫“搜搜鬼”“铁公鸡”吧，抽象而缺乏生动形象。上世纪80年代的高中生开这样的玩笑，随口都是经典人物。比如，二月二炒的豆豆拿到教室，那就要共产主义，不然，对不起，那你铁定了就是班里的“葛朗台”。青酸的杏子拿到班里，那可要有酸同享，否则，叫你“泼留稀金”不商量。其实，那时的西海固遍地都是农业气息，捏着手电筒也找不到一毛不拔的商业暴发户。所以，学习这些课文，我觉得除了同学之间开玩笑方便生动形象之外，剩下的意义就是要我们明白资本主义不是好东西，揭开蒙在人脸上的温情脉脉的面纱之后，暴露的是人与人之间赤裸裸的金钱关系。至于我们社会主义，当时，现实生活中也找不到一个人和“葛朗台”这样的守财奴对号入座，所以，社会主义就是好，就是好。但是，过了30年，中国社会发展了，身边的“葛朗台”有了，“泼留稀金”有了，“阿巴贡”有了，“夏洛克”也有了，怎么这么多资本主义的吝啬鬼守财奴一下子跑到中国观光旅游来了？而且使中国的学生看不清识不透道不明，有些无所适从。我不明白，现在编教材的怎么喜欢生活中哪一壶水开了在课本中就立即将哪一壶水倒了？生活中的葛朗台在课本中找不到，所以，还要麻烦我介绍一下这几个登峰造极的吝啬鬼的来龙去脉。

夏洛克，有高贵的犹太人的血统，同时也不缺少高利贷者吸血成性的狰狞。英国文学超级大师莎士比亚（1564—1616年）的喜剧《威尼斯商人》中的主角儿，凭着一脑子点子，一口袋票子，放钱收钱，吃香的喝辣的。大商人安东尼奥，帮助朋友巴散尼奥去求婚，夏洛克给安东尼奥借了3000元钱，巴散尼奥的求婚成功，安东尼奥却还不出债，夏洛克便向法庭控告，执行契约，割安东尼奥的一磅肉。记得那时老师讲到这里，我的嘴半天合不拢。割人的肉干什么？去年，我生活的城市一个赌徒输钱了，不用人割肉，袖子往上一捋，咔嚓！两根手指头已在桌面上跳街舞呢。不为别的，只为在江湖上混个名声。放款的毒，贷款的还毒，以毒攻毒。歹毒是歹毒的通行证，无毒的这道儿上别混！

阿巴贡，这老头儿名气不大，课本里没有选，是老师作为零头额外讲的。因经商而富，因放高利贷而暴富。法国文学家莫里哀（1622—1673年）长篇小说《悭吝人》中的显眼人物。他最陶醉的事情就是把钱偷偷地埋藏起来，谁也不知道。他赛过活神仙，有一儿一女。他想让女儿嫁一个门当户对的富老头，女儿有一种抽风的感觉。儿子有了意中的“朱丽叶”，但阿巴贡却想让儿子娶一个他物色好了的寡妇，因为寡妇钱不寡，是个富婆。儿子追求的“朱丽叶”，阿巴贡却要当“罗密欧”。儿子举债，债主是阿巴贡。一个仆人偷了阿巴贡的钱箱，迫使他放弃当“罗密欧”的念想。这样一心一意希望儿子娶寡妇，女儿嫁老头的父亲今天不多见，但是，媒体报道小保姆当成二奶，女大学生周末喜欢坐奔驰奥迪劳斯莱斯的新闻已不是什么新闻了。至于精壮的小伙子傍富婆的现象，老百姓都麻木得很理智了。

葛朗台，地球人都知道。今天的中学生莫名其妙，罪过在高中课本没有选法国写作机器巴尔扎克（1799—1850年）的长篇小说《欧也妮·葛朗台》。巴尔扎克这个狂妄的天才，挥洒的《人间喜剧》，经济大潮中的中国人，的确应该好好拜读拜读，注定淹死的就不会被淹死。守财奴葛朗台，他不过是个箍桶匠，但在经济浪潮中，他胆大心狠，成了暴发户。种葡萄、酿酒、放高利贷、商业投机、公债投机。一路走来，顺风顺水。这钱不赚白不赚，放下是死钱，动起来就会钱生钱，精明的葛朗台深谙此道。他为人低调，不张扬。假装口吃，难得糊涂，大智若愚，投机从未失败过。他有妻子，有女儿，有女仆，是个市场经济中的成功人士。但是，他吝啬成了一种病。点一只蜡烛，亲自发面包，亲戚来了也不多加一块糖。生日给女儿一块金币，每年都要检查一次。弟弟破产自杀，托付儿子查理给他，他一脸的不高兴，打发侄儿出国。查理知道父亲自杀了，痛哭流涕，葛朗台说："这孩子没有出息，把死人看得比钱还重要。"女仆说查理痛苦得不吃饭，葛朗台说："省省我的粮食也好。"女儿将金币送给了查理，他恶狠狠地破口大骂："该死的婆娘！是一条毒蛇。"关了女儿的禁闭，叫吃冷水面包。说外孙女儿小乖乖、小乖乖，开心地放到肚子上逗着玩，大大方方地送了一个纽扣。临死，把金币堆在眼前，说看着暖和；叮嘱女儿："将一切照顾好，到那里来交账。"这个守财奴为什么不吃喝嫖赌潇洒挥霍？他连吴敬梓《儒林外史》里面出场的严监生都不如。严监生虽然咽气的时候不咽气，老婆说她懂，"噗"地吹灭了油灯，严监生就一下子咽气了。严监生不过一个土财主，而葛朗台可是大名鼎鼎的资本家。看看今天我们身边暴发户过的滋润风流的好日子，葛朗台好一个可怜！

泼留希金，特殊爱好——捡和偷。俄国19世纪伟大的批判现实主义的文学家果戈理（1809—1852年）之长篇小说《死魂灵》里面一个登峰造极的守财奴。旧鞋底、破衣裳、铁钉、破瓦，什么都拾。经他走过的道路就不打扫了，他是一架勤勤恳恳的扫路机。农妇水桶放在井边，一转眼就不翼而飞，泼留稀金顺手牵羊了。他有这个爱好，于是他怀疑农奴也偷，那么，就创作了农夫出庄园跳跳舞的剧本，以此窥视每一个农夫有没有偷。他穿的睡衣补丁不计其数，本色衣料也认不清了。袖子和领龌龊不堪，油油地发着光，后衣襟掉着棉花团，像丑陋的母鸡要下蛋的样子。颈上围着一种莫名其妙的东西，是旧袜子？是腰带？是绷带？反正不是围巾。奇奇科夫把他当作一个老太婆。他卖给奇奇科夫许多死魂灵后高兴得山呼海唤：“我的上帝！我的恩人！我的救主！”下定决心要盛情招待，阔气地摆出一块长了毛的饼干，一小瓶多年前的果子酒。再三叮咛：“那饼干是不大新鲜，用小刀稍微刮一下，但末屑不要抛掉，留给鸡吃。酒是亡妻做的，多少蛆虫和苍蝇及灰尘掉进去了，但已经统统捞出，很干净，Ok！敬你一杯。”今天的中学生一定以为泼留稀金是个无儿女赡养的沿街乞讨的糟老头，可是，对不起，他可是当地最富有的守财奴，家产万贯，良田千顷，活农夫多多，死魂灵也多多。泼留稀金这样的土财主我相信有，因为环境决定意识，他没有身处灯红酒绿、纸醉金迷的花花世界，有钱也没有个地方挥霍，所以只好死心塌地地守着，守着守着就变态了。他守的是一份心情，一份尊严，而不是钱财了。

陈忠实的《白鹿原》里有个小地主，他的家产是舔碗舔出来的。每一次吃完黄米散饭，就津津有味地舔碗，吧叽吧叽的，还一定要长工黑娃目不转睛地瞅着，即使黑娃恶心，他也捧碗直舔，在所不辞。还一本正经地讲他的致富经：“娃娃，瞅着，老爷我就是这样舔富的。”我想，他是在不厌其烦地舔着一种成就感吧。这正如泼留稀金的守财情结。

我小时候，奶奶有时给我们讲她娘家的故事，说有一家大财主，富得流油。可临解放的时候土匪来了，撞开堡子的大门，一下子拥了半院子的红胡子的土匪，翻箱倒柜什么也没有找到，突然，从地窖拽出来了掌柜的，拷问金银财宝。掌柜的拧着头，一句话没有。土匪大怒，将竹扫帚点着，蘸着清汪汪的清油抽着打，掌柜子紧紧地咬着嘴唇，一句话也没有。土匪恶狠狠地抽打，突然，“呸”的一声，一块红红的东西射到土匪头子的脸上，“日你妈，不要脸！”骂声含糊不清。土匪一看，原来是咬断的一截肉舌头。土匪恶狠狠地撂下一句：“狗日的，儿子娃娃老叫驴！”呼啦一声撤了。在这个节骨眼上，财主和土匪好像斗的是作为男人的一股子气，似乎满脑子装的不是财宝。我辛辛苦苦苦下来的东西，怎么能轻轻松松让你龟儿子抢去呢？我奶奶还说她娘家邻村有一个小地主，土匪进村了，全家人都跑了，只有他一个还坐在火炉边，泰然自若。一个长工问：“我不跑是因为我是穷人，你咋不跑呢？”小地主说：“这一杯茶还没有喝败呢。”他的日子原来这么过啊！今天想起来这些所谓的地主，我莫名其妙地伤感。

欣赏欣赏今天世界级的富豪吧。

盖茨，微软总裁，豪车，豪宅，好名声。捐580亿美元，资助社会福利事业。盖茨是全世界的神话，谁当选总统谁喜欢。

巴菲特，天字号股神，捐370亿美元，全心全意服务于社会弱势群体。他在美国一个喷嚏，东南亚都感冒。

乔布斯，苹果公司老板，捐83多亿美元，苹果商标人人皆知，为苹果品牌赢得全世界的喝彩。

柳井正，日本优衣库的创造者经营者，捐106亿美元，欧美人记住了这个亚洲黄种人的名字。

李嘉诚，终于开始分配一辈子经营得很不错的大蛋糕。大儿子李泽钜2000亿港元，二儿子李泽楷2000亿港元。不偏不斜，手心手背都是肉，符合中国人的传统道德。

有时候，我胡思乱想，如果当时的法国社会遗产法规定，遗交财产必须交纳50%的税。如果葛朗台能像盖茨那样声名显赫，媒体上频频亮相，在当时法国政坛拥有更多的话语权，他就不会吝啬得连个纽扣都舍不得送人。对于男人，一旦有了惊人的财富，大富在天，名望比财富更有吸引力。

如果阿巴贡能像巴菲特那样媒体上一亮相，全世界的股民就屏住呼吸，阿巴贡才不喜欢将钱埋藏在只有他一个人知道的好地方。撒出去的是银子，赚回来的是金子，这样的风光事，哪个男人会无动于衷？

如果夏洛克有一个公平科学的竞争平台，像乔布斯一样，苹果公司从美国走向世界，引领世界新潮流，他如果还一根筋地要割人家的一磅肉，那全世界的消费者就把他的苹果抛向太平洋。聪明的男人是不会犯傻的。

如果泼留稀金能将他的金山银山来个华丽的转身，将传统的经营模式做个创意性的转型，创办“泼留稀金服装责任有限公司”，和日本的柳井正一样，坐在高耸入云的摩天大楼的舒适的转椅上，运筹帷幄之中，决胜千里之外，那他何苦龌龊得连个叫花子似的？

至于严监生，他不可能成为李嘉诚，即使成了李嘉诚，怎样分万贯家产也令他头疼。

人不可能没有欲望，欲望是把双刃剑。因为欲望，所以幸福；因为欲望，所以痛苦。吃穿住行满足了，“饱暖思淫欲”。性满足了，想平安，想健康，想美丽，想娱乐，想松鹤延年。这些都满足了，还想名扬天下，“留取丹心照汗青”。这些欲望都没有罪过。科学的良性制度，是搭建科学公平法治的良性的竞争平台的保证。营造“鹰击长空，鱼翔浅底，万类霜天竞自由”的发展环境，让大家“海阔凭鱼跃，天高任鸟飞”。尽量尽量从源头上避免杜绝人类所共有的劣根性滋生龌龊滋生腐败，让人性中闪光的一面熠熠生辉闪闪发光。

2012年6月15日

葫芦葫芦是何意

妻子最喜欢三毛的文章，所以对三毛的话句句相信。比如，三毛说4岁就通读了《红楼梦》，她深信不疑。我就一直怀疑，四岁通读《红楼梦》？不可能！就算三毛浸润在书香里，就算三毛是文学宠儿，20岁的娃娃说不了30年前的话，人生经验有限。4岁读《红楼梦》有什么意思？是什么吸引着读下去的？一个人捧着一部文学作品爱不释手、津津有味地读下去，读下去……是因为时时发生共鸣时时产生愉悦波的原因。是愉悦感诱惑他读下去，读下去……4岁的孩子再早慧，读《红楼梦》有什么愉悦感？不过认几个字而已。所以，谁如果自诩童年几岁就通读了《红楼梦》好几遍，我们一定要品味一下狐假虎威的寓言。有真本事表演两下，拿《红楼梦》吓唬谁？《红楼梦》4岁的孩子能看懂，不是欺负曹雪芹吗？曹雪芹又不是安徒生。

我就亲见一个拉《红楼梦》作虎皮的小伙子的狼狈不堪。是江苏卫视的《非诚勿扰》节目，这是一个青年男女心动触电节目，有什么能耐你就挥洒得了，美丽的女子心跳不心跳，还要看眼缘，异性之间的好感没有公式可套，心仪一个人是没有定理的。可那个自作聪明的小伙子却套了公式，一亮相就“会当凌绝顶，一览众山小”，以红学专家自居了。24位女子拭目以待，结果他又没有什么独到的见解，只是鹦鹉学舌而已，好！赶紧换一个话题吧。但他认了死理，一会儿《红楼梦》，一会儿《红楼梦》，等他再《红楼梦》时，为他亮着的24盏爱情之灯关完了，他尴尬得连手都没有地方放了，还喃喃自语《红楼梦》……《红楼梦》……他哪里知道有的女子除了偶尔看看《红楼梦》电视剧，小说是从来不看的，但这丝毫不影响人家气质的高雅。

实话实说，我最早看《红楼梦》是在初三第一学期，15岁了，仅仅看了不过500字。那时候谈情色变，谈黄就是流氓。但15岁的中学生有盼“情”望“黄”的潜意识，这是天性使然，和人生观正确不正确没有关系。所以，一个男同学看《红楼梦》，有一天，就神神秘秘地凑过来要我看，我顺着他的手指头看下去，是“贾宝玉初试云雨情”，一下子我的心跳加快，他一下子就跑了，我还想看，因为有一种莫名其妙的愉悦感。后来，王扶林导演的电视连续剧也断断续续地看了，都三十几了，才完完整整地读了一遍《红楼梦》，于是，发现同学要和我共同欣赏的“贾宝玉初试云雨情”那一段蛮高雅蛮含蓄的，没有什么涉黄涉非的嫌疑。

初三第二学期，学习了课文《葫芦僧判断葫芦案》，学完了也学了个糊里糊涂，葫芦葫芦的，什么意思吗？但是，贾雨村这个名字是记住了，“护官符”也背得烂熟，“贾不假，白玉为堂金作马。阿房宫，三千里，住不下金陵一个史。东海缺少白玉床，龙王来请金陵王。丰年好大‘雪’，珍珠如土金如铁。”那时不背不行，考试考你。

上了高中，《林黛玉进贾府》也学习了，尤其是写王熙凤，我们都倒背如流：“一双丹凤三角眼，两弯柳叶吊梢眉。身量苗条，体格风骚。粉面含春威不露，丹唇未启笑先闻。”就是不明白林黛玉是来到了她外婆家，为什么“步步留心，时时在意”？为什么“不肯轻易多说一句话，多行一步路”？别人有什么好耻笑的？林黛玉又不是童养媳。

这些青春年少的好笑的疑问，随着岁月的流逝渐渐地水落石出。你不想明白它也会明白的，成熟是无法抗拒的，正如一个人的衰老无法抗拒。所以，学习经典名著，尤其是文言文，不求急于理解，正如一团面，放在那儿，外界环境会促使它发酵的。尤其是《葫芦僧判断葫芦案》，今天我非常理解，可惜初中课本砍掉了，换的是《香菱学诗》。也好，拿香菱学诗生动形象巧妙地告诉学生写作是怎么回事儿。不知今天的学生学习了有没有共鸣？

我无意说今天的课本选《香菱学诗》不好，我只是觉得砍了《葫芦僧判断葫芦案》的确有些可惜。其实，许多人对文学的记忆，也就是学生时代学习的课文。工作了，除了文学爱好者继续欣赏文学作品，其他的人，有人家更好玩的，不要以为人家比你庸俗多少。倒是尽信书的呆子有时候酸溜溜的，别人咋看咋不养眼。

像我，见了生活中那些巴结奉迎不失分寸，落井下石恰到好处，为了名利媚上欺下、见风使舵、相时而动、徇情枉法，美其名曰识时务者为俊杰的官场弄潮儿，一下子就想到了贾雨村。这充分证明初中《葫芦僧判断葫芦案》一文没有白学。是文学温暖着我被现实越来越冰冷的信念，而且我坚信，贾雨村这样的官员，秋后的蚂蚱，蹦跶不了多少天的。不要看他一时一地春风得意，平步青云，就改变了我们的道德操守。

今天的人见了贾雨村这种人，会联想到那个经典文学形象呢？他们会不会因为人家一时的飞黄腾达而使自己永远的随波逐流呢？如果这样，我不敢想象我们生存的人文环境会是怎样的一副情状。

看看《葫芦僧判断葫芦案》中一些恶心的细节吧。

如今且说贾雨村授了应天府，一到任就有件人命官司详至案下，却是两家争买一婢，各不相让，以致殴伤人命。雨村听了大怒道："那有这等事！打死人竟有白白的走了拿不来的！"便发签差公人立刻将凶犯家属拿来拷问。

伸张正义，维护法律尊严，缉拿凶犯就得了，拷问凶犯家属干什么？

一个门子使了一个眼色，不叫他发签。雨村心下狐疑，只得停了手。刚刚吹起来的光彩夺目的气球一下子软了。退至密室，认了老相识，念了葫芦庙里的旧，赏了门子斜签着坐下说话，学习了"护官符"这个内部重要文件，嘀咕了不想让第三个人听到的悄悄话，三下五除二摆平了一件人命官司。

无非就是薛大公子寻个开心，泡个漂亮妞儿嘛。小官宦少爷冯渊也真是逢上冤家对头了，孤身一人，没有人帮衬，和呆霸王斗什么？人贩子又一女两卖，一块骨头哄两只狗，狗不咬才怪。不料大狗的一群哥儿们咬死了争斗的那只小狗，人命关天，起码也是个大案要案，况且，争的那块香喷喷的骨头不是一般的骨头，是英莲，当年贾雨村穷困潦倒葫芦庙时周济自己的富户甄士隐的丢失的女儿啊。滴水之恩，涌泉相报，这个君子信条不可置之不理。英莲，英莲，应该怜悯。怎么办？好办，不管薛蟠逍遥法外，只说薛蟠暴病身亡，打他几个帮凶稀巴烂，解解大家的恨。至于冯渊家，没有什么亲人，锥子戳大腿——离心远着呢，白花花的银子拿去，也就压服得口声了。薛家不缺的就是银子，“丰年好大‘雪’，珍珠如土金如铁。”葫芦僧判断葫芦案，贾雨村便急忙修书二封与贾政并京营节度使王子腾，不过说说“令甥之事已完，不必过虑”之言寄去。也算还个人情，因为他上任应天府全赖的是贾家王家的推荐嘛。至于那个聪明的葫芦僧，好办，慢慢地寻一个不是，远远地充发了就OK了。

咀嚼着这些细节，就好像咀嚼着一只苍蝇，葫芦葫芦是何意？原来就是这个意思。

今天课本选的《香菱学诗》就赏心悦目得多了。岂不知，可爱的诗魔香菱就是薛大公子当年从冯渊手里抢来的那个可怜的小奴婢，如今出落得水灵动人，赶不上大家闺秀，也毫不逊色于小家碧玉，就是诗书读得少了，缺乏那么一点气质和韵味儿。没关系，女人傻一点更可爱。这个傻乎乎的学诗学得一根筋的香菱不是大观园的美女人见人爱吗？可是，香菱是个有灵性的女子，她隐隐约约地觉得比薛宝钗林黛玉这些大家闺秀少一点什么，尽管她说不出来，但是，她敏感地察觉就是诗了，所以，她一根筋地学作诗。有了诗就有了气质，有了风度，有了韵味。腹有诗书气自华，香菱的感觉没有错。今天的中学生能不能向香菱好好学习呢？《香菱学诗》选得好，贴近学生的生活。但是，《葫芦僧判断葫芦案》离学生的生活也不远，选进来让学生提前学习学习也好。没办法，他们都要长大的。

2012年6月19日

你说范进有什么办法

隋王朝创设科举取士以来，不知有多少读书人下定决心不怕熬白头孜孜以求取功名？即便是李世民站在城门上看着新科进士缀行而出便不无得意地说："天下英雄入吾彀中矣！"（在帝王的眼中，科考不过是一场豪赌），也照样有一拨又一拨的读书人纷至沓来，而且，熬至皓首苍颜，也无怨无悔。因为这个便宜太大了，不占白不占。"朝为田舍郎，暮登天子堂。将相本无种，男儿当自强。"科考似乎是一场赌资巨大的豪赌，风情万种地诱惑着天下男儿有准备地去赌。赢了，混迹官场，旱涝保收，月月有个麦子黄；输了，落魄田园，青黄不接，天天想着要攒粮。科考一举，扬名四海的、红脸的屈指难数，苏轼、苏辙、欧阳修、范仲淹、文天祥、翁同龢……花脸的也不少，秦桧、严嵩……不管是红脸的，还是花脸的，吃穿住行性，总比布衣老百姓风光。对于追求实惠喜欢盲从的老百姓而言，科考无疑是莫大的诱惑。范进不过是这股巨大洪流中携裹的一粒沙子而已，因为吴敬梓的妙笔生花，永远地定格在被人嘲笑的尴尬柱上。我有时在猜测，中国人可能没有叫"范进"的，就如"秦桧"一样，虽然贵为状元，位至宰相，却因为和天子合谋害了岳飞，天下人不敢怪罪天子，万桶的脏水全泼在他身上，连"秦桧"这个名也不屑一取了。但范进我觉得真的太委屈了，因为中举不小心高兴得过了头（小说中描写的是发了疯），后人就讳忌至深，把对科举的深恶痛绝全发泄在他一个人身上。岂不知人性如水，遇直则直，遇弯则弯，进方则方，进圆则圆。你生活在范进那个时代那个环境又能比范进看得开多少呢？人在江湖，身不由己。人在科场，照样身不由己。像吴敬梓、蒲松龄那样退身而求其次的又有多少读书人？

“万般皆下品，唯有读书高。”这不是一句空洞的口号，中国几千年的社会组织结构，都是以男耕女织自给自足的农耕文明为基础的。除了官老爷，就是布衣老百姓。商人一直被排挤在权力的边缘地带让世人不屑一顾。所以，学而优则仕，要么好好读书做官，要么不读书去种田。连皇帝都直言不讳地鼓励：“书中自有千钟粟，书中自有黄金屋，书中自有颜如玉。”你说小民怎么能不跟风呢？市井田野的老百姓教子更通俗易懂：“小子读书不用心，不知书中有黄金。早知书中黄金贵，高照明灯下苦心。”黄金黄金，粮食粮食，美女美女，你说老百姓再图个啥？况且，“十年寒窗无人问，一举成名天下闻。”这个活生生的铁血事实叫人不寒而栗叫人心花怒放。所以，“春风得意马蹄疾，一日看尽长安花”也就见怪不怪了。至于“无边落木萧萧下，不尽长江滚滚来”的皇榜揭晓后的势不可挡热火朝天的氛围，就是几家欢喜几家愁的区别了。

范进的迫不得已主要来自三股躲也躲不过的势力：家庭势力、村落势力和官方势力。是这三座大山压得像范进这样的读书人喘不过气来。范进的抵抗力和免疫力都是一流的，一般人是挺不住的。死猪不怕开水烫，为什么？因为一次又一次的希望失望希望失望，也就习以为常了。所以，范进誓把科考进行到底，把牢底坐穿。胡屠夫唾在脸上也不擦，抱只老母鸡在大街上卖也不丢人，皓首苍颜也豁出去了。

家庭势力主要来自老丈人胡屠夫，这家伙嬉笑怒骂皆成文章。范进中了秀才，因为当不了老爷，吃不了皇粮，所以，胡屠夫不失体统地来小贺。一幅大肠一瓶酒就很给女婿面子了。范进是个烂忠厚没有一点用处的读书人，所以警告他不敢在有头有脸的老丈人面前装大，但对于做田的扒粪的平头百姓，就万万不能拱手作揖，平起平坐，坏了学校规矩，连老丈人脸上都没有光彩。这中了秀才就想举人，得陇望蜀，人之常情。没有盘缠怎么办？只有向老丈人开口了。胡屠夫一口啐在脸上，骂了一个狗血喷头：中个秀才就想举人，癞蛤蟆想吃天鹅肉；中举人的都是天上的文曲星，不是家有万贯家财，就是头大额宽，方面大耳；你范进尖嘴猴腮的，穷得屁股用烂瓦拦着，也不撒泡尿照照，不三不四，就想天鹅屁吃。这一席考前教育着实难听，但也是实话实说。范进不是无可奈何，就是大智若愚，要不就以为打着骂着心上挂着。他那么赤贫，有人骂也是看得起啊。

范进中举了，胡屠夫的祝贺就飙升了，七八斤肉，四五千钱。打女婿就是打天上的星宿，就是得罪阎王爷，下了十八层地狱怎么办？真要打，那要喝两碗酒，壮壮胆才行。只打了一下，手早就颤了起来，进而隐隐地疼将起来，把个巴掌仰着，再也弯不过来。贤婿一巴掌打好了，那可是体面人，后衣襟千万滚皱不得，一路上低头为他扯了几十回。有我这贤婿，后半辈子靠不得也怎么的？少不得有人把银子送上门来给他用，只怕姑老爷不稀罕。人情世故如此，胡屠夫只有进圆则圆、遇弯则弯了。中举前的刺激，中举后的体贴，范进怎么会无动于衷？落差如此之大，他不高兴得疯了才怪呢。“噫！好了！我中了！”

村落的势力虽星星点点，也有燎原之势。中前中后两重天。中前住在茅草棚，吃了上顿没有下顿，科考完家里已是饿了两三天，没办法去卖下蛋的老母鸡。似乎这一村落只住了范进一家人。中举了，疯了，众邻居有拿鸡蛋来的，有拿白酒来的，也有背了斗米来的，也有捉两只鸡来的。有追范进的，有搬来桌凳的，有早把范进跑丢了的那只鞋寻了来的。村里的人都是活雷锋。人性如水啊！考前一村冰，考后一村火。温差这么大，范进能没有感觉？他不疯了才怪呢？“噫！好了！我中了！”

官府的势力含情脉脉，不动声色。不该出手时绝不出手，该出手时就一定出手，好像潜伏在水里的鳄鱼一样。中前范进和官场上的人八杆子都打不上一个。中了，只听得一片声的锣响，三匹马闯将来。三个人下了马，一片声地叫：“快请范老爷出来，恭喜高中了！”正在吵闹，又是几匹马，二报、三报到了。范进三两步走进屋里来，见中间报帖已经升挂起来，上写道：“捷报贵府老爷范讳进高中广东乡试第七名亚元。京报连登黄甲。”高烧降下来的范进正待坐下，早看见一个体面的管家，手里拿着一个大红全帖，飞报了进来：“张老爷来拜新中的范老爷。”胡屠夫忙躲进女儿房里，不敢出来（由此可见，胡屠夫是一个被权力传销洗了脑的可怜的粗直的人）。这个头戴纱帽，身穿葵花色圆领，金带皂靴的张老爷，该出手时就出手了。一认范进是亲切的世兄弟，二攀范进是至亲的亲骨肉，三送范进几封银子，四送范进空房子，还送什么？再送就送美女了。张老爷家何愁没有银子用？他家的银子，说起来比皇帝家还多些呢！他家就是胡屠夫卖肉的主顾，一年就是无事，肉也要四五千斤，银子何足为奇？张老爷的今天，就是范进的明天，你说范进高兴得不发疯谁发疯？“噫！好了！我中了！”

“无边落木萧萧下，不尽长江滚滚来。”这铺天盖地的逼迫势力和诱惑势力有几个人能抗拒呢？且不说科举八股到底考的是什么，单单考前考后造的这个势，就可以把一个人捏扁吹圆，谁受得了？“十年寒窗无人问，一举成名天下知。”这样的豪赌谁不赌？想想那个连半个秀才也没有捞到的站着喝酒而穿长衫的唯一的孔乙已，读书人就不寒而栗。所以，科举考试慢慢地演化成皇家训化听话的有用人的一种形式，是地地道道的人与人之间比的一种气。科举功名之于男人，就好像贞节牌坊之于女人，是活下去的幸福和孜孜追求的名分，不再是“不拘一格降人才”的良策妙计了。皇帝老儿好这个调调，那大家就蜂拥而上。考上了，“春风得意马蹄疾，一日看尽长安花。”再说，一荣俱荣，一损俱损。一个人的失败就是一家子的失败。一个人的惊喜就是一家子的惊喜。中举了，人前人后，风光无限，美好的祝愿连连不断；中举了，亲朋好友，聚在一起，酒喝干，再斟满；中举了，披红戴花敲锣打鼓，请客送礼络绎不绝；中举了，一不小心，再及第状元，皇帝的千金也不是不可以泡的。中举之于男人，就好像兴奋剂之于运动员，一下子激活了雄性沉睡的荷尔蒙，使男人红光满面快感连连。人性中固有的虚荣心就这样无限地膨胀膨胀，膨胀到不能自已，于是就像范进一样“噫！好了！我中了！”满世界如痴如醉地梦游。

如果真正地选拔人才，那也应该考考数学、物理、化学、生物、地理这些大自然的科学，一篇道德八股文章定乾坤，过来过去老琢磨人干什么？琢磨得天朝帝国没有科学，只有盲从；没有法治，只有人治；没有自由，只有奴从。

体育、音乐、美术也应该上升到艺术纳入到考查范围。体育是生命的父亲，锻炼得身体强壮健美；音乐是生命的母亲，滋润得生命更加高雅；美术是生命的化妆师，打扮得生命更加美丽。

再说，英语也应该考考，面向世界，走出去看看外面的世界多么精彩，老窝在家里夜郎自大干什么?

还有演讲能力、实践能力、创新能力也很有必要实事求是地考察考察，不然，高分低能可害死人。辛辛苦苦培养的人才只会制造，不会创造，老是唯唯诺诺窝窝囊囊地跟在人家屁股后面拾鞋带有什么意思?

2012年6月20日

民可以乐其成，不可虑始矣

因为西门庆的“大名鼎鼎”，波及了姓西门的人。一向对姓西门的心有余嫌，所以，上课到《西门豹治邺》，就想滑过去，反正是“自主赏析”篇目啊。

孰料，好问的学生却不放过我，问：“老师，民可以乐其成，不可虑始矣。是什么意思？”

这是什么意思呢？

“噢！这要走进具体的语言环境看。那好，你给老师说说这句话是怎么引出来的？”

“西门豹要改河道，疏通河水，老百姓害怕冲撞了河神，有的还害怕淹了自家的良田，百般阻挠。西门豹看着老百姓，沉吟：民可以乐其成，不可虑始矣。”

“那西门豹为什么要改河道呢？”

“河水每年雨季都泛滥，淹没农田，淹死牛羊和人。”

“西门豹未上任此地父母官那会儿，河水就乖乖的？”

“不，有官员联合乡绅、巫婆治理呢。”

“怎么治理？”

“老百姓交钱交粮交人，给河神献礼。”

“献什么礼？”

“献美女。巫婆把美女丢进河里，河神一高兴，河水就不泛滥了。”

“好办法啊！西门豹继承了吗？”

“西门豹继承了，但是，河里丢的不是美女，先是巫婆，后是乡绅。河神更喜欢这些有头有脸的人物啊。”

“噢，原来如此。那西门豹把河道改成了吗？”

“改成了，从此，河水畅通无阻，雨季也不泛滥了。”

“老百姓高兴吗？”

“当然高兴啊。”

“这就叫民可以乐其成。当初百般阻挠，就叫不可虑始矣。”

“谢谢老师！”

“民可以乐其成，不可虑始矣。”优秀的父母官必须有宽容人民鼠目寸光的肚量，谁叫他们是老百姓呢。没有布衣的目光短浅，哪里有官员的高瞻远瞩？为将者，运筹帷幄之中，决胜千里之外。为官者，也必须如此。哪怕在任时老百姓骂之，但离任了必须让老百姓想念。西门豹做到了，谢谢西门豹大人。

遥想深圳批为特区之际，推土机轰隆隆开进了小渔村，隔岸观火者，有之；聚众闹事者，有之；冷嘲热讽者，有之；呼天抓地者，有之；寻死觅活者，有之。民不患贫而患不均啊！但是，待深圳一跃而成了中国改革开放的窗口城市，精英荟萃，财源滚滚了，谁还呼天抢地？

回眸国企股份制时，“朱嘴一张，工人下岗”的唏嘘声此起彼伏。趁火打劫者，有之；釜底抽薪者，有之；幸灾乐祸者，有之；但朱镕基依然踏着地雷阵，赴汤蹈火，在所不惜，鞠躬尽瘁，死而后已。不为别的，就为卸任总理后，人民说朱镕基是个好人，为人民做了一点事。今天，不论走进哪个书店，厚厚的四本《朱镕基讲话实录》都赫然在目，常销不衰，谁敢说中国人民没有眼睛？

看看今天我们生活的城市，拆了建，建了拆；拆了再建，建了再拆。拆是城市发展提升的必须行为，但太频繁了，也不见得是科学发展吧？一个城市必须有百年的规划，最少也需要有五十年的打算。五年十年的蓝图也叫蓝图？五年十年的规划，与其说是搞建设，还不如说是埋隐患。也许领导在高瞻远瞩规划百年城市框架的时候，老百姓为了眼前利益阻力很大，但是，只要是为了老百姓，还是要赴汤蹈火，在所不惜。讨好老百姓的眼前利益，埋下老百姓看不见的隐患，只能算投机钻营的卖乖的政客而已。这样的投机政客之于老百姓的作用和“伟哥”之于性疲软的作用有什么两样？兴奋一时，疲软一世。

闲来无事的时候，我徜徉在城市“面子”的大街上，两面的建筑，高低林立，绚丽多彩，我可以欣赏到凝固的音乐。车如流水马如龙，马路宽阔，绿树依依，白云飘飘。但是，当我穿梭在城市“里子”的小巷里，乱七八糟的建筑杂乱无章，似乎有噪音直往耳朵里钻，我聆听不到城市优雅和谐的音乐。拥挤不堪、丑陋无比的建筑如同烦躁的音乐，影响着人的心情。这里只有房子，只有高墙，只有尘土，只有垃圾，只有粪便，只有苍蝇，只有蚊子；没有窗户，没有大路，没有蓝天，没有白云，没有树木，没有花草，没有蝴蝶，没有蜜蜂。这些建筑的历史谈不上悠久，老资格的也不过20岁，多的是近几年如雨后春笋般拔地而起的。一个个懒洋洋的，晒着暖烘烘的太阳。我不知道什么时候肮脏的砖墙上接二连三地又要书写着一个又一个大大的“拆”字？当铲车无情地开进来的时候，这些“脚面上看”的老百姓又要呼天抓地，寻死觅活。谁又能去责怪规划者缺少未雨绸缪的大智慧呢？

2012年10月28日

韩愈毕竟一学者

“三人行，则必有我师。”对啊。

“弟子不必不如师，师不必贤于弟子，闻道有先后，术业有专攻”。的确如此。

“古之学者必有师。师者，所以传道受业解惑也。”说得精彩。

“人非生而知之者，孰能无惑？惑而不从师，其为惑也，终不解矣。”没错啊。

但是，韩昌黎同时代的士大夫，怎么“曰师曰弟子云者”，就“群聚而笑之”？原来，官员有官员的从师规则，学者有学者的从师规则。车走车路，马走马路。韩愈精明一生，糊涂一时。

作为学者，“吾师道也，夫庸知其年之先后生于吾乎？是故无贵无贱，无长无少，道之所存，师之所存也。”足显其谦虚好学，不耻下问，海纳百川，学者风范。但作为官员，能不在乎前后贵贱长少？等级是官场的法宝和动力，没有等级，皇帝拿什么钓官员的胃口？没有等级，官员就失去了奋斗的目标。等级森严，才刺激小官绞尽脑汁地做大官嘛；等级森严，才使皇帝得心应手，左右官场嘛。难怪“士大夫之族，曰师曰弟子云者，则群聚而笑之。问之，则曰：‘彼与彼年相若也，道相似也，位卑则足羞，官盛则近谀。’”。呜呼！好一个“位卑则足羞，官盛则近谀”，自古亦然。

中国是面子大国，虚荣心人皆有之，身在官场，人在江湖，身不由己啊！昌黎先生怎么就不能善解人意呢？阁下也是圈内人士，不就是书读得多，文章写得好嘛，玩什么清高，作什么秀？下级向上级学习，有面子啊！学习是接触的理由，披着学习的外衣套近乎听起来也高雅。上级向下级学习，太掉价，没水平。弄不好下级蹬着鼻子上脸，没有了伴君如伴虎的诚惶诚恐。“位卑则足羞，官盛则近谀。”记住，这是官场的奥秘。

今之众人才能不及古之圣人，但仕途上比古之圣人精明刁钻。念不好书不一定做不好官，做不好淑女不一定做不好妓女。

关爱子女，高薪聘请名师喂独食，上名牌大学，找理想工作，何错之有？至于官员自己，黄瓜打驴，大半截都飞了，还从什么师，学什么道？

学习必须从娃娃抓起，不知“句读”可不行，考不了秀才，中不了举，进不了贡院，无缘于进士，还谈什么千钟粟，黄金屋，颜如玉？至于官场上的大道理，难得糊涂好，枪打出头鸟，高树多悲风啊。

“恶医乐师百工之人”吃的是技术饭，不好好学习行吗？不拜师行吗？一窍不通，少挣几万；一针不慎，出了人命。士大夫之族，升官发财，平步青云，玩的是心术。心术能拜师学习？留心多琢磨琢磨就会了。

“位卑则足羞，官盛则近谀。”官场的金科玉律！人在仕途，必要的时候，礼贤下士，做做姿态也是好的。媚上傲下，韩愈先生有什么想不通。《师说》一文，只能赠给你的学生李蟠拜读拜读，至于同僚，最好别赠阅，擦了屁股还唾死你。什么“无贵无贱，无长无少，道之所存，师之所存也”。

韩愈毕竟一学者。

2013年3月8日

郭啥啥种树

郭啥啥种树？这是十几年前，妻的一个说得来的朋友请我应付一篇毕业论文时调侃的一句颇有趣的问辞。

记得她郑重其事地请求："请臭老九写一篇论文。"

"什么狗屁论文？"

"郭啥啥种树。"

"郭啥啥种树？"

"给，这是原文。"接过一看，嘿！我亦愕然，不认识，于是欲盖弥彰："噢，柳宗元写的，一个臭种树的，随便写。"

静心一查，原来是《种树郭橐驼传》。2000年以前上过高中的，一定都很陌生，因为，此文是2000年新课改才选进高中语文选修课本《中国古代诗歌散文欣赏》里面的。所以，麻烦我提炼一下文章的情节。

大唐长安城的西面的丰乐乡，常常"隆然伏行"着一个驼背的老男人，没有人知晓他叫什么，索性直呼其"郭橐驼"吧。老男人高兴得了不得，说："甚善，名我固当。"

这本是一个很没有趣味儿的老男人，但是，他种树有绝活，于是，他的故事就十分的性感了。长安豪富，种风景观赏树，种稀罕果实树，无不三请四访他。为什么？有绝活：随便移，不死；结果早，且繁茂硕大；谁偷偷地学习模仿也是痴心妄想，学不来。好奇者问之，老男人也无所谓版权所有，翻录必究。曰无秘诀耳，一言以蔽之："能顺木之天，以致其性焉尔”。

树种好之后，“勿动勿虑，去不复顾。其莳也若子，其置也若弃，则其天者全而其性得矣。”

“他植者则不然，根拳而土易，其培之也，若不过焉则不及。苟有能反是者，则又爱之太恩，忧之太勤，旦视而暮抚，已去而复顾”。如此浓烈的爱，好吗？

“虽曰爱之，其实害之；虽曰忧之，其实仇之”。好个狗屁。

当然，柳宗元的“醉翁之意不在酒”，他借植树言养民也。庸官之庸，乃辛辛苦苦老老实实害民矣。尽职尽责的善良地跟在人民屁股后面：地犁了吗？谷子种上了吗？糜子收割了吗？蚕茧煮了吗？蚕丝抽了吗？线纺了吗？布织了吗？鸡喂了吗？猪喂了吗？孩子吃了吗？一家一家地叮嘱，顾不过来啊。“鸣鼓而聚之，击木而召之。”了不得了，小民老百姓忙得连放屁的工夫都没有，哪里还有时间陪大老爷唠嗑，陪大老爷吃吃喝喝？饶了小民百姓吧，给大老爷磕头了。

反刍着郭橐驼种树的故事，我蓦地想起来了我大姐种花的事儿。

大姐是我见过的最勤快的人，种花也毫不懒惰，浇水，施肥，修剪，抚摸，挪来挪去。但好景不长，花就蔫了枯了死了。大姐十分的不服气我的养花，十天半个月，浇一点水，记起了施舍一点土肥；记不起了，从来不闻不问。但姹紫嫣红，四季常开。大姐说：“花要懒人养呢。”

其实，孩子也需要“懒人”教育。

我的一个朋友王女士对此就百思不得其解。邻居的女儿被复旦大学录取了，可王女士的儿子连个二本都没有沾上。她的那个羡慕嫉妒恨啊。邻居怎么带女儿？三天打麻将，两天跳舞。女儿放学回家了，冰冷的门还锁着。夜色降临了，楼道漆黑一片，拉开楼道里的昏暗的灯，趴在楼梯台阶上写作业。没办法，邻居的女儿要多勤快有多勤快，学习要多好有多好。而王女士怎么操心儿子呢？为了儿子，辞了工作。比儿子早起半小时，收拾书包，赶做早餐，叫醒儿子，看着吃早餐。吃完早餐，提着书包送儿子送到学校大门口。夏天来了怕热了，冬天来了怕冻了。中午的饭菜怕素了，晚上的饭菜怕荤了。儿子屋里写作业，她在客厅边做夜宵边洗衣服边陪着。夜宵吃了，脚洗了，儿子睡了，她才小心翼翼地睡下。谁料想，儿子越来越懒惰。衣服不洗，袜子不洗，裤头不洗。头懒得洗，牙懒得刷。睡觉连衣服都懒得脱，嫌早晨穿起来麻烦。学习是小学不如幼儿园，初中不如小学，高中不如初中，大学自然没有门道。我给她说了郭橐驼种树的事儿，她想试验一下，可惜没有机会了，她的宝贝儿子是独生子。她被伟大的母爱绑架了，钻入了爱的窠臼难以自拔。儿子被爱的潮水淹没了，没有窒息还算是幸运儿。

“虽曰爱之，其实恨之；虽曰忧之，其实仇之”。邻居命大吗？邻居的女儿运气好吗？上帝不会那么昏庸的，最智慧的莫过于上帝。邻居女儿考入复旦大学，不是邻居大智若愚，就是邻居歪打正着。朋友不附和“歪打正着”现象。这世界怎么会没有“歪打正着”发生呢？世界不是哪一个人的，有些事情不是你主观向往的，但却是客观逼迫而成的。不管家的母亲，孩子失望到了极点，就会绝地自力更生。这一现象虽不普遍，但也不可能没有特殊。无为不是纯粹的无所作为，无为是逃开嫉妒的眼光的扫射，悄无声息的运筹帷幄之中，决胜千里之外。老子曰：“治大国若烹小鲜。”举重若轻，收放自如啊。

有多少中国的家长会像郭橐驼种树一样养育孩子呢？没有多少，因为有的孩子没有真正的能耐也没有关系，享受着享受着享受大了，凭借着父母早已经营好的人脉关系，官场上照样可以当个小混混，混着混着照样可以能混得人模狗样。倒是有真本事的人，因为棱角太分明，锋芒长毕露，舌头短，脊梁直，奋斗着奋斗着被挤到了仕途的不毛之地。

孙云晓讲述的中国、日本中学生夏令营的较量已经被中国人咀嚼得没有什么味儿了，但有多少家长学会放手了呢？看看上学放学校园门口接送孩子的集团军的波涛汹涌就明白了。

郭橐驼种树法，要么被嗤之以鼻曰：“把孩子放了羊。”要么义正词严曰：“不符合应试教育。”

为什么对教育穷追不舍呢？老百姓种田有时也难逃政府的“真心关爱”。春天来了，这个乡开辟特色农业种植，铺天盖地种辣椒。绿莹莹的小麦禾苗怎么办？拆！损失呢？政府补。那好，就种辣椒吧。辣椒苗呢？政府发。薄膜呢？政府发。肥料呢？政府发。谁要呢？政府搭桥出售。好死了，政府万岁！秋凉了，辣椒红艳艳地挂了一地，农民红扑扑的脸上挂满了丰收的笑容。霜冻了，红艳艳的辣椒烂了一地。为什么不卖啊？太便宜了，卖了还不如烂在地里。政府拍着胸脯慷慨陈词：“农民兄弟放心，一亩地政府补偿500元。”这是什么钱啊？这是爱农民没有爱到点子上的钱。

2012年10月25日

非常道

第一次见“道可道，非常道”这六个字，是在1990年的秋天。

其时，我大学毕业一年，蛰居中国大西北六盘山区一个山沟沟里。一天一天，长须乱发，抽烟喝酒，下棋谝传，优哉游哉。睡则恍若死猪，有课不上，学生喊“报告”不起，校长连连敲门方起。牙不刷，脸不洗，光脚踏着皮鞋进教室。醒则狼藉满屋，地一月不扫，被子两月不叠，床单三月不洗。唯其如此，每天狗一样地蹲在暖洋洋的太阳光下才颇觉心旷神怡。什么“居庙堂之高则忧其民，处江湖之远则忧其君”，狗屁！我本优秀毕业生，发配至如此凄凉地，根据是什么呢？难道是因为八九学潮夹裹到人流中喊了几句“铲除腐败！”的爱国口号？莫名其妙，莫名其妙。“也无风雨也无晴”“一蓑烟雨任平生”，还不行吗？

一日，秋雨凄凄，踱进一新来的师范学院毕业的老师宿舍求新鲜，哪知其人甚是腼腆，金口难开，无鲜可享受。再说，一个学物理的，有什么新鲜稀罕可谈？倒是破墙上的一幅书法作品俘虏了我的好奇心，隶书“道可道非常道”，赫然在目，熠熠生辉。我想，一个理科生，懂什么“道可道非常道”？不过附庸风雅、故作深奥、装点门面、狐假虎威而已。

于是我问：“什么意思？”

他说：“不知道。你们中文系的竟然没有学过？”他反戈一击。

“没有，没有一点印象。”我不装腔作势，这是个大优点。

“好像是老子的《道德经》的开篇一句话。”他若有所思。

噢，老子？《道德经》？真没有学过。当时，我无心思考为什么中文系的大学生不学习老子，不研究《道德经》。因为，1990年前后，中国正流行“搞原子弹的不如卖茶叶蛋的”的说法。我那时才二十出头，正赶时髦，想那么多何用？这几年有时就想，为什么知道《论语》，不知道《道德经》呢？原来，中国五千多年的主流文化，是重孔子而轻老子的。因为，孔子生活在俗世人间，老子飘然在云里雾里。传说，孔子寻访老子，自愧不如，惊叹：老子忽而云里，忽而雾里，若神龙见首不见尾矣！红尘中人，望尘莫及啊。

从二十青春到三十而立，时间整整划过了十个春夏秋冬，可怜生活的空间不过蜷缩在六盘山区一个小小的乡村中学而已，其时，手忙脚乱于恋爱、结婚、生子、育子；写教案，改作业，满堂灌；训斥学生，表扬学生；打击学生的好奇心，挫伤学生的创造性。连仅存的一点地理常识都忘了，山东在哪儿，湖北在哪儿，挪威在哪儿，智利在哪儿，全然忘却，哪里还思考地有多无涯，天有多辽阔，宇宙在哪儿？“道”在哪儿？

年近四十，当应不惑，但对于“道可道，非常道”依然漠视不解。只是这十年混在城市，看了不少书，见了不少人，经了不少事，走了几个地方，恍若觉得地球踩在脚下了，滋生了思考的乐趣。有时，像一头牛一样，闲暇时静卧反刍。蓦然回首，发现所牧之童，费时不多，劳神不多，呕心不多，沥血不多，春种秋收，收获不赖。冷眼旁观，芸芸众生，起早贪黑，手忙脚乱，呕心沥血，春种秋收，收获难丰。于是，窃喜：吾所悟之道，乃非常道也。泄露了别人也不懂。成语“对牛弹琴”，俗语“教给的曲儿唱不上”，隐含的就是这个“道”吧。

庞统当年闲居县衙，烂醉不醒，猛张飞哪里深谙其中“道”儿呢？嘿嘿！“道可道，非常道。”可以说明白的道理，还是不平常的道理吗？咱悟出了教育教学中不平常的道理，所以才庖丁解牛，目无全牛，得心应手，游刃有余。嘿嘿！

2005年，看了余世存的《非常道》，觉得有趣，但不过妙趣横生地记录了近百年中国非常之人的非常之语非常之事而已。此“非常道”，非老子“非常道”，暗笑余世存望文生义了。《道德经》仅仅五千言，包罗万象，玄之又玄，自然是“非常道”了，可以不可以这样琢磨？

去年，偶尔浏览《道德经》的译文，见“道可道，非常道；名可名，非常名”的译文是“可以用语言表达的规律，就不是永恒不变的规律；可以叫得出的名字，就不是永恒不变的名字”。暗自庆幸，近几年和人高谈阔论《道德经》，幸亏是天马行空地胡侃，没有逐字逐句地翻译，不然，一开口就贻笑大方。

可说之道，就不是平常之道啦！错！不是平常之道，是可以说清的吗？那永恒不变的规律，是不可以用语言表达的了？嗨！这哪儿是哪儿啊！老子真的是神龙见首不见尾，佩服佩服，我都晕了。

2013年元旦

反刍古诗词

因为对古诗词的喜欢，所以常听关于古诗词的课。今天听的是一位青年教师的公开课，课题是李煜的《相见欢》。天气不错，灿烂的阳光毫不吝啬地洒进教室，活跃的课堂更加生动了。一切都那么自然流畅，和谐优美，像小溪在山间流淌，像白云在蓝天徜徉……

“无言独上西楼，月如钩，寂寞梧桐深院锁清秋。　剪不断，理还乱，是离愁。别是一般滋味在心头。”老师情不自禁地朗诵，头不停地摇晃，摇晃……

“扑哧！”前排的一小男生忍俊不禁地笑出声。不妙！老师尴尬了，鼻尖渗出了细细的汗珠。一朵白云遮住了太阳，教室的空气有点儿沉闷。

“请你说说别是一般滋味，是什么滋味？”老师微笑着叫起来刚才发笑的小同学。

小同学低着头站在那儿，脖子都红了，蓦地，抬起头欲言又止，一副可意会不可言传的样子。

其实，孩子“不可言传”是正常的，“不可意会”也是可以理解。十一二岁的孩子，怎么能琢磨透一个古代亡国之君的心事呢？没有切身的情感体验，就很难同病相怜，又怎么会产生共鸣呢？

记得童年最早背诵的唐诗，一首是《悯农》：“春种一粒粟，秋收万颗子。四海无闲田，农夫犹饿死。”另一首是《锄禾》：“锄禾日当午，汗滴禾下土。谁知盘中餐，粒粒皆辛苦。”至于诗的深刻含义，当初确实没有感悟到。只是出于对古诗的神秘和好玩，再加上老师的鼓励，就双手捂了耳朵，放开嗓子，摇头晃脑地唱着背诵，不知不觉就倒背如流了。至于农夫为什么“犹饿死”？“盘中餐”为什么“粒粒皆辛苦”？从没有静下心好好地想过。可是，诗句却深深地刻在了我童年的脑子里。在后来的日子里，挥之不去，反刍不已，其味无穷。

阳光似乎已不是阳光，俨然无数枝细硬的火箭，没遮没拦地从天上密密麻麻射下来，扎在人的脸上，手背上，火辣辣地疼。中午的太阳没有了轮廓，只是那么白花花的一片，急匆匆地闪。谷子的绿叶晒焦了，拧成了黑色的绳子，用手一搓会成了细末儿。农夫的脸上全是汗，雨点似的滴在黄土地上，滴在挥动的锄头上，倏地一下就干涸了。

这不是一个虚幻的镜头，生活在黄土地上的农家子弟，有几个没有身历其境过这样艰苦难熬的劳动过程呢？正是这种艰苦的生活环境，迫使我过早地感悟了“锄禾日当午，汗滴禾下土”的真意。这不是一句文绉绉的唐诗，而是一个真实苦累的劳动过程。于是，我常常想，《锄禾》的诗人可能是一个地地道道的农民，正午在田间锄禾有感而发，渴望吃闲饭的人体谅种田人的苦处，一粥一饭当思来之不易，一饮一食当有感恩之心。诗人也有可能是一位有学问的士大夫，羽扇纶巾转悠在田间地头，体察民情，看见锄禾农夫汗洒如雨，可怜兮兮，忽然，良心发现，“才知盘中餐，粒粒皆辛苦”。

后来，看电视剧《宰相刘罗锅》，见和珅每用膳前，正襟危坐，仪表堂堂，人模人样地和妻妾奴婢高声朗诵：“锄禾日当午，汗滴禾下土。谁知盘中餐，粒粒皆辛苦。”心里就有了一种看着一个良家小碧玉被富家恶少戏弄的愤愤不平感，于是，我就想，并不是所有的人都在真心实意地朗诵这首流传千古的好诗，有的是把这首诗作为漂亮的面具堂而皇之地立起当作贞节牌坊的。

今天的不少孩子，既有糟蹋饭菜的习惯，也有朗诵“谁知盘中餐，粒粒皆辛苦”的时尚。如果，谁家的孩子糟蹋粮食，建议让他“锄禾日当午”。想想毛泽东主席当年号召知识青年上山下乡，可能是看不惯城市的小青年有的不事稼穑，娇气无力，那么，对不起，到农村广阔天地去锻炼，亲手“锄禾日当午”，就懂得“汗滴禾下土”了。

回忆《悯农》一诗，无异于一篇温文尔雅的讨贪檄文。“四海无闲田，农夫犹饿死。”粮食都到哪里去了？原来，万颗子都被贪婪的大老鼠拉去了。鉴此，《诗经》所述“硕鼠硕鼠，无食我粟”，孔子所云“苛政猛于虎”，柳宗元所问“孰知赋敛之毒有甚是蛇者乎？”，也就不难理解了。

学生是牛羊，教师是放牧的人，古代的诗词是青青的草，牧人不会强迫牛羊把青草一下子吃在肚子里消化掉，老师怎么可以强求学生把古代诗词一下子理解透呢？我想，还是让学生先朗读成诵，不求甚解也好，在以后的日子里，细细地去反刍吧……

2001年7月8日

无奈的选择

在东晋王朝的“冬季”，出仕是很看重门第的，但是，他出身寒微，做官的希望是很渺茫的，然而，他仍然期望这个王朝的冬天能温暖起来，所以，他“少年罕人事，游好在六经”，“猛志逸四海，骞翮思远翥”。他努力着，坚持不懈地努力着，相信辛勤地耕耘一定有丰盈的收获。

这一天终于姗姗地来了，来得那样勉强，来得那样别扭。先是江州祭酒，再是荆州幕僚，后是大将军的参军。每次出仕虽然不同，但是，面临的抉择是一样的。是混在官场沦为“烟花女子”，还是退居田园恪守“小家碧玉”？这是一个艰难的选择，况且，还要养家糊口。于是，那一年的八月，他求为彭泽令，仅仅八十几天后，不肯束带迎接一位飞扬跋扈、位轻权重的督邮，当天就解去印绶，辞官回家了。临走时，他仰天长叹：“我岂能为五斗米，折腰向乡里小儿！”这一叹，如长风扫旷野，痛快淋漓；这一叹，如响雷振天宇，荡气回肠；这一叹，如深秋一叶菊，傲霜骨立；这一叹，是千年一叹，让中国多少士大夫挺直了精神的脊梁，傲然于朗朗乾坤。

他就是陶渊明，他的选择是艰难的，苦涩的，无奈的。然而，他留给后人的是永远的醇美、淡远、潇洒和傲然骨立。这是何等的痛楚？天地生男子，苦莫过于欲有为而不能为，那么，只好无为了。陶渊明、柳宗元、苏东坡、辛弃疾、陆游……不都是这样吗？

“暖暖远人村，依依墟里烟”的淡远宁静；“采菊东篱下，悠然见南山”的怡然自得；“木欣欣以向荣，泉涓涓以细流”的碧绿清澈；“忽逢桃花林，夹岸数百步，中无杂树，芳草鲜美，落英缤纷”的赏心悦目、心旷神怡。一幅幅画面，美得叫人发抖。好的，快跟五柳先生享受田园生活乐趣去吧。然而，返璞归真的五柳先生，你为什么“景翳翳以将入，抚孤松以盘桓”？你为什么“登东皋以舒啸，临清流而赋诗”？“盘桓”是因为矛盾，“舒啸”是因为压抑。“精卫衔微木，将以填沧海。刑天舞干戚，猛志固常在。”好一个“猛志固常在”！“日月掷人去，有志不获骋。”好一个“有志不获骋”！这是怎样的无奈和苍凉？靖节先生，你算了吧，人生一世，来也空空，去也空空。“亲戚或余悲，他人亦已歌。死去何所道，托体同山阿。”人生不过如此啊！

人生难看透，也不可看透，看透了就没意思了。“千山鸟飞绝，万径人踪灭。孤舟蓑笠翁，独钓寒江雪。”你说，这个孤零零的老头儿柳河东，在孤零零的小舟上，孤零零地钓什么呢？不就是用无为的钓竿钓有为的心情吗？郑板桥是在追求“糊涂”吗？不是，他是聪明不成啊，所以才“难得糊涂”。嗨，是什么导致了这么多的英才的无奈的选择呢？

2004年4月25日

“月下门”是谁之“门”

“推敲”一词，很少有人不知其来历，就其源头的故事，渲染得浪漫些，也许是这样的。天上阴云弥漫，地上一条小路，路上慢腾腾地走着一头瘦驴，驴上倒骑着一个瘦和尚，和尚苦吟着两句诗：“僧推月下门……僧敲月下门……”

突然，轿夫一声断喝：“大胆狂驴，竟敢挡韩老的轿子！”和尚蓦然惊首，不好！驴撞官轿了！轿帘掀起，走下一长者，问其因，和尚诉“推敲”之苦，长者捻须良久，击掌而呼：“好了！好了！就用‘敲’好！”至于为什么好，据初中的老师解释，以动反衬静，清脆的响声敲破了月夜的幽静，不是显得更幽静了吗？从此，深信无疑。有时，给学生说反衬手法，就自然引用“鸟宿池边树，僧敲月下门”为例，得意之情，溢于言表。

昨天，师生同拜读鉴赏美学老人朱光潜的佳作《咬文嚼字》，欣赏到其对“推敲”的高见，甩开俗调，别致独到，甚是心旷神怡，真有点手之舞之、足之蹈之了。

美学老人文若涓涓溪流，娓娓道来。请看，“韩愈在月夜里听见贾岛吟诗，有‘鸟宿池边树，僧推月下门’两句，劝他把‘推’字该为‘敲’字。”其中“在月夜里听见贾岛吟诗”，脱离了老生常谈，月夜听吟诗，意境恬美，诗意盎然。惊喜之余，查胡仔《苕溪渔隐丛话前集》卷十九引《刘公佳话》，原来，韩昌黎月夜听贾浪仙吟诗的新颖是美学老人的误记。看来一不小心，上帝也会开玩笑的。再看，“‘推’固然显得卤莽一点，但是它表示孤僧步月归来，门原来是它自己掩的，于是他‘推’。他须自掩自推，可见寺里只有他孤零零的一个和尚。在这冷寂的场合，他有兴致出来步月，尽兴而返，独往独来，自在无碍，他也有一副胸襟气度。‘敲’就显得他拘礼些，也就显得寺里有人应门。他仿佛是乘月夜访友，自己不甘寂寞，那寺里假如不是热闹场合，至少也有一些温暖的人情，比较起来，‘敲’的空气没有‘推’的那么冷寂。就上句‘鸟宿池边树’看来，‘推’似乎比‘敲’要调和些。‘推’可以无声，‘敲’就不免剥啄有声，惊起了宿鸟，打破了静寂，也似乎平添了搅扰。所以我很怀疑韩愈的修改是否真如古今所称赞的那么妥当。”行文至此，朱先生已温柔地将古今的追“敲”族推翻在地了，用他遥远的联想，细微的推理，富有亲和力的语言温文尔雅地树起了“推”一族。拜读鉴赏于此，从内心叹服朱先生不人云亦云，敢于不疑处生疑的探究学问的风骨。快哉！快哉！

痛快归痛快，给学生的结论怎么下？“敲”派和“推”派如针尖对麦芒，各有其理，互不低头。临下课时，我亮了底牌，倾向“推”派，学生李渊君不服，说：“是‘推’是‘敲’，关键要看‘月下门’是谁之‘门’？”“当然是寺院的门了，这还用怀疑？和尚戒律很严，深夜出游，不太好吧？”我轻描淡写地笑笑说。许多同学哄堂大笑。课后再三思虑，深感学生李渊君疑问得有趣，于是，笑问同事戴道君，他也不经意地说：“月下门当然是寺院的门了。贾岛不是个和尚吗？”哈！原来习惯的魅力太大了，吸引了太多的人。

下面录全诗，请君细细探究，看月下是谁的“门”？

题李凝幽居

贾岛

闲居少邻并，草径入荒园。
鸟宿池边树，僧（ ）月下门。
过桥分野色，移石动云根。
暂去还来此，幽期不负言。

细观全诗，再三探讨，无论韩愈的“以动反衬月夜之静”的“敲”族，还是朱光潜“孤僧步月归寺”的“推”族，都落入了见木不见林的幻境，未见树林先自我陶醉。用“推”还是用“敲”，自然与诗的意境和注入的情感分不开，但关键还是“月下门”是“谁之门”？“僧”是主人还是客人？纵观全诗，我以为“僧”就是贾岛，“月下门”是“李凝幽居”之门，而不是寺院之门。如此，对全诗做以下联想。

苦吟诗人贾浪仙要为好朋友李凝的幽居苦吟一首诗啊！哈！李凝高士，你哪里是人啊，你阁下比闲云野鹤还闲散呀！“闲居少邻并，草径入荒园。”“过桥分野色，移石动云根。”这里有人吗？多亏了有鸟，夜宿池边树；有秃头和尚，月夜敲你的门。否则，鬼都不光顾你的门。光头和尚太爱这个不像人居的幽居了。受主人欢迎吗？“暂去还来此，幽期不负言。”和尚才不看你的脸色呢。谁叫我和那个孟郊黏在一起呢？“郊寒岛瘦”，如雷贯耳吧？“岛瘦”就爱李凝这号野人，但“月下门”是李凝之门，僧是客人，焉有不敲之理？哪怕惊飞了池边树上的鸟儿，打破了月夜的幽静，也顾不了那么多了。如果，诸君还信奉韩愈之说，叹服朱光潜之言，请再观贾浪仙诗《寻隐者不遇》。

松下问童子，言师采药去。
只在此山中，云深不知处。

这个光头和尚是不是有苦寻高士野人的爱好呢，明白了这一点，就明白了朱光潜先生是在自作多情，可谁叫人家是美学家呢，搞美学的只注重过程的享受，不负责结果的客观。至于韩昌黎之说，用“敲”虽正中贾岛的下怀，但解释不过一叶障目，牵强附会。不过韩老已是一品大员，文坛泰斗，倒骑毛驴流浪苦吟的小浪仙不点头称谢也不礼貌。

如果还不能被我左右，只好学贾岛了：“两句三年得，一吟双泪流。知音如不赏，归卧故山秋。”

2005年12月15日

多亏了宦者令谬贤

蔺相如是赵国政坛的一匹黑马，他的后来居上，使额头上能跑马的大将军廉颇也按捺不住内心的嫉妒，醋意大发。曰：“我为赵将，有攻城野战之大功，而蔺相如徒以口舌之劳，而位居我上。且相如素贱人，吾羞，不忍为之下！”宣言曰：“我见相如，必辱之。”这不能怪廉颇小肚鸡肠。德高望重的廉将军的威名是真刀真枪一仗一仗打出来的，老命是死人堆里爬出来的，官衔是一品一品拼出来的，赵国的人心服口服啊。蔺相如呢，不过鼓动三寸不烂之舌为赵王争了点面子，就这样受抬举？拜为上卿，位在廉颇之上？朝野上下，如何服众？赵国还有没有奖励升迁制度？廉将军心直口快，真出于公心啊。可惜，应该去弹劾赵王，不应侮辱蔺相如，说相如本是贱人。贱人怎么了？有能耐就不准连连升迁受人尊重？赵之良将廉颇糊涂啊，虽拜为上卿，也只能以勇气闻于诸侯。身居高位，却不能高瞻远瞩。面对鳄鱼似的强秦，赵不过是过河的斑马，赵王不拽蔺相如这根稻草行吗？落后的用人体制导致的千疮百孔的赵国，谁能堵一个窟窿算一个窟窿。赵王要升蔺相如的官，蔺相如敢不识抬举？蔺相如才是个明白人，他“飞黄腾达”却不得意忘形。深居简出，低调收敛。朝堂上怕廉颇争，称病不上；路上怕廉颇辱，引车避匿；岂止廉颇一人不服气？不服气玩阴招的不知有多少人。廉颇是真君子，没啥。难对付的是一群伪君子。蔺相如心里连明镜似的，被赵王拜为上卿，像是活羊被烤了羊肉串。他的忍劲无人能及，他不想两虎相斗，让小人从中渔利；他不想文武争锋，让强国乘虚而入。他乃伟丈夫，先国家之急而后私仇也。如此的大才怎么一直在社会的底层，成了人们眼中一个默默无闻的贱人呢？这也就是赵国落后挨打的根源。只问门第出身高低，不问本事能耐大小；只用巴结逢迎之徒，不用刚直拔萃之才。谄媚是谄媚者的通行证，刚正是刚正者的墓志铭。朝政岂能不废？国家岂能不灭？有十个蔺相如挺身而出，扛大厦于将倾，也无济于事。危难之时，有蔺相如这样的人才出来补救补救，不过多苟延残喘些时日罢了。踢开廉颇，重用赵括，就是铁证。赵括者，夸夸其谈、哗众取宠、纸上谈兵之徒也，岂能和久经沙场的廉颇比，也不能和他的重量级将才的父亲赵奢比。连赵括的老母亲都有先见之明，说："赵括不可用。"赵王说，老子英雄儿好汉。赵母说："赵奢受王之金银，全分给将士；赵括受王之金银，全拿回，还巧拿士兵的。"赵王真的昏了头，连一个老太婆通俗的理由都不明白，活该几十万的赵军被活埋，活该赵国被灭亡。

多亏了赵国的宦者令谬贤，无私地推荐了蔺相如这匹千里马，谦逊地驰骋于赵国的政坛，让赵王挽回了点面子，赵国苟且了些年月。想当年，完璧归赵，渑池之会，负荆请罪，中国人耳熟能详的故事，谁能书写？乃大手笔的蔺相如也。如果不是宦者令谬贤将他推上历史的舞台，蔺相如能长袖善舞？不过一吃闲饭的贱人也。谬贤谬贤，真贤人耳。为赵宦者令的谬贤地位不高，推荐舍人蔺相如，要冒多大的风险？犹如走钢丝，过则掌声雷动，过不去则粉身碎骨。谬贤岂不知？曹操虎牢关大胆地推荐无官无衔的关云长斩华雄，看看袁绍的表情，听听袁术的声音"敢欺我帐下无人"，就明白了谬贤有多难。然而，赵国有难，满朝文武，无一人敢出使虎狼之秦，谬贤才曰："臣舍人蔺相如可使。"赵王问："何以知之？"对曰："臣尝有罪，窃计欲亡走燕。臣舍人蔺相如止臣曰：'君何以知燕王？'臣语曰：'臣尝从大王与燕王会境上，燕王私握臣手曰，愿结友。以此知之，故欲往。'相如谓臣曰：'夫赵强而燕弱，而君幸于赵王，故燕王欲结于君。今君乃亡赵走燕，燕畏赵，其势必不敢留君，而束君归赵矣。君不如肉袒伏斧质请罪，则幸得脱矣。'臣从其计，大王亦幸赦臣。臣窃以为其人勇士，有智谋，宜可使。"好一个"其人勇士，有智谋"的蔺相如，奉命于危难之际，如吞舟之鱼，放之大海，游刃有余，大显身手。上大夫、上卿，青云直上啊。多亏了宦者令谬贤。

2012年2月6日

曹刿混进“肉食者”的圈子了吗

曹刿能混进“肉食者”的圈子吗？保证能！多年来我一直坚定不移地认为。

理由是曾经的语文老师说的。

曹刿啊，是大家学习的好榜样。鲁国有难，曹刿请见，布衣哪敢忘国难啊！

曹刿啊，是大家学习的好榜样。同乡人劝阻：“肉食者谋之，又何间焉？”放屁，事不关己，高高挂起？曹刿立即反驳：“肉食者鄙，未能远谋。”快人快语，知己知彼，为了鲁国，舍我其谁？该出手时就出手。

曹刿啊，是大家学习的好榜样。坚决干脆地坚持“小惠”不如“小信”，“小信”不如“忠之属也”。什么意思呢？就是国君大鱼大肉地海吃不忘给小民小鱼小肉的恩惠，不如祭祀给神灵牛羊猪鱼一定要实祭祀实祷告的诚信；祭祀给神灵的牛羊猪鱼一定要实祭祀实祷告的诚信，不如该罚谁该奖谁该抓捕谁该学习谁要来个头脑清醒泾渭分明。因为，小恩小惠是不可能遍及全鲁国老百姓的，受了恩的说好，没有受恩的反骂娘。祭祀给神灵牛羊猪鱼实实在在地祷告，那是小信用，老百姓才是最大的神灵。祭神不如祭老百姓。老百姓最在乎的是什么？是奖是罚是学习是抓捕是提拔是坐牢，请给个说法。至于小恩小惠，不稀罕，鲁国人是有骨气的，只要不瞎不聋不瘸不跛不脑残不脑梗，自己动手，丰衣足食，乐在其中，福在其中。曹刿真可谓高屋建瓴，一句话，老百姓是咱的爷，是咱的衣食父母。只要有咱爷大力支持，这仗就可以打了。

曹刿啊，是大家学习的好榜样。“公与之乘，战于长勺。”“公将鼓之。刿曰：未可。”“公将驰之。刿曰：未可。”“No！”“No！”地多神气啊。打不赢怎么办？对不起，赢了，而且还是大满贯。赢了鲁庄公还“公问其故”？充分说明庄公脑子进水了，充分说明曹刿是比庄公“俊”了。既然曹刿比鲁庄公还“俊”，那曹刿不进“肉食者”的圈子谁进呢？曹刿必进，我以为。也许吾辈庸俗势利，以庸俗者之心度高雅者之腹，人家曹刿压根儿就不想学而优则仕，只是国难当头，挺身而出，运筹帷幄，决胜千里，谈笑间，樯橹灰飞烟灭。过罢瘾就华丽地转身。但是，曹刿留下，成为“肉食者谋之”的一员，不是利国利民吗？可惜，多年来，我一直用老师教的辩证法看问题，看来看去，曹刿是不大可能混进“肉食者”的圈子的。因为这个圈子喜欢没有脑子的，不喜欢太有脑子的。因为圈子里的头儿鲁庄公就是个脑子进水了的，他一般情况下不喜欢脑子干净的人在他眼前指手画脚。当然，这并不排除着急了拉到怀里亲一亲。曹刿不过人家用着了拉到怀里亲一亲的小情人，这不过专制下君王的小游戏，脑残的君王也玩得游刃有余。刘禅玩诸葛亮，赵构玩岳飞，都是一路的把戏。

关于曹刿，脑子转一下这样想。“十年春，齐师伐我。”机会来了，危难之时显身手嘛。“公将战。”朝堂上争论够了，断然决定，对齐开战。可惜，没有曹刿的份儿，于是，他着急了，“曹刿请见。”鲁庄公不可能三顾茅庐，他只好主动请缨，为国为民也为己。友好的布衣朋友规劝，人家穿绫罗绸缎的高层人士多的是，你好自不量力，何必要参与进去呢？曹刿是高手，物以类聚，人以群分，朋友也低不到哪儿去。口出此言，一定吃过“肉食者”的闭门羹，是个庄子一样的智者。曹刿不死心，爱国心热，出人头地心切。曰：“肉食者鄙，未能远谋。”此话酣畅淋漓，可惜大错特错，犯了官场的大忌。专制官场，头要低，舌头要软要长，尾巴要夹得紧了又紧。这叫什么话？抬高自己，贬低他人，目中无人，盛气凌人。这话多亏没有让会混的官员听见，否则，曹刿见鬼去吧。

“乃入见。问：何以战？”曹刿啊曹刿，你会说话吗？你和谁说话呢？不是左丘明瞎子说胡话，就是鲁庄公胸怀比大海还宽广，也有可能鲁庄公大智若愚装糊涂向可爱的曹刿讨妙计良策。曹刿像老师一样三问，鲁庄公像小学生一样小心翼翼地三答，好不精彩啊。鲁庄公的最后一答，终于赢得了老师曹刿的赞美，“恭喜你！答对了。”

“忠之属也。可以一战，战则请从。”一个土里土气的乡下人，一下子高高地站在庙堂之上，对国君发号施令，凭的是什么？凭的就是本事。鲁庄公真可谓千古明君，从谏如流啊；还是急了，死马当活马医呢？如果还有不少的旁听的“肉食者”，眼睁睁地看着他们争论谋划了几天的方针路线，被一个冒冒失失的乡巴佬三言两语就吹得一地鸡毛，而重磅投出的是自己炮制的重型炸弹——老百姓才是咱的爷。头儿竟然连连点头，怎一个恨字了得！我们的头都是猪头？摇一摇，是人头啊？既然是人头，曹家小子，骑着毛驴看唱本——走着瞧！先让你嘚瑟几天吧。

好！公说击鼓，你说不击；公说追击，你说不追。而且，No、No的，Yes、yes的，颐指气使，成何体统？君王都屁颠屁颠的了，看到听到的将士都忍俊不禁呢。打仗是一时，坐朝廷威震天下是一世，怎么不给君王一点面子呢？乡巴佬，没有见过大场面。攒劲娃娃骑驴呢——扑过火了，抱着碌碡打月亮——不知天高地厚！

“夫战，勇气也。一鼓作气，再而衰，三而竭。彼竭我盈，故克之。夫大国，难测也，惧有伏焉，吾视其辙乱，望气旗靡，故逐之。”说够了吗？还有高谈阔论吗？够了！这是你低声和君王交流沟通的，振振有词地高声演讲，那必须是鲁庄公啊。懂吗？是鲁庄公，不是曹刿。你高潮来了就叫喊？还唯恐天下人不知你比头儿还高明还高瞻远瞩？既然这么会做事，怎么就不会来事呢？对不起，老刀子宰驴——慢慢收拾你。想在这个圈子里混，你还嫩一点。

2012年4月30日

用“子”何不壮年时

春秋战国，百家争鸣，群雄竞起，大浪淘沙，闪闪发光的金子，屈指可数。数风流人物，春秋有五霸，战国称七雄。秦穆公和晋文公，无争议乃春秋翘楚。至于烛之武，有几人知道？不过历史沧海的一滴水而已，不是搭乘秦穆公和晋文公这两位大名人的车，历史长河，杳无踪迹。

在《烛之武退秦师》中，烛之武“猪先生”穿梭于大国间博弈，“谈笑间，樯橹灰飞烟灭。”濒临灭亡的郑国，转眼安然无恙，仿佛变戏法似的。秦穆公是乳臭未干的小孩？烛之武不浇灭秦穆公帮晋灭郑的欲火，秦穆公岂能善罢甘休？

“越国以鄙远，君知其难也。焉用亡郑以陪邻？邻之厚，君之薄也。”晋居中，秦偏西，郑靠东。晋联秦打郑，是扩张晋的地盘啊！秦穆公听了不舒服。第一道防线敲开。

“若舍郑以为东道主，行李之往来，共其乏困，君亦无所害。”郑是秦远行东方的招待所矣。是甜头秦穆公尝尝自然高兴。第二道防线温柔地撕开。

“且君尝为晋君赐矣，许君焦、瑕，朝济而夕设版焉，君之所知也。”晋文公不像宋襄公，乃真小人也。出尔反尔，唯利是图，背信弃义，玩得炉火纯青。秦伯怎么不长记性啊？浇一盆凉水，让秦穆公狂热的扩张之心凉下来。第三道防线在提醒中撤了。

“夫晋，何厌之有？既东封郑，又欲肆其西封，若不阙秦，将焉取之？”贪得无厌的晋文公，人心不足蛇吞象，今天吃郑，明天吞秦啊！秦凑什么热闹？脑子进水了？一剑封喉，摧毁秦穆公的第四道防线。

秦穆公说，与郑人盟。好！烛之武刀枪未动，变敌人为盟友，胜张良之奇谋，过诸葛之智慧，真大才也。可惜，“猪先生”不过是临时喊过来的一个消防队队员，无张良之地位，少诸葛之重权，不算是有才能的人，都有用武之地啊。幸好郑伯急了，把“猪先生”拉出来一遛，给遛成了千里马。

秦晋联手，大军压境，郑国大夫佚之狐言于郑伯曰：“国危矣，若使烛之武见秦君，师必退。”郑伯还有什么办法，只好同意了。

烛之武发发牢骚：“臣之壮也，犹不如人；今老矣，无能为也已。”多少辛酸泪，尽在牢骚中。人生之苦，莫过于有才不能施展也；人生之无奈，莫过于危难之际国家想起了你；人生之欣慰，莫过于危难之时可以显身手了。“猪先生”全遇上了。可惜，郑国危在旦夕；可惜，“猪先生”老了。“夜缒而出”，漆黑的夜晚，用绳子将“猪先生”从城墙上往下送，有失郑国的体面，但是，将死之国还谈什么体面！先留一个苟延残喘的机会再说。苟延残喘又有什么用呢？用人机制出了问题，是郑国的癌症。用“子”何不壮年时？急用英雄泪满襟。这样的国家能长久吗？亡了也好。

2012年2月18日

苏武在为谁守节

听《苏武牧羊》的曲子，唢呐吹的，禁不住泪流满面。似乎在寒冬腊月，无际草原，天穹苍苍，四野茫茫，北风呼啸，百草枯折，有位牧人，浑身瑟瑟，手持旄节，放牧公羊……他为什么不回家？为什么放牧公羊？持的是谁的旄节？说来话长。

武帝执政，汉连伐胡，使者窥往，互有扣留。单于新立，恐汉袭之，尽归汉使，帝嘉其义，遣武使胡。归胡使者，厚赂单于，单于益骄，非汉所望。

苏武刚要归汉，恰遇匈奴的一个王谋反，劫持单于的母亲归汉不成，失败。与苏武何干？副使张胜瞒着苏武参与其中，事发才语苏武。武曰："事如此，此必及我，见犯乃死，重负国。"聪明的苏武恪守外交原则，崇尚外交礼节，欲自杀，两副使救了下来。单于知情，果然怒不可遏，欲杀苏武等使者。一谋臣绵里藏针："即谋单于，何以复加？宜皆降之。"谋单于才应该杀无赦，谋单于母亲想办法让其投降不好吗？

投降？无气节者，求之不得。有信仰者，降不如死。单于专门派了一个投降过来受重用的汉臣审讯此案，此人叫卫律，汉天子、苏武、张胜等不约而同地恨之入骨。一审，苏武曰："屈节辱命，虽生，何面目以归汉？"引佩刀自刺，卫律大惊失色，硬抱持住。挖一坑，坑里架无焰之火，把苏武像烤全羊一样地烤。用脚踏踩，苏武口吐鲜血，立时气绝，过了半天又能呼吸了。看的人痛哭失声，单于暗自佩服。二审，杀一汉臣叫虞常，降一汉使叫张胜。苏武宁死不降，痛斥卫律。单于愈加佩服，愈想降之。“乃幽武，置大窖中，绝不饮食。天雨雪，武卧啮雪，与旃毛共咽之，数日不死。”阴在大窖中，不见阳光，喝雪水，吃羊毛，能活？所以匈奴以为神。“乃徙武北海上无人处，使牧羝，羝乳乃得归。”公羊下奶才回？不是欺负人吗！也许单于爱上苏武了，“天将降大任于斯人也，必先苦其心志，劳其筋骨，饿其体肤……”苏武也真能行！“既至海上，廪食不止，掘野鼠去草实而食之。仗汉节牧羊，卧起操持，节旄尽落。”吃野鼠，吃草籽，睡着持汉节，坐着持汉节，站着持汉节，走着持汉节，节杖上毛都掉完了，还持着一个光杆杆。

看看卫律，负汉归胡，赐号称王，拥众数万，马畜弥山，享尽荣华富贵。苏武今日降，明日比卫律还牛！好一个苏武，在为谁守节？是为汉天子汉武帝刘彻吗？也许是的。苏武给李陵说：“武父子亡功德，皆为陛下所成就，位列将，爵通侯，兄弟亲近，常愿肝脑涂地。今得杀身以效，虽蒙斧钺汤镬，诚甘乐之。臣事君，犹子事父也；子为父死，亡所恨。”听听，苏武对待汉武帝就好像儿子对待父亲一样，儿子为父亲死，无怨无恨，苏武为汉武帝死，也无怨无恨。

这一席肺腑之言，录音给汉武帝刘彻听，会感动得泪湿黄袍吧。说不定睡在龙床上辗转反侧，反省忏悔，喃喃自语。

苏武的大哥苏嘉，就是那个掌管我皇家车马的奉车都尉，前两天朕去雍城的棫阳宫，他扶着朕的车子下殿阶，撞在柱子上把车辕折断了，吉祥吗？倒霉！不是朕处以“大不敬”，准备极刑伺候，他也不会伏剑自杀啊。死了就死了，厚葬吧。

苏武的弟弟叫什么来着？噢！叫苏贤。好好地跟随寡人去祭祀河东后土，他妈的，一个骑马的宦官和黄门驸马抢着上船，黄门驸马被推进了河里，禁不起淹，死了。骑马的宦官胆大包天，跑了。寡人命令苏贤追捕，没追上，他倒胆小得服毒自杀了。不该不该！

这倒好，一家人主心骨没了，老母亲没活几天，升天了。苏武又一去匈奴无音信，老婆又年轻，跟人了。两个妹妹，不见了。两个儿子，不见了。一个女儿，也不见了。十几年了，哪儿去了？蒸发了？应该派人找找啊。

唉……这大汉的大事儿也太多了。飞将军李广还抱怨给他不封侯，看看他那宝贝孙子李陵，不成功，则成仁嘛。诈降？诈降也是降。动我军心，好没面子。杀！

司马迁不知天高地厚，史官又怎么样？大汉的历史是我写还是他写？出风头说情，扫我威严，薄我面子。骟！

还是寡人的大舅子卫青厉害，横扫匈奴几千里啊，痛快！他那个外甥霍去病也不是吃素的，如狼似虎，畅饮酒泉，封狼居胥啊，过瘾！就是霸道了些，敢射杀李敢。那是李广的儿子啊！也是一员虎将。可惜这霍去病不能虚心接受批评，年纪轻轻就死了，可惜可惜。厚葬了吧。

东方朔这个演小品的，滑稽，幽默，聪明，有品位。耍笑间，批评了朕，还留足了朕的面子，高明高明。

谁说那十几个重臣无罪？无罪我杀他们全家干啥？连寡人的最爱——钩弋夫人再漂亮再青春也不可留，杀！

可惜汉武帝日理万机无暇顾及苏武在匈奴十九年的忠心耿耿，“身膏草野”。

昭帝即位，数年，匈奴与汉和亲，才又记起来苏武，匈奴欺骗说死了。汉又欺骗匈奴说，鸿雁降上林苑一书，天子一看，言苏武在某大泽中。单于视左右皆惊，放苏武等九人回汉。当年出使强壮汉，今朝归汉须发白。回来又怎样？“享茅土之荐，受千乘之赏”？不，“闻子之归，赐不过二百万，位不过典属国，无尺土之封，加子之勤。而妨功害能之臣，尽为万户侯；亲戚贪佞之类，悉为廊庙宰。”奸臣是奸臣的通行证，忠臣是忠臣的墓志铭。

苏武归汉第二年，宫廷政变，儿子牵连其中，杀无赦。苏武免官。又过了些年，皇帝换了，苏武又当了小小的典属国。一直到死，无余财，人皆敬重。

有学生说，苏武为皇帝如此守节，不值。汉武帝还算优秀皇帝，其他的呢？那时候，皇帝就是大汉，大汉就是皇帝，苏武有什么办法？今天，如果有哪一个“领导就是单位，单位就是领导”的领导笑嘻嘻地大力提倡向苏武同志学习，员工为领导守节，大家先炒了他的鱿鱼再说。因为苏武今天要是活着，也不会为一个人守节，他是为一群人、一个民族、一个国家在守节；他是为自己的操守和尊严在守节；他是为李广、卫青、霍去病、东方朔、司马迁、司马相如这些民族的精英在守节；他是为天下的善良勤劳厚道的苍生在守节；他是为中华文化中的“士文化”在守节。堂堂男子汉，屹立天地间，富贵不能淫，威武不能屈，贫贱不能移。

文天祥是苏武的知音，他吟唱“人生自古谁无死，留取丹心照汗青”，绝不说“留取丹心照帝王”。

吴三桂就犯糊涂，“冲冠一怒为红颜”，为了一个陈圆圆，让了山海关，反倒不如陈圆圆，可笑！

汪精卫更糊涂，和蒋介石闹别扭，不守民族气节，和日本侵略军好上了，他不受人骂谁受人骂？可惜了当年跟随孙中山闹革命的赴汤蹈火视死如归的那个英武潇洒的汪兆铭，竟然在人生关键的十字路口，大是大非不明，一失足成千古恨。

2012年2月11日

他不是帝王那块料

所谓天才，就是放对了地方的人才。比如李煜，词冠天下，是因为生在深宫，有幸放在了南唐小王国的龙椅上。

所谓蠢材，是因为放错了地方的人才。比如李煜，当皇帝当得那么蹩脚，愚蠢得贻笑大方，是因为他那点厚黑学问武装起来的头脑怎么招架得了庙堂的刀光剑影。

这一剖析倒教我好奇得嘴巴张开合不拢了。怎么李煜成也是因为龙椅，败也是因为龙椅呢？

其实，我们思考问题的方向拐一下，也许会豁然开朗。请问，他那万众瞩目至高无上的王位是从小树立了远大的理想，历经了千辛万苦，泼洒了聪明才智，在高手如云的政坛打遍南唐无敌手，深得选民的尖叫，才脱颖而出的吗？不，李煜没有这么令人陶醉令人折服令人向往的奋斗史。准确地说，他是一步登天，是他父皇放上去的。他之于皇阿爸，就好像一件皇阿爸的精美绝伦的复制品一样，放在阿爸坐过的龙椅上，是阿爸音容笑貌的延续，阿爸舒心放心。至于他喜不喜欢，可以置之不理。

宋徽宗赵佶就不喜欢当皇帝，他痴迷于蹴鞠，爱屋及乌，热恋市井无赖高俅。还热衷于写瘦金书，画花鸟工笔画。明熹宗见了龙椅就晕，提起斧子锤子锯子叮叮哐哐做家具可是行家里手。清顺治福临痴迷于和尚。清宣统溥仪登基后龙椅上喊尿尿。他们有没有畅饮帝王这坛烈酒的海量，没关系，练一练再说。可惜，他们终其一生也没有练上去，练得毁了江山丢了性命，倒是事实。

依照史书联想，李煜是不怎么喜欢当南唐后主的，你听这个称呼就不爽，明明是一国之主，不叫皇帝叫后主，什么意思？五代十国，乱世嘛。乱世出英雄，无毒不丈夫，这是千古帝王的金科玉律。李煜的爷爷李昇就明白这个道儿，恩威并用，励精图治，在肥沃的江南着实火了一把。五代十国，大大小小十五个国，南唐和巴蜀还是出类拔萃独领风骚的，国家富裕，人民殷实，连他国的饥民都络绎不绝地往南唐国跑。李煜的爷爷李昇酣畅淋漓地享受了一下“域民不以封疆之界”的美政快感。

衣钵传给李煜的爸爸李璟，尽管骨肉相残，刀光剑影，群臣争宠，暗流涌动，但李璟再怎么着也是个南唐小皇帝，开手几年拳脚还利索，足有他父亲的余威。可惜，李璟缺乏富国强兵的创造性招数，就位十三年来，当着当着，觉得当的不是皇帝，当的是寂寞，于是就玩起词来。这就让北方火起来的后周皇帝瞧不上眼了，小试牛刀，就狠狠地教训得南唐磕头纳贡满地找牙了。李璟从此就不是小皇帝，而叫南唐中主了。他可能咽不下这口窝囊气，窝窝囊囊干了三年就一命呜呼，才四十五岁。皇帝干得闹心，词却锋芒毕露。“手卷真珠上玉钩，依前春恨锁重楼。风里落花谁是主？思悠悠。　青鸟不传云外信，丁香空结雨中愁。回首绿波三楚暮，接天流。”看看，就这一首，胜过蹩脚文人千百首。

革命的重担落在了李煜肩上，南唐已经是个烂摊子。他的几个皇哥又都死了，所以必须“奉命于危难之间”。他喜不喜欢是次要的，重要的是先接手干着。干着也就干着，都怪他命运多舛，生不逢时，一上阵就狭路相逢黄袍加身的赵匡胤，石守信那群身经百战的老狐狸都被一杯美酒乖乖地劝回了老家，他才是初出茅庐的一个二十几岁的毛头青年，哪里是人家的对手？所以，此时的南唐不过是一只小老鼠，统一了北方的大宋无疑是一只猫，是玩玩，是吃掉，全在高兴不高兴。赵氏兄弟不可能不侦查李煜的所作所为，当探子如数家珍地报告，李煜书画冠江南，诗词甲天下，音律泣鬼神，怜香惜玉怀温柔，大周小周踏歌亲，娇儿夭折双泪流时。赵匡胤嘿嘿一笑，这个皇帝当得有情调！让他再好好玩吧，老夫暂时尚腾不开手。这一玩就是十五年，给一颦一笑动江南的大周皇后的情诗，像雪花一样洒遍了宫廷的每一个角落；给一颦一笑赛姐姐的小周皇妃的柔情蜜意，浸染了后宫的蒙眬屏帷香粉床第。朝堂是花的海洋，后宫是爱的温床，词洒庙堂无敌手，乐飞江南醉九州。宋太宗赵光义的嗅觉可比哥哥赵匡胤灵敏，他也许不想再闻南唐国的脂粉味了，开兵压境，直捣南京，没有想到的是，李煜这小老鼠还倾全国之兵十几万，蹬打三两下呢。但毕竟是秋后的蚂蚱了，挣扎了几下，向江南的无数美女证明了他还是个男人，便泪雨滂沱地踏上迢迢北上路，终归于汴京城的囚徒。从此，脱下了皇帝的行头，升华了词的意境。中国历史上少了一个窝窝囊囊唯唯诺诺的皇帝，诞生了一个空前绝后的词人，是喜？是忧？史上分不清欢喜悲忧。

这一年，李煜四十岁，年届不惑。但他还犯糊涂，以卵击石，逞匹夫之勇，不明天下大势，和大宋决一雌雄，祸及南唐的人民。他都苟且偷生，称臣纳贡了十几年了，却突然的心潮澎湃要奋力一搏，什么意思？难道向赵光义证明他不是好惹的？那老早为什么不包羞忍辱励精图治呢？这像孩子玩过家家似的突然一拼算什么？让赵光义心中有数？这一拼，的确让赵光义心中有数了，原来这李煜还是个愤青。这样的人成事不足，但煽动性还是有的，边走边看吧。先请他们君臣白衣纱帽地排队进汴京城，封个违命侯再说。

谁叫他不像刘禅学习脸厚呢？你看人家刘禅那个脸厚，父皇刘备望尘莫及啊，实在是青出于蓝而胜于蓝。在位几十年，诸葛相父冲锋陷阵，遮风挡雨，阿斗深居后宫，变着法儿吃喝玩乐。阿斗就阿斗嘛，谁叫子龙叔叔把我递交给我阿爸时我阿爸作秀把我摔到地上摔成脑震荡呢？邓艾那贼阴得很，神不知鬼不觉地就来了；还是谯周识时务，干脆臣服，怎么能叫投降？这叫为巴蜀大地的千千万万苍生着想，牺牲刘禅一人的名誉，保全巴蜀生灵的性命，顺天应人啊。吾儿刘湛那个愣头青，哭祖庙，杀老婆，杀儿女，杀自己，把寡人反衬成遗臭万年的窝囊废。他成了烈士，成了厚黑专家的嫁衣裳。司马昭老儿的洛阳城也好啊，封个安乐公就安乐公，比违命侯安全。乐不思蜀就乐不思蜀，先让司马昭老儿高兴得心脏病发作一命呜呼再说。郤正的那个馊主意不咋的，什么回到巴蜀清明节了还给祖宗烧纸上坟呢，屁话！国都没有了，还上什么坟，卖个傻装个孙子保住小命是上上策。太上老君不是谆谆教诲我们“水至柔也，天下胜者莫过于水”嘛。不装孙子就当不了爷爷，装了孙子，即使当不了爷爷，但也不至于要了命。李煜啊李煜，你怎么就不像刘禅学习装孙子，死猪不怕开水烫呢！

不装孙子也可以，像勾践学习装奴才，心悦诚服地做奴才也行呀。吴国赢了，越国输了，输了就输了，输了就给赢家做奴才。文种、范蠡这样的栋梁之才，必须向勾践看齐，心悦诚服地给阖闾做奴才，吴王叫倒尿盆咱就倒尿盆，吴王叫咱趴下做上马的凳子咱就趴下做上马的凳子，吴王叫咱舔鼻涕咱就舔鼻涕。越国的美女，任吴国的君臣将士挑拣，超级美女西施可一定一定要奉献给亲爱的吴王，好好地享受，尽情地享受。享受得不好意思了，放勾践一条生路，“苦心人，天不负，卧薪尝胆，三千越甲可吞吴。”黑猪不怕墨汁泼嘛。李煜可不做奴才，李煜也不想苦苦地等待。李煜有的是才华，李煜要用词释放自己真实的心情，抒发自己天然的性灵。卧薪尝胆，不，薪太龌龊，胆太脏苦。李煜要写词，李煜要谱曲，李煜要和美女一起翩翩起舞，靡靡放音。

“四十年来家国，三千里地山河。凤阁龙楼连霄汉，玉树琼枝作烟萝。几曾识干戈？　一旦归为臣虏，沈腰潘鬓消磨。最是仓皇辞庙日，教坊犹奏别离歌。垂泪对宫娥。”记录这些离别故国的血泪日子干什么？秋后算账？

“多少恨，昨夜梦魂中。还似旧时游上苑，车如流水马如龙。花月正春风。”“多少泪，断脸复横颐。心事莫将和泪说，凤笙休向泪时吹。肠断更无疑。”做梦都在欢天喜地地游上苑，复国之心不死。

“无言独上西楼，月如钩。寂寞梧桐深院锁清秋。　剪不断，理还乱，是离愁。别是一般滋味在心头。”别是一般滋味是什么滋味？猪苦胆的味道吗？

“帘外雨潺潺，春意阑珊。罗衾不耐五更寒。梦里不知身是客，一晌贪欢。　独自莫凭栏，无限江山。别时容易见时难。流水落花春去也，天上人间。”过去在天堂，今天在地狱？你就明说吧，还绕个弯子“天上人间”，连自己是个啥东西都不知道了。

“人生愁恨何能免，销魂独我情何限！故国梦重归，觉来双泪垂。高楼谁与上？长记秋晴望。往事已成空，还如一梦中。”梦回南唐，花天酒地去？想得美。

“林花谢了春红，太匆匆。无奈朝来寒雨晚来风。　胭脂泪，相留醉，几时重。自是人生长恨水长东。”时光不待人，何时回江南？

“春花秋月何时了，往事知多少？小楼昨夜又东风，故国不堪回首月明中。　雕栏玉砌应犹在，只是朱颜改。问君能有几多愁，恰似一江春水向东流。”不要命了，给个颜色就当大红的染，真不是帝王的那块料。“问君能有几多愁，恰似一江春水向东流。”你一个亡国之君的愁怎么比得过宋太宗一个千古开国之君的愁多？那好，寡人赐你一壶上好的御酒解解你的愁，从此以后，和那些美丽的歌女好好地给阎王爷吟唱“春花秋月何时了”去，省得让想得到寡人宠幸的宫女动不动跑过来打小报告。

2012年5月27日

当"不惠"淹没在赞美声中

20世纪70年代以前的事只是听说，没有亲自见过，不敢胡扯。1970年以后的事，我是有印象的，三岁记老，绝无虚言。

西海固山大沟深，偏僻落后，70年代，我们村没有电磨子，没有手扶拖拉机。推磨、送粪、耕地全靠驴。因为跟母亲推磨，就认识了生产队那头黑草驴。

生产队那头驴套到磨道都可以拉磨，但要么馋要么懒，要么倔要么奸。

馋驴乘人不注意会偷吃石磨上的麦子。那年头，驴吃一嘴，人少一顿。所以，没有人喜欢用馋驴。

懒驴走着走着就慢腾腾地磨洋工，还肆无忌惮地拉尿拉屎放响屁，谁喜欢受这折磨?

倔驴围着石磨转起来飞快，一不小心，麦子添不上，跑起了空趟，磨出了石子，混在白面里。那不是闹着玩的。所以，倔驴不敢用。

奸驴拉着拉着，耳朵就耷拉下了，低着头，似乎想着什么。在它眼前捏一把胡萝卜叶子晃，它带理不理的；用老扫除在它屁股上痒痒，它无动于衷。双眼老是盯着门，憧憬着外面的世界。一不留神，就往外跑。所以，人最怕用。

只有那头黑草驴，最乖，小孩子都敢拉，套到磨道里，不需要蒙眼睛，不需要萝卜叶子，不需要棍棒，一圈一圈一圈地拉，从来没有什么想法，拉得汗流浃背，也好像无怨无悔。所以，全村的人都喜欢套它拉磨，我们磨面也喜欢套它。因此，队长指定黑草驴是拉磨的驴，不需要耕地送粪了。这倒因乖得福，不仅不外出耕地送粪，还赢得了全村人民的众口一词的赞美，真是双喜临门。

至于，那些馋驴懒驴倔驴奸驴，有它们好看的，生产队有的是训驴的人才。尤其那头动不动就低着头想什么的奸驴，训驴人才专门斗它玩。别的驴驮200斤的土粪，奸驴驮250斤，尽管它总会想办法搞掉沉重的土粪，跑到高高的山岗上，眺望什么。耕地时故意给奸驴搭配一头又瘦又小的同性的孬驴，让奸驴拉得费劲，挣得浑身汗水，但它从来没有打消逃出犁沟的梦想，一有机会就逃。为了惩罚奸驴的擅自逃跑，拴到大杨树上，不添草给它吃，但这驴一会儿就把树皮啃吃精光，还能弄开打了死结的缰绳逃之夭夭，跑到村口眺望远方。使唤奸驴的人恨得咬牙切齿，但村里的多数人并不同仇敌忾，因为这样的驴给村民带来了不少乐趣；再说，它毕竟是一头驴，谁会和一头驴较量呢？

20世纪70年代，我不过是个少年，但农活还是干个不停，夏天要割麦子，冬天要拉粪。

在烈日炎炎的麦地里，鸭子挪步一样一趟又一趟地没完没了地割麦子，汗水湿透了肮脏不堪的衣服，一直喝水，一直想喝水。割着割着，我就坐在麦地里望着蓝天发呆，用收割机代替镰刀多好啊！“不好好割，发啥呆着呢？”母亲一喊，我就又挥舞起镰刀，我不敢说我想收割机，我害怕成了生产队那头出了名的奸驴。

在寒风凛冽的冬天，我们姐弟几个拉着很原始的人力架子车，一车一车又一车地往自留地里拉粪，往返三里的路，尘土淹没了布鞋，手冻得满是裂口。拉着拉着，我就不想拉了，我想有手扶拖拉机拉粪多好啊！姐姐说：“好好拉，你做梦去吧。”于是，我就脖子伸直使劲地拉，我害怕谁说我像村里的那头奸驴。

其时，我们大队正热火朝天地“农业学大寨”。鲜艳的红旗插遍了大大小小的黄土塬，农民像蚂蚁一样在辛勤地游动。“大会战，人人干。广播一响四点半，男女老少齐动员。铁锹铲平奶头山，完成党的任务才六十天。”没日没夜地苦干苦干加油干，身体弱的人就不好好动弹了，可是，队长懂加油的绝招，让懈怠的人站成一排，面对对面山上白灰堆成的醒目的八个大字“愚公移山　改造中国”齐声朗诵几遍，就精神抖擞，磨刀霍霍，操起铁锹，拉起架子车不停地干。至于平整后的地，还是浇不上水，长不出好庄稼，谁也不低头想一想。大家都争先恐后地当乖驴，谁愿意像生产队家喻户晓的那头奸驴呢？

我也远远地望见那八个大字激动不已，但我不明白“愚公移山”究竟是什么含义。1981年我上了初二，老师讲解《愚公移山》，我若有所悟。《愚公移山》，是列子的一篇寓言故事。太行、王屋两座山，方圆七百里，高七八千丈。北有愚公者，年近九十。惩山北之塞，出入之迂也。想指通豫南，达于汉阴。家人纷纷赞成，妻子忧心忡忡，说：“以君之力，曾不能损魁父之丘，如太行、王屋何？且焉置土石？”家人说：“投诸渤海之尾，隐土之北。”于是，愚公率儿孙大干起来。凿石挖土，箕畚运到渤海边上。邻居京城氏的寡妇的一个七八岁的小男孩蹦蹦跳跳地也来帮忙。寒暑易节，始一反焉。可恶河曲智叟，不远百里，前来嘲笑愚公：“甚矣！汝之不惠，以残年余力，曾不能毁山之一毛，其如土石何？”愚公嗤之以鼻，针锋相对：“我死了还有儿子，儿子死了还有孙子，孙子死了还有重孙……子子孙孙无穷尽也，而山不增加，何愁而不平？”河曲智叟无言以对，灰溜溜地走了。天帝感愚公之诚，担心这个倔强的老头永永远远干下去，于是，神手一挥，派了两个大力神，随随便便提走了两座大山。从此，愚公的天是蓝蓝的天，愚公一家人好喜欢。

老师总结中心思想，本文通过愚公移山的成功，反映了我国古代劳动人民改造自然的伟大气魄和坚强毅力，也说明了要克服困难就必须下定决心、坚持不懈、不怕牺牲地奋斗的深刻道理。对于智叟那样的绊脚石，要毫不客气地踢开。同时，要坚信人定胜天。毛主席说过，中国人民就是活愚公，推翻了压在中国人民头上的“三座大山”：封建主义、帝国主义、官僚资本主义。我认认真真地抄到笔记本上面，背了一遍又一遍。背着背着，我不由自主地一个人偷偷地想，那么大的两座山，都九十岁的人了，路又那么遥远，整整一年才运了一回，还没有架子车、手扶拖拉机，劳动工具不过是簸箕和箩筐，也真挺辛苦的。那个七八岁的小男孩蹦蹦跳跳的，是来凑热闹的吧？智叟说的倒是实话，可惜碰了一鼻子的灰。那些儿子孙子也真是的，怎么不和老太婆一个鼻孔出出气呢？想想办法，可以搬家嘛。这样一路想来，心中就很愉快。但是，我怕别人知道了，我就成了我们生产队那头奸猾的驴了，我可不干。所以，只是意淫一下这个寓言故事罢了。

愚公的“不惠”淹没在一片赞美声中，智叟的“惠”受到了男女老少的声讨笔伐。谁又愿意和智叟一样说愚公“甚矣，汝之不惠”呢？20世纪50年代末期的“大跃进”大炼钢铁，“浮夸风”亩产几十万斤，难道就没有人看出“汝之不惠”吗？各种媒体还不是照样吹得满天飞。“鼓足干劲，力争上游，多快好省地建设社会主义”的美好愿望固然浪漫，但是，人是胜不了天的，人只有老老实实地摸索客观规律办事，顺着天地自然的运行规律生活，才能和大自然和谐共处。

然而，我们的传统文化里，漠视对大自然的客观规律一点一滴的科学探究，轻视踏踏实实做事的重要性，热衷于人与人之间的错综复杂的关系的处心积虑地经营。也就是老百姓所谓的要“活人”，“活”什么“人”？就是想方设法和周围有用的人搞好关系，尤其是和领导搞好关系。天晴修水路，无事早活人。人情是需要提前苦心经营的。《愚公移山》中老婆对愚公的迁就，儿孙对愚公的迁就，只字不提有没有更好的办法，莫不是会“活人”的生动体现？

西人则不是这样，他们不愿意把时间和精力没完没了地耗费在人琢磨人上，他们宁可在大自然中找一个感兴趣的事儿玩玩，玩着玩着就玩出了名堂。

比如，牛顿看着苹果落地，玩出了万有引力定律。爱因斯坦不想顶礼膜拜万有引力定律，玩出了相对论。瓦特看着沸腾的水不停地狂吻壶盖，玩出了蒸汽机。法拉第玩电磁感应，可以发电了，一个贵妇人笑他：“你拨弄这个玩意儿有什么用？”法拉第反问：“刚刚出生的婴儿有什么用？”等到西门子玩得电可以发动机器，爱迪生玩得电可以让夜晚和白天一样的美丽的时候，那个自作聪明的贵妇人还会说什么？我想，不管是牛顿瓦特爱因斯坦，还是法拉第爱迪生西门子，他们都不会像我们生产队那头乖乖的黑草驴，围着石磨，转了一圈又一圈，一圈又一圈，从来不低头想一想为什么要循环往复地转下去，还有没有更好的办法磨面。如果，推磨的人允许我们生产队那头"奸猾"的驴低头多想想，或许它能想出一个推磨的好办法。比如，电磨子。可惜，推磨的人从来不给"奸猾"的驴一个自由思考的机会。他们喜欢按照人的想法老老实实一圈一圈转下去的乖乖驴，哪怕笨死挣死也无所谓，因为他们自己本身就不怎么聪明，只是善于循规蹈矩唯命是从罢了。

> 听起来是奇闻，讲起来是笑谈。任凭那扁担把脊背压弯，任凭那脚板把木履磨穿。面对着王屋与太行，凭着是一身肝胆。讲起来不是那奇闻，谈起来不是笑谈。望望头上天外天，走走脚下一马平川。面对着满堂儿孙，了却了心中祈愿。无路难呀开路更难，所以后来人为你感叹。

听着江涛唱的通俗歌曲《愚公移山》，那慷慨悲壮的旋律，我激动得泪流满面。是的，"无路难呀开路更难"，那为什么当初选了个无路的死胡同呢？既然开路那么难，为什么不计划"移民"呢？活人能让尿憋死？何苦搞得"春蚕到死丝方尽，蜡炬成灰泪始干"？动动脑子，发明煤油灯，发明电灯泡，夜晚不是更美好吗？人活着，就是想越来越聪明；如果为了愚蠢，那活着不是很无趣吗？

夸父逐日，喝干了黄河，喝干了渭河，执着地追求红红的太阳。请问夸父，你追那太阳干什么？你能追上吗？你想证明地球是圆的吗？你想探究地球绕着太阳转吗？

精卫填海，炎帝的千金游东海淹死了，可能觉得死得冤，阴魂不散，化为精卫鸟，哭哭啼啼地衔西山之木石，誓死填平东海水。可海水不可斗量啊！

鲧禹治水，黄河泛滥，鲧不等天帝之命窃神土堵水，即便神土会随水增长，但还是失败，鲧被杀。大禹不需要神土，脑子转一下，疏导河道就行了，黄河安然无恙，大禹成功了。向谁学习？向大禹同志学习。

燕子数数，一、二、三、四、五、六、七、八、九、十，累坏了。癞蛤蟆数数，俩、五、十，多轻松。向谁学习？向癞蛤蟆先生学习。

一个小同学，逆着大风扫院，扫了半天还扫不干净，满身尘土双手脏。老师说："向小同学学习！学习他不怕苦、不怕脏、不怕累，不怕逆着大风的精神。"请问，向小学生学习什么？学习他"逆着大风扫院"扫不干净的"不惠"？诸葛亮，鞠躬尽瘁，死而后已，主观上为了蜀国，客观上害了蜀国，因为对权力的过于迷恋，因为对自己智慧的过度自恋，弄得"蜀中无大将，廖化作先锋"，巴蜀大地人才严重青黄不接。大智大慧的人太累了，都于事无补，况且"不惠"的小学生乎？何必赞美？

2012年6月14日

楚人一炬，可怜焦土

常常惊诧于项羽的胆大包天，率尔一把火，绵延三百里的阿房宫说烧就烧了，一百多天，烈火烧焦了大地，烧开了渭水，烧煳了宫女，烧怕了芸芸众生，烧凉了英雄豪杰，烧红了渭南的蓝天，烧毁了西楚霸王的锦绣前程。狡猾的刘邦却乘机赚足了人情，不贪财货，不近美姬，约法三章：杀人者死，伤人及盗抵罪。尽管群雄逐鹿，但鹿死谁手，已一目了然。小老百姓也许是吓大的，但英雄豪杰一个个是吃五谷杂粮长大的。想当年，秦始皇威震四海，八面威风之际，项羽不也不屑一顾地豪言壮语："彼可取而代之"吗？西楚霸王吓不住，全国人民就能吓住？再说了，拿阿房宫出什么气？害得陕西人民少了一道波澜壮阔的旅游风景线。听说陕西人民计划再现阿房宫的大气磅礴，此一谣言性感是性感，千万别再冒出来一个东楚霸王一把火烧了。

一段时间，我一直想不明白中国既然是文明古国，五千多年的历史，为什么不容易看到她曾经的沧桑容颜？黄帝陵、乾陵、茂陵、十三陵、中山陵，沧桑是沧桑，但那全沉默于地下。东陵虽然见了阳光，但孙殿英独饱眼福。兵马俑举世瞩目，多亏发现得迟，不然，说不准就被王殿英给炸了。大雁塔、小雁塔，是砖砌的。长城是砖砌的。云冈石窟、龙门石窟，是石头雕刻出来的。莫高窟是石头绣出来的。木质结构的经典古老建筑有什么呢？圆明园，被烧了。故宫，完好无损，谢谢傅作义和平解放了北平。布达拉宫，熠熠生辉，多亏生长在青藏高原。想来想去，思想的乌云终于有了一点罅隙。天然的原因，是木质建筑经不起千百年的风吹日晒雨淋霜冻鸟啄兽啃。人为的原因，千百年来流行“楚人一炬，可怜焦土”的宏伟壮举。

英雄豪杰为什么情有独钟于“楚人一炬”的壮举呢？我想在杜牧的《阿房宫赋》里寻找蛛丝马迹。

杜牧曰：“使天下之人，不敢言而敢怒。独夫之心，日益骄固。戍卒叫，函谷举。楚人一炬，可怜焦土。”

看来，“楚人一炬，可怜焦土”只是被逼出来的“果”而已，“因”是“独夫之心，日益骄固”，弄得天下人很不开心，敢怒而不敢言啊！敢怒而不敢言的事情最好办，这就好比一个巨大的火药库，一根火柴就行了。项羽一炬时，不可能没有深思熟虑，他意气用事，范增是吃素的？既然阿房宫是骄奢淫逸的象征，天下人自然咬牙切齿，烧啊！烧啊！谁有豹子胆呢？西楚霸王啊。既然民心所望，此时不烧，更待何时？大火来得正是时候。我们可以想象，看着熊熊烈火烧红了天，老百姓还载歌载舞呢。就像后来烧董卓一样，全城的老百姓手舞足蹈，彻夜难眠。中国人有这个传统。

“独夫之心，日益骄固。”有什么具体表现呢？“秦爱纷奢，人亦念其家。奈何取之尽锱铢，用之如泥沙？使负栋之柱，多于南亩之农夫；架梁之椽，多于机上之宫女；钉头磷磷，多于在庾之粟粒；瓦缝参差，多于周身之帛缕；直栏横槛，多于九土之城郭；管弦呕哑，多于市井之言语。”太夸张了，太夸张了。尽情享受，穷奢极欲，只要活着快乐，哪管死后洪水滔天。人民如此多，嘴如此多，难道就没有人弹劾吗？“使天下之人，不敢言而敢怒。”谁的舌头先激动，谁的脑袋先搬家。那就沉默是金吧，让他疯，让他狂。“妃嫔媵嫱，王子皇孙，辞楼下殿，辇来于秦。朝歌夜弦，为秦宫人。明星荧荧，开妆镜也；绿云扰扰，梳晓鬟也；渭流涨腻，弃脂水也；烟斜雾横，焚椒兰也；雷霆乍惊，宫车过也；辘辘远听，杳不知其所之也。一肌一容，尽态极妍；缦立远视，而望幸焉。有不得见者，三十六年。”女人，女人，女人，阿房宫里全是美丽的女人。然而，得到皇帝一睹芳容的有多少呢？那么多的美丽的女子，耗在阿房宫里干什么？在争风吃醋中一天天将美丽的容颜变老。民间的无数光棍在劳累了一天后酣睡在冰凉的土炕上做着洞房花烛夜的温暖的梦。如果阿房宫里的宫女放之四海，不知有多少对鸳鸯翩翩起舞。可惜，一个失控的雄性的心是种羊的心，只准自己随地大小便，不准别人吐一点点唾沫。否则，皇宫的男人为什么都是太监。

食淫，兽性也。食色，人性也。色，最容易滋润一个男人疲惫的心。秦始皇嬴政的确是累了，需要阴阳调和。那秦二世胡亥秦三世子婴乘的是哪门子热闹啊？唉，谁叫人家是秦二世秦三世呢。王侯将相，就是有种啊。既然享受是天经地义的，那就尽情地占吧贪吧。“燕、赵之收藏，韩、魏之经营，齐、楚之精英，几世几年，剽掠其人，倚叠如山。一旦不能有，输来其间。鼎铛玉石，金块珠砾，弃掷逦迤。秦人视之，亦不甚惜。”反正六国也是黑吃来的，秦帝国的王孙公子山吃海花也心安理得，不就是黑吃黑嘛。尽情地吃吧，尽情地花吧，人生最痛苦的事是，人死了银子还白花花地流着。

“六王毕，四海一。”多威风啊！“蜀山兀，阿房出。”快享受啊！“覆压三百余里，隔离天日。”要建就建震撼九州的宏伟宫殿。“骊山北构而西折，直走咸阳。二川溶溶，流入宫墙。五步一楼，十步一阁；廊腰缦回，檐牙高啄；各抱地势，钩心斗角。盘盘焉，囷囷焉，蜂房水涡，矗不知其几千万落。长桥卧波，未云何龙？复道行空，不霁何虹？高低冥迷，不知西东。歌台暖响，春光融融；舞袖冷殿，风雨凄凄。一日之内，一宫之间，而气候不齐。”要造就造登峰造极的，要玩就玩心惊肉跳的。

其实，我在想，当“蜀山兀，阿房出”之际，“楚人一炬，可怜焦土”一定会来的，只是一个迟早的问题。这就好像火山喷发，只要山下的岩浆在运动在升温，即使山壳再固若金汤，总会有罅隙出现的一天，一旦裂开，愤怒的岩浆将一喷而不可收拾。兴，百姓苦；亡，百姓苦。这个历史的怪圈在中国不断地上演了几千年，使得勤劳善良的老百姓都习以为常了，任由那些“风流人物”酣畅淋漓地表演。牛把驴抵死，咱是个放羊的。咱是个放羊的就真的安然无恙？城门失火，殃及池鱼啊。咱能不能同心协力动动脑筋想一想，让岩壳不要发疯，逼得岩浆发烧，冲破岩壳，同归于尽？“秦人不暇自哀，而后人哀之；后人哀之而不鉴之，亦使后人而复哀后人也。”唐朝这个大家闺秀终于在黄巢大起义的地动山摇中沦落为风尘歌女。可惜！可惜！

2012年10月30日

因为欲望

德国哲学家叔本华说："没有痛苦，就是幸福。"是将幸福的感觉推向了极致的底线，较之于中国人的"知足常乐"，更"无欲"得酣畅淋漓。中外的智者何以要这样降人的欲望的温度呢？因为人心是没有底的。由此，欲壑难填，欲火中烧，欲水泛滥，人心不足蛇吞象，这些词语仿佛人生十字路口的红灯，警示着世人眺望远方的贪婪目光。

但是，蛇吞象吗？我想，任何一条蛇都不会萌生吞掉一头象的欲望的。你看，一头吃饱了的狮子，绝不会因为食物再去搏斗厮杀；一只性满意足的公狗，也没有兴趣再霸占更漂亮的母狗；一只有巢可栖的燕子，也不屑于到处垒窝。至于狡兔三窟，那是因为弱者的自我保护。只有天地间最高级的动物——人才有智商享受"人心不足蛇吞象"的刺激。在通向名利巅峰的漫漫征途上，一个个身心疲惫焦头烂额而又痴心不改前赴后继。赵高风光得指鹿为马，却难逃身首异处；唐玄宗享尽天下美色，马嵬坡救不了杨玉环的小命；魏忠贤被呼为"九千岁"，头却断在了为一百岁折腾的黄泉路上；和珅富可敌国，谁不知道"和珅跌倒，嘉庆吃饱"；袁世凯嫌弃共和总统不过瘾，却仅仅做了八十三天的皇帝；林彪手握雄兵百万，竟然折戟温都尔汗；希特勒横扫欧洲，帝国的铁蹄却深深地陷在了苏联的白雪皑皑之中。

伤不起，真的伤不起。"房是招牌，地是累，挣的银钱是催命鬼。能过就行了，能过就行了。"这是我父亲的人生经验和教训。他十八岁以前是衣食无忧的地主少爷，十八岁以后是“地富反坏右”黑五类之一，难怪他如此浓缩提炼人生的追求。但是，父亲这样“随风潜入夜”的宣传，还是起到了“润物细无声”的效果。我人生的每一个阶段的欲望的温度都不高，“看过眼就行”悄无声息地成了我人生奋斗的安眠药。梦幻庄子的逍遥游；向往陶渊明的“采菊东篱下，悠然见南山”；羡慕王维的“明月松间照，清泉石上流”；认同苏东坡的“一蓑烟雨任平生”“也无风雨也无晴”。喜欢贾平凹的散文书法绘画和为人处世，说陕西话，写陕西事，不抛头，不露面，收藏古董，供奉菩萨。可是，年近不惑，依然虽无欲却难以享其乐。老子的无欲无为无名的神龙境界望尘莫及。叔本华说：“没有痛苦，就是幸福。”一针见血啊。活着就是幸福。只要活着，何时何地都沉浸在幸福之中了。与周围无求无争，任天上云卷云舒，看庭前花开花落。知足常乐，知止不耻，比上不足，比下有余，跑得再快，前面依然有人。但是，长此以往，不见其妙，却陷其烦。说话颠三倒四，写字哆哆嗦嗦。吃喝不香，睡眠不酣。驾照不学，QQ不登。乐于回忆，懒于展望。见喜事无表情，遇丧事常叹息。不是无欲了吗？怎么无欲还生烦恼呢？每月工资，确保吃穿住行无忧无虑，敬天畏人，平安健康，合家幸福。为什么不能赏心悦目心旷神怡呢？

恰逢年过不惑，缘于俗世的一件俗事，我被踱着八字步走在前面的人像拍一个皮球一样重重地拍了一下，尔后不屑一顾地扬长而去，连给我争论的机会都没有。人为刀俎，我为鱼肉。好长一段时间，“你伤害了我，却一笑而过”的歌声萦绕耳际，如同一块酵子混合于一团死面之中，促使我像面团似的渐渐发酵膨胀。痛定思痛，选择反弹。一段时间，意淫在武林高手的崇高境界之中。吾已退出江湖，为什么逼吾出手？拿出踏雪无痕的身手，陪你去华山论剑。孰料这一出手，吃啥啥香，精神抖擞。顿悟：人在江湖，身不由己。明白了山谷之人向往峰顶之人，峰顶之人憧憬蓝天高空。不是人心不足蛇吞象，都是因为追求愉快和幸福。飞蛾扑火，明知是死，在所不惜。蜜蜂放箭，视死如归，无怨无悔。叔本华说：“因为欲望，所以痛苦。”但是，这个睿智的德国人也说：“因为欲望，所以幸福。”人类的欲望是无穷无尽的，没有欲望了，就进入坟墓了。欲望是看不见的魔鬼，诱惑着人穷奢极欲；欲望是看不见的天使，撩拨得人心花怒放。吃、穿、住、用、行、性、健、美、娱、名、寿……欲望就是个千手观音。五岳归来不看山，黄山归来不看岳。高处的可以理解低处的，低处的难以理解高处的。“曾经沧海难为水，除却巫山不是云。”聪明的中国人早就吟为绝唱。

曾经同情虎狼穿行的森林里鹿羊小心翼翼心惊肉跳。但是，虎狼绝迹的森林，鹿羊舒服悠闲的日子并不会太长，它们会因为神经过于松懈而懒洋洋地死去。大自然因为竞争而生机勃勃，竞争注定了优胜劣汰，欲望是竞争的不竭动力。无欲是有欲的最高境界，可惜，只有老子那个层次的人明白。至于芸芸众生，还是给他们一个公平的竞争环境，使人类社会不同于丛林社会。虽然羊被狼天经地义地驱使，但只要羊好好努力了，励精图治，自强不息，也能堂堂正正地享受到狼的尊严和愉快。

2013年1月3日

拔剑四顾心茫然

“拔剑四顾心茫然”，是一种什么心境？

非洲大草原上，一望无际，百草丰茂，风吹云涌，牲畜膘肥体壮。大象悠闲地散步，角马拥挤地流动，麋鹿警惕地吃草，羚羊谨慎地嬉闹……一只母狮潜伏在稠密的杂草间，搜寻着猎杀的目标，突然，它开始走动，目不转睛地盯着一只麋鹿，越走越快，越走越快……突然加速，飞起来了，飞起来了……突然，哐的一声钝响，母狮倒在了酥软的杂草上，用利爪胡乱抓着头和脸，长吼几声，惊得其他动物四处奔散。大象慢条斯理地一看，呵，原来母狮被人类圈养了，刚才一激动，碰在了栅栏上。

李白的“拔剑四顾心茫然”的心境，也许就是这只母狮的心境。“欲渡黄河冰塞川，将登太行雪满山。”“行路难！行路难！”但李白就是李白，“多歧路，今安在？长风破浪会有时，直挂云帆济沧海。”真的是天生李白必有用吗？李白的可爱，在于天真；李白的天才，在于天真；李白的可笑，也在于天真。他似乎是一个长不大的神童。

李白坚信遇上了好时光，君明臣贤，国泰民安，“不拘一格降人才”。他又“笔落惊风雨，诗成泣鬼神”，有盖世之才。希望“申管晏之谈，谋帝王之术”，怀报国之志；进长安与君王肝胆相照，乘风破浪。可惜他赶上的是“开元盛世”的尾巴。尽管歌舞升平的盛世是李家的，但不是李白家的。李隆基的确有雄才大略，亲手将大唐推向了巅峰。可是，再英明的皇帝怎么禁得起绝对权力的娇惯？玄宗皇帝就是一个标准的被绝对权力宠坏了的老顽童。

此时，大唐后宫佳丽三千人，宠爱却集中于一人身。杨贵妃“回眸一笑百媚生”，玄宗天天不上朝。老百姓“不重生男重生女”，皆想醉在君王怀。李林甫口蜜腹剑，安禄山磨刀霍霍，大明宫莺歌燕舞，唐王朝危机四伏。天真的李太白有危机的感觉，看不透危机的本质。“仰天长笑出门去，我辈岂是蓬蒿人。”打遍诗坛无敌手，一路杀进长安城，四明狂客贺知章，惊叹其为“谪仙人”，玉真公主多情女，推荐其进大明宫，高力士也忙脱靴，杨贵妃亲快研墨。痛快痛快！但痛快的前提是皇帝高兴，因为皇帝也喜欢附庸风雅。高兴了又能怎么样？诗仙不过一卖弄才情的翰林学士而已，和卖弄风情的歌女没有质的区别。“妆成每被秋娘妒”，奸佞小人已经盯上了他，恨之入骨，开始煽阴风。

天真的李白还在耍酒疯：“人生得意须尽欢，莫使金樽空对月。”他春风得意了吗？

“烹羊宰牛且为乐，会须一饮三百杯。”“将进酒，杯莫停。”“钟鼓馔玉不足贵，但愿长醉不愿醒。古来圣贤皆寂寞，惟有饮者留其名。”谁给他戴上了圣贤的桂冠？

“五花马，千金裘，呼儿将出换美酒，与尔同销万古愁。”他愁什么？

“天子呼来不上船，自谓臣是酒中仙。”给天子耍脾气？

快哉！快哉！李白的天是阳光灿烂的天，但可惜玩到天子头上。天子都呼不动，他的天空还会灿烂吗？佞臣可不天真，他们见风使舵，一个个都是鳄鱼，轻易不出手，出手必伤人。观察忍耐了好久，李白像一只羚羊送上门了，只一嘴，将诗仙从长安城扫地出门。什么“谪仙人”？乌鸦嘴！

可爱的李白，深刻地体验了“拔剑四顾心茫然”，于是，“抽刀断水水更流，举杯消愁愁更愁。”怎么办？

“人生在世不称意，明朝散发弄扁舟。”他真的弄了一段时间的扁舟，寄情于清风明月，放歌于美丽山河。

可他就像个孩子似的，发过的誓转眼就忘了，都年过半百了，又想“直挂云帆济沧海”，糊里糊涂地上了永王璘的船，和唐肃宗闹家务，还跨马仗剑，驰骋沙场，欲马革裹尸，功成名就，“留取丹心照汗青”，结果差点要了命，玩了一把唐·吉诃德大战风车的幽默。命运之神再一次眷顾了他，遇赦生还，他该驾一叶扁舟，逍遥于江湖了，但政治之于男人，如同兴奋剂之于运动员，诗仙也不能脱俗，念念不忘庙堂，都年过花甲了，还前往李光弼帐下请缨杀敌，“夜阑卧听风吹雨，铁马冰河入梦来。”终于耗尽了才情横溢的一生，坦然归天。

假如政治的舞台之于李白是公平的，他会不会像施瓦辛格一样，过足了演员的瘾，竞选一个州长当当？那也说不定。但遇上世袭的大唐，遇上老顽童唐玄宗，像李白这样绝顶聪明的性情中人，注定空有报国之才。他玩的是艺术，精的是阳术；杨国忠、李林甫玩的是心术，精的是阴术。输赢是明摆着的，专制政治没有对错，只有输赢。再说了，他动不动“安能摧眉折腰事权贵，使我不得开心颜”地叫喊，皇帝听了高兴吗？被奴才和狗舔惯了的屁股，没有柔软的舌头舔，痒痒得能行？

我以为，李白既然像那头非洲母狮子一样，冲不出栅栏，还不如悠然地在栅栏内转着，兴致来了，唱两首歌。他未进长安时不是唱得挺好的吗？

“日照香炉生紫烟，遥看瀑布挂前川。飞流直下三千尺，疑是银河落九天。”那时看庐山瀑布不要钱，担心什么？

“故人西辞黄鹤楼，烟花三月下扬州。孤帆远影碧空尽，唯见长江天际流。”荡一叶小舟，黄鹤楼—长江—扬州一线游，多美！

“朝辞白帝彩云间，千里江陵一日还。两岸猿声啼不住，轻舟已过万重山。”江陵一日游，听猿声啼不住，过瘾！

“天门中断楚江开，碧水东流至此回。两岸青山相对出，孤帆一片日边来。”天下有如此雄壮的美景吗？李白又吹牛了。他老是吹，没有必要懂“高树多悲风”。

“李白乘舟将欲行，忽闻岸上踏歌声。桃花潭水深千尺，不及汪伦送我情。”此诗无版权纠纷，铁定是李白写的。汪伦也沾了光，留名千古，应给李白送个红包。

我有时纳闷，李白赞美祖国大好河山是丹青妙手，对朋友又一往情深，怎么就不好好做诗坛超男，却要一根筋地硬登天子堂呢？噢！“学而优则仕”，不做官就白学了。活该他“拔剑四顾心茫然”。

2012年4月13日

安得广厦千万间

1985年，我读高二，语文课本中有两首唐诗，一是李白的《梦游天姥吟留别》，另一首是杜甫的《茅屋为秋风所破歌》。留下深刻印象有三：其一，一女同学动情地朗诵“梦游天姥（lao）吟留别”，同学想笑不敢笑，老师想笑不能笑，女同学继续动情地朗诵。其二，李白诗句过瘾，“安能摧眉折腰事权贵，使我不得开心颜。”从此，看着老师和班干部不顺眼，就朗诵此句，顿时神清气爽。其三，杜甫诗句忧伤，“安得广厦千万间，大庇天下寒士俱欢颜。”宿舍漏雨的时候，心平气和，因为漏雨的房子不是我们的专利。

可惜，李杜这一对难兄难弟被今天的编辑拆开了。杜甫的《茅屋为秋风所破歌》下放到了初中，李白的《梦游天姥吟留别》被挤到了高中的选修课。选《中国古代诗歌散文选》的，学生尚可以一睹其芳容，不选的那就无缘梦游天姥吟留别了。建议天姥山当地旅游局起诉中学语文教材编辑部，就这一砍，让当地旅游收入损失惨重。

那么，李杜连在一起有什么好处呢？上世纪80年代的编辑可能是无心插柳柳成荫，或许他们用心良苦，大爱无言，有意李杜不分。这二十几年来，李杜李杜，让我联想，让我琢磨。李白是天，晴朗；杜甫是地，厚重。李白天马行空，杜甫踯躅而行。李白像水，是智者；杜甫像山，是仁者。智者乐水，仁者爱山。李白是长江，清俊；杜甫是黄河，雄浑。长江黄河养育了华夏儿女，李白杜甫滋润了炎黄子孙。林黛玉是转世的李白，薛宝钗是杜甫的化身。革命去找李太白，建设寻访杜子美。钱钟书有李白的影子，季羡林活像杜甫。沈鹏的字左看右看像李白，启功的字前看后看像杜甫。我的学生，有的聪明有余，用功不足，像李白，“我辈岂是蓬蒿人”；有的用功有余，聪明不足，像杜甫，“语不惊人死不休”。所以，我排座位就有玄机，一个李白，一个杜甫，天地结合，阴阳互补，相得益彰。两个李白太吵，两个杜甫太闷。可惜，今天的课本中，李白杜甫各奔东西，人各天涯。但愿“海内存知己，天涯若比邻”。

今天，免谈“安能摧眉折腰事权贵”，单说“安得光厦千万间”。

我不知道中国自然环境优越的地方如何，我生长的六盘山大地的确如此。70年代，“八月秋高风怒号，卷我屋上三重茅。”如此茅屋，村村皆有。“床头屋漏无干处，雨脚如麻未断绝。”这样的无奈，经历的人也有。80年代了，我们同住一个大宿舍，三十几号小伙子，深秋夜冷，漏雨如注，脸盆张着大口，尽情地吻着秋雨。浑身脱得精光，两个人钻进一个被窝，体温渐渐回升，“雨脚如麻”的感觉，慢慢离别而去。齐声狂吼《茅屋为秋风所破歌》，“安得广厦千万间，大庇天下寒士俱欢颜，风雨不动安如山！呜呼！何时眼前突兀见此屋，吾庐独破受冻死亦足！”顿时床摇房动，热血沸腾，浑身燥热。

进入90年代，单位分的房子也不过一间宿舍，我、妻子、儿子，三个人挤居一室，虽然破旧，却自己动手，粉刷得雪白洁净。夏天闷热得受不了，冬天即使外面撒尿成冰，屋里也温暖如春，其乐融融。我们常常围在火炉边，说着一些不咸不淡的话，有时炉底里烧几个洋芋，儿子嚷嚷：“洋芋焦了！”掏出来掰开，朴素的香味弥漫了整个屋子。我现在偶尔鼻子还幻觉式地闻到那个味儿。没有“布衾多年冷似铁，娇儿恶卧踏里裂”的可怜兮兮。所以，长期以来，我对杜甫心存宗教式的虔诚敬仰。生逢乱世，泥菩萨过河——自身难保，还心念天下苍生，这是一个多么可爱的老头儿啊！我想到他那个苦兮兮的形象，就双眼湿润。“国破山河在，城春草木深。感时花溅泪，恨别鸟惊心。烽火连三月，家书抵万金。白头搔更短，浑欲不胜簪。”这是一个什么样的人？这是一个高尚的人，一个纯粹的人，一个脱离了低级趣味的人，一个有益于人民的人，一个实心实意想人民的人。前几年，颠覆权威、调侃经典风一度流行，有好事者凭着

《茅屋为秋风所破歌》里的几句诗："南村群童欺我老无力，忍能对面为盗贼，公然抱茅入竹去。唇焦口燥呼不得，归来倚仗自叹息。"说杜甫忧国忧民是作秀，缺乏爱心，和儿童都较劲，偷了几根烂茅草，就上纲上线骂南村群童是盗贼，太夸张了。一不小心，寥寥数语，庐山真面目露出来了。就算是杜甫的污点，但身上有虱子的狮子仍然是狮子，身上没有虱子的狐狸永远是狐狸。我惊喜地发现杜甫的可爱，杜甫的诗，一向严肃有加，幽默不足。这几句多幽默啊！儿童的天真幼稚可爱，如在眼前。杜甫的开心宽容，心地窄小的人才看不见。"商女不知亡国恨，隔江犹唱后庭花。"令人讨厌。儿童不知亡国忧，忍能对面为盗贼，就叫人破涕为笑了。也只有这些不谙世事的傻小子才来打搅杜甫，叫杜甫好开心。难道叫杜甫写成"南村群童怜我老无力，齐来屋顶上泥皮。吾拄拐杖口赞美，所有儿童笑嘻嘻"？这样懂事的儿童倒教人泪洒青衫了。

这十年，中国城乡大地，楼房如雨后春笋直插云霄，已得广厦千万间，大庇天下百姓俱欢颜，风雨不动安如山。我在这个中国大西北的小城市，沐浴着住房突飞猛进的春光，徜徉在120平米的宽敞明亮的单元楼，儿子去加勒比海的岛国古巴留学，顿觉房子更大了，我们夫妻平均拥有60平米，虽然花去了我们二十几年的全部积蓄30万，我也心甘情愿，无怨无悔，因为房价还在涨。我不明白《蜗居》为什么热播，国务院发言人说房价有问题。呵护房地产业快速前进，拉动中国经济持续发展，高瞻远瞩，多好啊！

有一天，一个建筑工地上的农民工和我闲聊，说他进城已经8年了，学到了不少建筑手艺，每天工资不少于100元，不干活就没有，加班会多一点，一月下来3000元左右，一年3万上下，冬天歇工两个月。他今年40岁了，孩子15岁了，念初二，从老家转进城，留了一级，争气，学习好。老婆卖菜，看家做饭，一月挣个1000多元，也好。他租了两间房，60个平米，月租200元。一年运气好，收入4万元，比农村老家好多了。花去2万，攒2万，还好。但他没有想过在城里买房，因为那需要平平安安地攒20年才有可能，况且房价还在涨。他算不算"寒士"，我不好界定，但他这样的人中国一定不少，他们都是勤劳本分的劳动者，城里打拼若干年，应该有属于他们的小天地，有恒产者有恒心啊。但是，城里的房子为什么这么贵呢?

有一天，看电视，白岩松的《新闻1+1》吧?深圳的一个区，高楼林立，繁花似锦。结果竣工好几年了，原来是一个空区，住户不到百分之六十。剩下的全是面向东风独自闲，害得一些超市餐馆“潮打空城寂寞回”，原来楼上没有那么多人。而附近的广告牌上，电线杆上，售房租房的广告铺天盖地，独向青天说寂寞。豪门楼房空，路有租赁屋。本事大不大，公平来两下。城里的楼房为什么不降价?上网浏览，原来杜甫很忙，“犹抱琵琶半遮面”呢(网民正恶搞杜甫，给杜甫怀里抱了一琵琶)。

2012年5月2日

英雄为何泪满襟

丞相祠堂何处寻？锦官城外柏森森。
映阶碧草自春色，隔叶黄鹂空好音。
三顾频烦天下计，两朝开济老臣心。
出师未捷身先死，长使英雄泪满襟。

英雄为何泪满襟？因为“出师未捷身先死”。

为什么“出师未捷”？因为不是诸葛丞相说了算，而是阿斗说了算。司马懿说了也不能不算。

为什么“身先死”？因为诸葛亮执着地要一个人说了算，不喜欢魏延那样的人说了算。姜维说了有时候也不算。

诸葛亮不过刘禅眼中的一只风筝，而且是蛟龙风筝。刘禅记性很好，相父曾是卧居隆中的“卧龙”也，是父皇三顾茅庐请出山的。现在羽翼丰满，翱翔于千仞兮。可惜，“凤雏”庞统命苦，在“落凤坡”驾鹤西去，“卧龙”先生失去了势均力敌相克相生的伴儿，能不拽着点吗？但是，刘禅不拽，刘禅是后主，贵为一国之君，掣肘一个军师，没有气量，国人笑话。这点小事，自有黄门小宦官操心，革命不是请客吃饭，这根蛟龙风筝线，给！黄皓，你牵上。黄皓牵着蜀国这只最了不起的风筝线，乐此不疲，屁颠屁颠地沐浴着巴蜀人民的唾沫雨。不过没关系，皇帝是爱黄皓的。黄皓不是真爷们，但比真爷们放风筝还有水平。风筝不能太高太远，太高太远了皇帝睡不好；风筝不能太低太近，太低太近了，皇帝睡不着。那就让他在外面不远不近不高不低地翱翔着吧。成都这地方多舒服啊！天府之国，名不虚传。要青山有青山，要碧水有碧水，要佳肴有佳肴，要好酒有好酒，要美女有美女，要享受有享受。凡所应有，无所不有。诸葛亮也真是的，动不动就“先帝创业未半而中道崩殂。今天下三分，益州疲弊，此诚危机存亡之秋也”，吓唬谁啊？危言耸听。“益州疲弊”，就不符合事实。益州物华天宝，山珍海味，美女如云，莺歌燕舞，什么疲弊？丞相出征多好，留守锦城多烦。正襟危坐，一脸的忧国忧民，还要阿斗“相父、相父”地喊。父皇真是英明，白帝城托孤，先入为主，“我这不争气的阿斗，能辅则辅，不行就取而代之。”惊得丞相好一身冷汗。发下毒誓“鞠躬尽瘁，死而后已”。父皇的要求也太苛刻了，“勿以恶小而为之，勿以善小而不为。惟贤惟德，能服于人。”说说容易，做起来难啊！但是，阿斗一直在上进啊，可丞相还是看着不顺眼。说什么“侍卫之臣不懈于内，忠志之士忘身于外者，盖追先帝之殊遇，欲报之于陛下也”，不是打击人吗？迁就刘禅，全是刘备的大面子。“诚宜开张圣听，以光先帝遗德，恢弘志士之气，不宜妄自菲薄，引喻失义，以塞忠谏之路也。”批评就明批评吧，拐弯抹角地干什么？听信谗言，拒绝忠言，亲小人，远贤臣，有失明君风范。不就这么点事嘛。摆什么劳苦功高？“受任于败军之际，奉命于危难之间，尔来二十有一年矣。”都二十一年了，还不急流勇退，告老还乡？蜀国离了诸葛亮，天就塌了？“江山代有才人出，各领风骚数百年。”让姜维放手大干一番嘛，魏延也可以独当一面的。可丞相老磨刀霍霍的，“庶竭驽钝，攘除奸凶，兴复汉室，还于旧都。”开国际玩笑，蜀国的军队能打进长安城？曹丕是吃素的？司马懿是小女人？曹丕是老虎，司马懿是鳄鱼。不说曹丕，单说司马懿那家伙，身上背了个大筛子，浑身的心眼。运筹帷幄，能征善战，包羞忍辱，韬光养晦。你骂人家不如小女人就不如小女人，反扑的时候可是真屠夫。北伐能成功？北伐北伐，白伐白伐，哄蜀国人民开开心得了。充其量以攻为守，精神胜利，别让司马懿父子横扫巴蜀大地就烧高香了。你看魏国，人才济济。邓艾、钟会，如狼似虎，力争上游。吴国也不赖，后继有人。陆逊、羊祜，如狮似豹，绵里藏针。蜀国的帐下呢？一个姜维，你培养的接班人，还舍不得放权。一个魏延，你还见不得，天天牢骚满腹。廖化那两下子，能当先锋？和为贵，和为贵，仰面睡觉嘴朝天，活上一天算一天。三国鼎立，天意难违。久分必合，谁能统一也是好事，也使天下苍生少受些罪。一将功成万骨枯啊！丞相有《出师表》，“长使英雄泪满襟”，留名千古。阿斗有黄皓，养在深宫胡折腾，遗臭万年。行了吧？可惜没有竞选制，不然，丞相你拉选票，龙椅你来坐，阿斗做安乐公。阿斗没有经历过龙争虎斗，风起云涌，血流成河，“白骨露于野，千里无鸡鸣”的大世面。赵子龙大战长坂坡的时候，阿斗还酣睡在他的怀里呢。那时候父皇就骂阿斗没出息，没出息让阿斗当这烂皇帝干什么？唉！都是世袭惹的祸，有牙板的没有锅盔，有锅盔的没有牙板。阿斗明白，丞相这样的“吞舟之鱼，食日之鸟”的大才，遇上了阿斗，是年轻寡妇遇上了太监，不同床难受，同床更难受，不泪满襟才怪呢！

2012年4月14日

铁马冰河入梦来

大唐是中国历史上的大家闺秀，大宋怎么说也是小家碧玉。阅读唐诗，若大家闺秀仪态万方；吟诵宋词，似小家碧玉摇曳多姿。但是，一直不明白，大宋怎么孜孜不倦地以白银、茶叶、粮食换和平？难道真的是因为“问宋哪能弱如许？为有源头轻英武”吗？还是因为“包羞忍辱是男儿，换得和平济苍生”？还是因为“暖风熏得游人醉，直把杭州作汴州”？

遥想赵匡胤当年，黄袍加身，坐定江山，担心自己的将军“学习匡胤好榜样”，潇洒自若地导演了“杯酒释兵权”。将军颐养天年，皇帝酣然入梦，快哉！快哉！这一快哉，虎符拿在文人手，秀才仗剑边关走。赳赳武夫闷得慌，醉眼蒙眬说恓惶。一部《水浒传》，阵前倒戈的将军多是不愿受一把手文臣的掣肘，一不做，二不休，逼上梁山，落草为寇，大不了咱爷们从头再来。一部宋史，就是将军的怀才不遇、愤愤不平、壮志难酬、报国无门的血泪史。比如，杨业、岳飞、韩世忠、辛弃疾、陆游。他们居庙堂思失地，上沙场忧君王，“夜阑卧听风吹雨，铁马冰河入梦来。”魂系故里，含恨九泉。一部宋史，亦是文臣的左右逢源、平步青云、飞黄腾达、欺下瞒上的得意史。比如，张邦昌、蔡京、秦桧。他们哗百姓取宠，投皇帝所好，“暖风熏得游人醉，直把杭州作汴州。”养尊处优，寿终正寝。至于赵构、秦桧之流包羞忍辱，心念苍生，换得和平，或者以待天时，卷土重来，真的是美化他们了。像陆游这些纯爷们，遇上秦桧和赵构这些伪君子，不仰天长叹才怪呢。试想，风姿绰约的寡妇遇上了阳奉阴违的太监是个什么味道？陆游遇上了皇帝，就是寡妇遇上了太监，合作难受，不合作还难受。

陆游不像岳飞，岳元帅虽然“莫等闲，白了少年头，空悲切”，但曾经像非洲大草原上的狮子一样，还真刀真枪地驰骋沙场过，“壮志饥餐胡虏肉，笑谈渴饮匈奴血。”那是何等的威风八面、气贯长虹啊。即使被“莫须有”的罪名暗算，作为男人也值了。陆游长寿，八十五岁，生命的数量是有了，那质量呢？有近万首脍炙人口的诗啊。哈哈，在“亘古男儿一放翁”眼里，一万首诗比不上一次“铁马秋风大散关”。陆游的烦恼可以想象。

陆游不像辛弃疾。稼轩年轻时是一只驰骋在江北的老虎，“想当年，金戈铁马，气吞万里如虎。”他是威震江北的“小虎队”的队长。可惜，一腔热血，南下报国，不想他这只老虎被皇帝温柔地圈养了，就只好“醉里挑灯看剑”“把栏杆拍遍”。但毕竟“气吞万里如虎”过，作为男人，也有可以回忆的、骄傲的。陆游呢？和金兵一仗未打，朝堂之上，谈了一点抗金的意见，就被秦丞相阴了一把，做你的抗金梦去吧。于是，陆游的大半生，都是在梦里抗金的。一个风姿绰约的寡妇陪太监，一直陪到耄耋之年，可怜！“驿外断桥边，寂寞开无主。已是黄昏独自愁，更著风和雨。无意苦争春，一任群芳妒。零落成泥碾作尘，只有香如故。”可叹！“长使英雄泪满襟”。

明君是靠不住的，靠得住的是造就明君的清明的政治体制。如果有清明的政治体制，宋朝哪儿来的那么多窝囊皇帝？哪儿来的那么多的英雄老是泪满襟？

“逆胡未灭心未平，孤剑床头铿有声。”有这样的皇帝，有这样的佞臣，配合得天衣无缝，逆胡能灭吗？铿锵有声的宝剑老是响在床头，倒是千真万确的。

“塞上长城空自许，镜中衰鬓已先斑。”老了老了，岁月不饶人啊。但是，再踌躇满志的男儿也只能仰天长叹。

“遗民泪尽胡尘里，南望王师又一年。”皇帝的忍让真的是毁自己之名誉，为天下之苍生吗？听听胡尘里大宋的子民哭声，面向南方，望穿秋水，又是一年啊！宋朝的男人都遭遇禽流感了吗？不，“公卿有党排宗泽，帷幄无人用岳飞。”宋朝的男人还没有死光，关键是宋朝的“大丈夫”都被“小女人”玩弄于股掌之中，虽“怒发冲冠”，也无济于事。

“死去元知万事空，但悲不见九州同。王师北定中原日，家祭无忘告乃翁。”嘿嘿，陆游这个老不死的！老想着作秀啊？“王师北定中原日，家祭无忘告乃翁”？做梦去吧，王师压根儿就没有想过北定中原，杭州比汴州舒服得多。

2012年4月19日

美人帐下犹歌舞

很唐突的一句“美人帐下犹歌舞”，似乎不好说事儿。

有必要重温高适的《燕歌行》。“汉家烟尘在东北，汉将辞家破残贼。男儿本自重横行，天子非常赐颜色。”东北的战火烧起来了，天子就喜欢赴汤蹈火，奋勇杀敌，马革裹尸的男子汉大丈夫，年轻的小伙子们，冲啊！上前线和敌人拼个你死我活。

“摐金伐鼓下榆关，旌旆逶迤碣石间。校尉羽书飞瀚海，单于猎火照狼山。山川萧条极边土，胡骑凭陵杂风雨。”队伍浩浩荡荡地开赴前线，往来穿梭的探子飞报，敌人恃势欺凌，来势汹汹，已经磨刀霍霍地在狼山等候多时了。

“战士军前半死生，美人帐下犹歌舞。大漠穷秋塞草腓，孤城落日斗兵稀。身当恩遇恒轻敌，力尽关山未解围。”打起来了，打起来了，当兵的拼死沙场，生死难料；当官的呢，在军帐欣赏美女载歌载舞呢。战火烧光了边塞的枯草，落日的孤城边厮杀声渐渐地稀少。都是因为有的将军仗着是皇帝的红人就骄傲轻敌，结果战死了那么多将士也不能突围。

“铁衣远戍辛勤久，玉箸应啼别离后。少妇城南欲断肠，征人蓟北空回首。边庭飘飖那可度，绝域苍茫无所有。”久战沙场无英雄，谁不思念故乡和亲人？可惜，回不去就是回不去，老婆的肠子哭断也是枉然。千里飘摇，千里飘摇，梦回故乡，梦回故乡。

“杀气三时作阵云，寒声一夜传刁斗。相看白刃血纷纷，死节从来岂顾勋？君不见沙场征战苦，至今犹忆李将军。”又打起来了，打起来了，惨不忍睹，惨不忍睹，白刀子进去，红刀子出来。视死如归，视死如归。征战苦，征战苦，但苦都不要紧，有飞将军李广那样的人同甘共苦，身先士卒就不苦了。

好了，可以说事了。此诗乃高适的第一大篇，虽然长，但是意思只有两层。其一，打仗真苦啊，真苦！其二，比打仗还苦的是官兵就是不一样，就是不一样。

“战士军前半死生，美人帐下犹歌舞。”你看看，气死人不气死人？原因何在？

“身当恩遇恒轻敌，力尽关山未解围。”原来是皇帝老儿在撑腰。

“君不见沙场征战苦，至今犹忆李将军。”要是李广将军在就好了。高适也算铁骨铮铮的男儿，借不称职的将军弹劾了皇帝老儿一回，一来为活着的战士出了一口恶气，二来对得起九泉之下的英灵。回响着“金戈铁马之声，有玉磬鸣球之节”，不亦快哉！

令我特别养眼的是“美人帐下犹歌舞”和“至今犹忆李将军”。因为，它让我浮想联翩。“美人帐下犹歌舞”的帐下醉眼蒙眬地摇着晃着的是什么将军？应该是李广李将军吧？除了飞将军李广谁还有这个资格呢？“谈笑间，樯橹灰飞烟灭”的潇洒非李广将军莫属。想当年，李广驰骋沙场，威震敌胆，匈奴的孩子夜间哭闹，说一声“李广来了！”就戛然而止，不哭了。好战的匈奴赠一雅号“汉之飞将军”。从此，李广扬名天下，威震八方。

大唐边塞诗人王昌龄佩服得了不得，《出塞》中高声歌唱：“秦时明月汉时关，万里长征人未还。但使龙城飞将在，不教胡马度阴山。”如果飞将军李广还活着，胡马敢度阴山吗？

唐诗人卢纶更会夸李广，《前出塞》中吟诵：“林暗草惊风，将军夜引弓。平明寻白羽，没在石棱中。”李将军月光下一箭射过去，正中一只大老虎，天亮了去拔箭，哪里是老虎，分明是一块雪白的大石头，箭深深地射进去都拔不出来了。

这样的将军，这样的能耐，劳逸结合，张弛有度，“美人帐下犹歌舞”又何妨？绝大多数的将军都是“战士军前半死生”锻造出来的，将军是怎样炼成的？将军就是在血与火中炼成的。当然，也有例外，比如赵括将军，只读兵书，不上战场，但中国人都知道，他身死敌手，空落得纸上谈兵的戏谑。诸葛亮就很悠闲，路不走，马不骑，坐在躺椅上，摇着羽扇，多舒服！张飞不服气也没有办法，有本事也坐在躺椅上想几个锦囊妙计试试？再说了，当将军也很不容易，一将不智，累死千军。长官骑马，当兵的可应该想得通。

唐代诗人王翰在他的《凉州词》里面就很是善解人意："葡萄美酒夜光杯，欲饮琵琶马上催。醉卧沙场君莫笑，古来征战几人回？"看，"葡萄美酒夜光杯"，和"美人帐下犹歌舞"有异曲同工之妙。但王翰的《凉州词》从来没有人非议，理解万岁，"醉卧沙场君莫笑，古来征战几人回？"

可惜，"美人帐下犹歌舞"这样的享受还轮不上飞将军李广。李广那么了不起，到死也没有被封侯。王勃在《滕王阁序》中就愤愤不平："冯唐易老，李广难封"。这不证明汉武帝刘彻有眼无珠？你想，卫青一介平民，都凭借真本事成了大将军，被汉武帝封了侯。霍去病年纪轻轻，也因为战功赫赫，荣幸地封了大侯，汉武帝关爱有加，千古留名。李广为什么没有封侯呢？汉武帝不会不扪心自问。的确，李广身先士卒，驰骋沙场，百步穿杨，箭无虚发，和士兵同生共死，叫匈奴闻风丧胆，令军民齐声喝彩，战死沙场也未封侯，让全中国人怜悯同情愤愤不平。但史书记载，李广多逞局部之英勇而少军团之胜赢。打个比方，李广是乒乓球单打的高手，却不善于指挥十一个人踢赢一场足球。汉武帝自然不希望李广局部的"金戈铁马，气吞万里如虎"，他希望看到的是一个"运筹帷幄之中，决胜千里之外"的李广大元帅，像卫青，像霍去病。所以，李广封侯，难以服众。汉武帝时代，高手如云，武帝宁愿落个给飞将军李广不封侯的恶名，也不愿落下一个赏罚不明的昏君的骂名。李广也的确只是棋盘上的一杆好车而已，冲锋陷阵，如天马行空。杀过楚河汉界，打得敌人落花流水，赢得看热闹的人满堂喝彩，尖叫声历久不息。至于千里一元帅，稳坐中军帐，布好御敌阵，单捉冲来将的大帅风度，李广真是逊色一些。所以，帐外打恶仗胸中有数，帐下犹歌舞喝葡萄美酒的境界李广还达不到，他缺少"运筹帷幄，决胜千里"的金刚钻，凭什么玩潇洒呢？

但是，灯红酒绿的城市里，不知有多少“美人帐下犹歌舞”的美景，不知有多少“葡萄美酒夜光杯”的玄幻。那些趾高气扬的“人物尖子”，他们凭的是什么？运筹帷幄，决胜千里？不，他们管理的地盘，“战士军前半死生”，大街小巷是怨声。他们是谁的红人呢？

2012年5月29日

2012年宁夏高考作文材料将弱智进行到底

先录2012年宁夏高考作文材料如下。

船主请漆工给船涂漆，漆工涂好船后，顺便将漏洞补好了。过了不久，船主给漆工送来一大笔钱。

漆工说："工钱已经给过了。"

船主说："这是感谢补漏洞的钱。"

漆工说："那是顺便补的。"

船主说："当得知我的孩子们驾船出海，我就知道他们回不来了。现在他们都平安归来，所以我感谢你。"

这是2012年6月10日在网上摘录的，我以为是考卷上最本真的。不料，2012年6月12日，我所带的高二学生试做高考题，见试卷上作文材料是这样的，原原本本录抄如下。

18.阅读下面的材料，根据要求写一篇不少于800字的文章。（60分）

船主请一位修船工给自己的小船刷油漆。修船工刷漆的时候，发现船底有个小洞，就顺手给补了。

过了些日子，船主来到他家里道谢，送上一个大红包。修船工感到奇怪，说："您已经给过工钱了。"

船主说：“对，那是刷油漆的钱，这是补洞的报酬。”

修船工说：“哦，那只是顺手做的一件小事……”

船主感激地说：“当得知孩子们划船到海上之后，我才想起船底有洞这事儿，绝望极了，觉得他们肯定回不来了。等到他们平安归来，我才明白是您救了他们。”

要求选好角度，确定立意，明确文体，自拟题目，不要脱离材料内容及含意的范围作文，不要套作，不得抄袭。

猛地一看，是一篇构思精巧的小小说。和前面网上摘录的叙述有轻微出入，比如，有“漆工”和“修船工”之别。我的拙文是由网上材料而引发的，所以，多“漆工”一词出现，无伤大碍。网上还有变味材料，触目惊心。看来，读网不能不谨慎。

善良清纯的考生一看，啊！多么善良高尚的漆工啊！漆船的同时，顺便补了小洞，无声无息，毫不张扬，善良！补了小洞，救了船主儿子的命，船主重金酬谢，漆工惊讶地谢绝，“这很自然，没有什么啊。”高尚！善举虽小，救人性命，小善不小，“勿以善小而不为”。但是，老奸巨猾的我看了这个材料，哑然失笑，但又不能笑，只好憋着，听同事“善举，善举，小小的善举，多么重要啊！”地大发感慨，心里偷偷地希望此作文材料仅仅让宁夏的考生写就行了，不要几个省通用，因为，弱智是可以传染的，而且是含情脉脉地传染呢。

大凡高考作文材料，都是聘请业内高手精心创造，斟酌再三，最后命题委员会慎之又慎才拍板决定的。因为，这些年的高考效应我不说大家也感同身受，牵一发而动全家全校全县全省全国全世界，尤其高考作文，有文化风向的味道，命题不可掉以轻心。为了培养面向现代化的未来人才，单是材料中的明门暗窗就如同雾里看花，玄机四伏。材料是个大花园，透过不同的门窗，欣赏到的风景是不一样的，有意识地激发考生的逆向思维和发散思维，有利于面向世界。

也许是我吹毛求疵，看了材料，忽视了明亮的门，却盯住了阴暗的窗户。而且一盯就是两个，透过两个窗口，我觉得除了弱智，还是弱智。多亏考生不敢朝这两个窗口看，看了写出的作文有可能就给莫名其妙地枪毙了。落个心理阴暗、立意不高、没有弘扬主旋律的“罪名”怎么办？高考可不是开玩笑。

我先说第一个阴暗的窗口。“漆工漆船，发现了船底有一个小洞。”如果我是漆工，我会沉吟，为什么会有一个小小的洞洞呢？这船主也真逗！是玩智商游戏吧？我才不自作聪明自作多情自作主张地修补呢。船主可能老谋深算，是考验儿子的认真细心防微杜渐的好习惯吧？划船远航，不仔仔细细将船检查个底朝天那怎么行？除非是看破红尘了有预谋地想沉船自杀。

船主啊！船主！你无非玩的是美国西点军校训练士兵的一招，挖好一个坑，将士兵推下去，然后埋土，士兵懵了，无可奈何地等土埋。有一个士兵不停地将土踏在脚下，人反倒埋了土。这个士兵据说叫麦克阿瑟，成了将军后全世界人都知道。由此联想，船主是鹦鹉学舌罢了，玩不出新鲜，懵不住人。

再说，这些年公司老板招聘也玩这个，给你一个沙发，让你舒舒服服地坐下，有一声没一声地和你聊，聊得你坐卧不宁，OK！你可以走了，录你不录你，会参考你屁股下面沙发上的一个钉子是不是继续令下一个人坐在上面不舒服。钉子是老板有意设计的，一个细心的好员工不会漠视钉子的存在，这是老板的思维逻辑。

船主是不可以小看的。浅看了深谋远虑的人等于证明自己是弱智。“心有灵犀一点通”，形容智商的相互默契也没有错。船主阅船无数，会无视一只有洞的船？即便是一个小小的洞，“千里之堤，溃于蚁穴”的大道理船主不会不明白。

好了，这个思考的方向就不延伸了，换个方向想想。

也许是船主马虎大意了，交接漆船时没有在意这个小洞洞。那也不可以随随便便地补了，悄无声息地补了从漆工的道德层面看的确是善举，但从大众的哲学层面看是作恶啊！一个人站在有坡度的路上，说路是上坡路是对的，说路是下坡路也没有错。不给船主提个醒，就自作主张补洞，不是害船主吗？船主养成了给船上留洞的好习惯，谁还敢订做他的船？即使运气再好也难免哪一次不出事。恶有时是激活人腾起奋斗的一盆凉水，善有时是抚摸人懈怠颓废的暖暖炉火。这不是人喜欢不喜欢的问题，是天地客观存在的。

我有一次监高考，一个男生进不了考场，因为找不到准考证。但嘴里喋喋不休地唠叨：“不可能！不可能！”我说：“有什么不可能？明明找不到嘛。”他给他母亲打了一个电话，不一会儿，母亲汗流满面地来了，我接过准考证，准考证上全是汗水。母亲不停地喃喃自语“都怪我！都怪我！”我说：“孩子不细心，怪你什么？”“这些从来都是我操心的啊。今天中午他外婆心肌梗塞我急着去看……”母亲看着儿子顺利地进了考场，如释重负地心满意足地微笑着给我解释。“唉！你到医院看你母亲去吧，以后别老给孩子擦屁股。”我还能说什么？

船主一不留神给船留了一个小洞，这不是拉了屎不擦屁股等别人擦屁股吗？这样的人如果没有残疾，聪明人最好不要给他擦了，擦惯了可了不得。

1998年长江中下游洪水泛滥，天灾固然可怕，但怎么又能排除人祸的惊心呢？九江段拦洪堤坝不堪一击，肆虐的洪水所向披靡，房屋摧毁，农田淹没。朱镕基总理亲临九江堤坝官兵抗洪抢险一线，站在船上，看着决堤处，口出脏言“王八蛋工程”！大国总理怎么随便骂人？即刻见总理泪流满面，抱紧双拳拜托在洪水中奋战的官兵，决然转身离去。当时我也泪湿眼圈。是啊！男儿有泪不轻弹，况且是大国总理。这些王八蛋豆腐渣工程，是谁在验收的时候给悄无声息地擦的屁股啊？所以，拉了屎骄傲地等着别人擦屁股的人，咱就让他骄傲地把屁股朝天撅着去吧，光天化日之下，时间长了，看他要脸不要脸。

我不知道苦心孤诣制造这个作文材料题的高手会不会估计到我会这样胡思乱想？可能是我弱智，面对一杯水，只盯着没有水的半截看着唠叨，却不看着有水的半截好好欣赏。

回忆一下，我们曾经读的不想让我们聪明的文章还少吗？有的人似乎有天生的爱好，喜欢别人盲从，不喜欢别人聪明。

比如，日本大地震引发大海啸，核电站震裂了，污染了海水。风言说，中国海域也难逃被污染，食盐马上脱销，于是，满城满乡的老百姓疯了一样抢购涨价的食盐。当时，我看见那些挤得水泄不通汗流浃背的普通老百姓疯了似的一袋一袋高高兴兴地扛着沉重的盐袋子，还以为占了便宜，我忍不住双眼潮湿。但我相信，有的人见了一定偷偷地乐。

所以，这个高考的作文材料大摇大摆地按照命题人的思维就可以一路顺风地走下去。善良的漆匠给船主连个招呼都不打，自然而然地补了那个小洞，就像没有做过善事一样，这是多么“天然去雕饰”的高尚啊！

于是，太多太多的善良的考生被深深地感动了，朝着“善举”这扇明亮的门络绎不绝地蜂拥而至。顺着“小善举不小”这个思路跑下去，赞美歌颂漆工小洞补得好，就是补得好！出题人联想到这么红红火火的场面，一定在意淫着“天下英雄，入吾彀中”的超人智慧。岂不知主观上毫无原则地做好事，客观上是在温柔地埋葬一个人一个集体。多少纨绔忤逆子，可恨天下慈母心啊！多少假冒伪劣产品，可恨监督管理人员高抬贵手啊！多少贪官污吏，可恨栽培者常在幕后擦擦屁股啊！狼的伤口永远都是狼自己舔好的，狼父狼母不会给狼子狼女舔好伤口的，这也许是狼群生存下去的天定原则。经常要父母舔好伤口的小狼怎么会时时刻刻警惕被敌人咬伤呢？

我看到的第二个阴暗的窗口，“船主重金酬谢，漆工莫名其妙，谜底轻轻揭开：第一笔是工钱，第二笔是救命钱。”是的，工钱已经付过了，还给这么多钱干什么？“君子爱财，取之有道。”原来，几个宝贝孩子远游，恰好驾的是漆工补的那只船。“救人一命，胜造七级浮屠。”况且救的是几条风华正茂的鲜活的生命。但那是顺手补的啊！一脸惊讶的漆工多么高尚。OK！这作文材料，巧设悬念，吊人胃口，前后照应，升华主题，乃神来之笔。

我们仔细推敲。重金酬谢，证明船主真的粗心大意了，这漆工补是补到船主心坎上了。可这船主的粗心大意也太登峰造极了，这是谁宽容出来的毛病啊？船漆好归还，工钱都两清了，怎么就没有仔仔细细地检查一下船底呢？真的没有把船当个兵器。这不是马大哈吗？还是太潇洒？这种人千万不要安排到海关上就业，赖昌星摸清了他的爱好可就笑断肠子了。孩子们都扬帆远游了，才想起了那个破洞，这不是脑残吗？但是，如果他的脑残不遗传，也就没有必要担惊受怕，大呼小叫，哭天抢地，矫揉造作，一把鼻涕一把泪的。

随便想想，就算孩子们比老子还马大哈，船刚起航划行于水上，小洞洞还能不冒水？眼睛不瞎，立即发现，马上处理。这眼小喷泉几个泡泡糖就OK了。没有嚼泡泡糖的爱好，也没关系，脱下臭袜子先死死地塞着，掉转船头，扬船返回不就得了。如果孩子们比老子细心谨慎，防患于未然，看着泡泡糖臭袜子不顺眼，租一只天衣无缝的船得了，还用得了慈爱的老爷子瞎操心？几个孩子只需要有一个大脑正常的，就清清楚楚出航不查船是否漏水，这和司机上青藏高原不查刹车灵不灵以及士兵上火线不查枪栓好不好没有什么两样。如果执意不查，那就是活腻了。

船主想象的如此版本的青少年的丢人之旅，在20世纪90年代初期，孙云晓就领教过了。中国和日本的中小学生夏令营联合活动，孙云晓一跟到底，耳闻目睹中国孩子的所作所为，叫人瞠目结舌。唉声叹气者，有之；抱怨抹泪者，有之；互不关心者，有之；投机取巧者，有之；丢盔卸甲者，有之；睡地不起者，有之。而日本孩子的精彩表现，真是教人羡慕嫉妒恨。此报道长篇累牍地出炉，中国的家长义愤填膺，下定决心，不怕牺牲，排除万难，争取给这些小皇帝不再任劳任怨勤勤恳恳地擦屁股，让他们也快快成长为男子汉，不相信还拼不过小日本？可是，今天都2012年6月7日了，高考作文材料上这样全心全意为儿子擦屁股到底的船主还在千万考生眼前招摇过市，不知羞愧。我不知道始作俑者到底是谁？是孩子，还是成年人？

至于末了孩子们平安归来，船主大喜过望，头顶重金来谢。莫不是船主占了漆工的什么便宜，良心发现了，变着花样还人情吧？如果不是，就是出题的人喝了二斤二锅头，烧昏了大脑。不然，他怎么会孜孜不倦地将弱智进行到底呢？脑子不好用了，歇着去，逗熬了十几年的莘莘学子玩什么？还嫌中国的中学生不头昏脑涨？

2012年6月8日

2012年宁夏中考作文材料让睿智摇曳多姿

2012年宁夏中考作文材料相对于高考作文材料，睿智得摇曳多姿。先照录如下。

> 作文：紧扣下面所给材料，写一篇不少于500字的文章，题目自拟，诗歌除外，体裁不限。
>
> 自从那只乌鸦用瓶子填满瓶子畅饮之后，这个秘诀就传开了。
>
> 一天，一只飞越沙漠的乌鸦口渴难耐，恰巧看见有只盛着半瓶水的瓶子，但附近一个石子也没有。

结果原来如此。

可惜，不允许诗歌写作，不然，顺着材料的诗意，赋诗一首，不亦乐乎？“自从那只乌鸦用瓶子填满瓶子畅饮之后，这个秘诀就传开了。”诗意盎然啊。如此睿智的诗句，很容易拨动考生记忆的神经，联想起那个“乌鸦喝水”的睿智的童话。一只乌鸦飞呀飞呀，飞得口渴了，哪里有水喝呢？没有啊。嘿，那里有一个瓶子呀。飞过去瞧瞧，呀，里面有半瓶水，可惜喝不上啊。没关系，旁边那么多石子，还怕喝不到水？一粒一粒，乌鸦将石子啄进瓶子，水溢到了瓶口，畅饮之后，高高兴兴地飞向蓝天……从此，聪明的乌鸦就成了小朋友学习的好榜样。这个秘诀一传十，十传百，中国人民都知道。自然，再聪明的乌鸦也没有这样的智慧，故事的目的是想挖掘人的智慧。一群小朋友，快快乐乐上学去，小河涨水了，有的小朋友哭哭啼啼。没关系，没关系，聪明的小朋友看见了远处的大石头，搬过来啊搬过来，蹦蹦跳跳过河去过河去……

可是，材料并没有顺着这个思路跑下去，而是一个转身，别开洞天。“一天，一只飞越沙漠的乌鸦口渴难耐，恰巧看见有只盛着半瓶水的瓶子，但附近一个石子也没有。”怎么办呢？有的是沙子啊。发扬愚公移山的精神，发扬农业学大寨的精神，一点一点一点一点将沙子啄进瓶子。但是，累死了渴死了怎么办？那好，索性将瓶子奋不顾身地碰倒吧，或许在水未浸入沙漠之前，尚可以抢着喝几口，保住小命呀。

难道就没有更好的办法吗？不要刻舟求剑，不要学习愚公移山的精神，不要学习大寨人造梯田的精神，不要奋不顾身地碰碰运气，发现附近一个石子也没有，断然决定，向前面飞，或许沙漠里有绿洲。前一段时期，媒体不是竞相报道“狼爸”和“鹰爸”的教子秘诀吗？“狼爸”笑眯眯地振臂高呼：“打一打，上北大！”因为，他的的确确有三个子女就读于北京大学，为他做坚强的后盾，所以，他的底气才这么足。请问，走进燕园，就百分之百的等于成功？充其量可以美美地满足一下应试教育的春风里父母的虚荣心而已。成功不成功还要看孩子的创造力。的的确确打进北京大学的，有没有创造力还真的叫人提心吊胆。兴趣是最好的创造力，这不会引发太多的争议。中国应试教育下焦急万分的家长如果铁了心向“狼爸”学习，我不知道会摧残多少祖国的花朵？有的孩子是打进大学的吗？即便是打进了大学又能怎么样呢？打出几个诺贝尔奖我看看。至于那个“鹰爸”，还不好说，因为他的儿子还没有逼进清华北大，他不过把自己才四岁的亲骨肉逼进冰天雪地里裸跑作秀而已。到底钢铁是不是这样炼成的，边成长边看，全国人民又不是脑残，会轻易相信媒体的忽悠。石子填进瓶子里，水会溢上来；沙子一点一点地啄进去，那需要多么艰难的过程啊！中途累死了给谁说去呢？我生活的宁夏，西海固地区山大沟深，多少年了，以苦焦甲天下。西海固人民祖祖辈辈大力发扬“不到长城非好汉”的艰苦奋斗精神，可惜，贫瘠的黄土地孵化不出金豆豆，埋在黄土里的不过是些洋芋蛋，运气好还可以卖几个钱，运气不好喂猪猪都不好好吃。移民到可以养育人的地方，腾出来的黄土塬植树造林不是很好吗？还非要让贫瘠的黄土地生出个金蛋蛋？以色列创造了沙漠里的绿洲，世界人民争相传诵的致富神话在这里酣畅淋漓地演绎。这个犹太人致富的神话被多少人垂涎三尺，但成功的又有多少？记得，前些年看《焦点访谈》节目，报道河北某个县的人民学习以色列人民沙地微灌技术。政府精准地将水管埋到地下，热热闹闹地微灌了一年，媒体热烈地报道，推广学习。突然，第二年水管休克了，一点水都不出来了。政府急得尿醋，没办法，喷水的眼孔全眯住了。谁叫政府把专家的劝告当放臭屁呢？当地的黏性特强的红土怎么可以和以色列的松松散散的干沙子比呢？石子填满瓶子里的水是秘诀，沙子填瓶子里的水也是秘诀吗？

“结果原来如此。”

2012年宁夏中考作文材料让睿智摇曳多姿。

2012年10月24日

受“霸”的陶醉

缘于高考作文常常是限定的材料作文，故不得不给材料让学生难受。高中语文必修5《表达交流》中《锤炼思想，学习写得有文采》之写作练习5：

> 阅读下面材料，以“霸”为话题写一篇作文，力求写得思想深刻，语言有文采。
>
> 游戏机叫霸王，浴室加热器叫浴霸，空调机叫凉霸，快餐面叫面霸，应考习题集叫考霸，拦路抢劫者叫路霸，在地方上为非作歹、仗势欺人者叫村霸、乡霸……

此材料作文扬鞭一指，因为贴近生活，有话可说，于是高枕无忧，不怕没有“奇文共欣赏，疑义相与析”了。盼望着，盼望着，学生驰骋现实生活的大草原，快马扬鞭，激扬文字，粪土斯世“恶心霸”。

可惜，两个班，140篇作文，我愈看愈凉。义正词严地披露今天驴粪蛋外面光的名不副实的“浴霸”“凉霸”“面霸”“考霸”的作文寥寥无几；慷慨激昂地斥责身边狗仗主子势的有恃无恐的路霸、村霸、乡霸的檄文竟然没有。说李白之诗浪漫得霸气，苏东坡之词豪放得霸气，李清照之词婉约得霸气的作文有，但不多，况且都轻描淡写，如蜻蜓点水，一滑而过。铺天盖地、迎面而来的是“受霸”的陶醉的作文，一篇篇浓墨重彩，极尽爱霸之能事。

爱霸的对象多是谁呢？始皇帝嬴政，女皇帝武则天，西楚霸王项羽，一代天骄成吉思汗。连小霸王孙策也不愿遗落，孙策地下有灵，好开心啊。

秦始皇席卷天下，包举宇内，囊括四海，并吞八荒；振长策而御宇内，执敲扑而鞭笞天下，威震四海，隳名城，杀豪杰，焚百家之言，弱天下之民；钱通用，字同文，车同轨。霸得惊天动地，舒服。

武则天不信女子不如男，机关算尽举唐天。利用来俊臣，重用狄仁杰。杀子杀女杀大臣，色帝色僧色帅男。朝纲整肃，百姓安然，经济发展，吏治井然。霸得摇曳多姿，爽快。

项羽小小少年，一声“彼可取而代之！”拉开了西楚霸王的序幕，从此一霸而不可收拾。“有志者，事竟成，破釜沉舟，百二秦关终属楚。”坑赵卒，弑怀王，进咸阳，烧阿房。震慑天下，封西楚霸王；拔剑一指，划楚河汉界。四面楚歌，对酒长啸，毫不害怕；草木皆兵，左边美人，右边宝马。“力拔山兮气盖世”，乌江岸边，拔剑自刎，道一声，江东父老，对不起！霸得荡气回肠，壮哉！

成吉思汗，一代天骄。受尽磨难，翻身上马，挥鞭遥指，蒙古铁蹄，踏遍欧亚大地。蒙古草原射大雕，多瑙河边饮战马，扬州城里血成河，零丁洋里叹零丁。成吉思汗，有多少美丽的姑娘都想嫁给他呀，都想做他新娘。霸得气贯长虹，痛快！

孙策，缘何小霸王，因为仅霸江东。随父南征北战，居江东励精图治，承父基业，迎娶大乔。义结太史慈，怒杀妖道神仙。传位贤弟孙仲谋，遗良臣鲁肃周瑜。霸得义重云天，了不起！

“恰同学少年，风华正茂。”谈霸说霸，这些风流人物不是说不能谈，可惜，学生津津乐道的是他们的“霸道”，而对于他们的“王道”却难说一二。这是怎么了？难道学生有“受霸”症吗？不，媒体这些年的皇权崇拜，胜者王侯的“随风潜入夜，润物细无声”难辞其咎。还有滚滚而来的网络游戏，王者无过，霸道有理，无不充斥学生的头脑。现实生活中有时被人“霸”了，有怨无处诉，也让他们“吃一堑，长一智”。这样的文化浸染学生，这样的现实影响学生，还怎么能希望他们崇尚人权，追求独立之精神，自由之思想？干脆我奴我贱我受霸我喜欢好了。反抗不了强暴，愉快地受暴还不行吗？

2012年4月2日

世之为欺者不寡矣，而独我也乎

学生问我“金玉其外，败絮其中”是谁说的？我问：“你忘了？”学生茫然。我说：“初中学的刘基的《卖柑者言》里说的。”学生说没有学过。可能删除了吧？这些年语文课本老在变，有删除的，有选入的，三十年河东，三十年河西嘛。我这十几年待在高中，对初中课文真有些“乃不知有汉，无论魏晋”了。闲了要多翻翻。可是，1983年我念初三那会儿，的确有《卖柑者言》一文。老师还要求全篇背诵，我背得很熟，至今还刻在脑子里。

卖柑者言

刘基

杭有卖果者，善藏柑，涉寒暑不溃。出之烨然，玉质而金色，置于市，贾十倍，人争鬻之。予贸得其一，剖之，如有烟扑口鼻，视其中，则干若败絮。予怪而问之曰：“若所市于人者，将以实笾豆，奉祭祀，供宾客乎？将炫外以惑愚瞽也？甚矣哉，为欺也！”

卖者笑曰：“吾业是有年矣，吾赖是以食吾躯。吾售之，人取之，未尝有言，而独不足子所乎？世之为欺者不寡矣，而独我也乎？吾子未之思也。今夫佩虎符、坐皋比者，洸洸乎干城之具也，果能授孙、吴之略耶？峨大冠、拖长绅者，昂昂乎庙堂之器也，果能建伊、皋之业耶？盗起而不知御，民困而不知救，吏奸而不知禁，法斁而不知理，坐糜廪粟而不知耻。观其坐庙堂，骑大马，醉醇醴而饫肥鲜者，孰不巍巍乎可畏，赫赫乎可象也？又何往而不金玉其外，败絮其中也哉？今子是之不察，而以察吾柑！”

予默默无以应。退而思其言，类东方生滑稽之流。岂其愤世疾邪者耶？而托于柑以讽耶？

这是《卖柑者言》的全文，我背录如上，可供一阅。我不知道现在的语文课本为什么删除了。

是嫌作者名气不大？刘基乃大明开国重臣，民间神传的《推背图》之撰写者刘伯温是也，和大汉开国功臣张良伯仲之间耶。

是文采不如人？构思精巧而不露痕迹，言辞平实而不失风雅，而且佳句不少，“盗起而不知御，民困而不知救，吏奸而不知禁，法斁而不知理，坐糜廪粟而不知耻。”语意连贯，铿锵有力。“又何往而不金玉其外，败絮其中也哉？”比喻形象，令人深省。美文啊！

是今天生活中“卖柑者”销声匿迹了？是的，今天象“卖柑者”这样的眼光少了，但是，像这样的“卖柑者”行为有没有，凡没有脑残的都心里有一本账。媒体报道触目惊心的就不少。地沟油、黑心棉、纸巾馒头、三鹿毒奶粉、毒铬胶囊……与其报道，还不如不报道，给无法无天的人，手把手教办法；给善良心小的人，天天造紧张。我看了地沟油的报道，几天都没有胃口，减肥减了好几斤。我看了毒铬胶囊，适逢重感冒，不敢吃药，喷嚏打了好几天。馒头随便吃，有纸巾也毒不死人。毒铬胶囊记者暗访了六个月啊！一个工人和记者聊：“表面上都好，地下都这样，否则，钱哪里赚？”向那些勇敢的记者鞠躬致敬，因为，层层监管部门都阳痿了。“洸洸乎干城之具也，果能授孙、吴之略耶？昂昂乎庙堂之器也，果能建伊、皋之业耶？”既然都阳痿了，为什么不让有金刚钻的上呢？听听“地下都这样，否则，钱哪里赚”，这和“卖柑者”振振有词“世之为欺者不寡矣，而独我也乎？”有什么区别呢？

我有一次在街上买了五斤香蕉，回来妻子往电子秤上一放，四斤五两，急急忙忙去讨个说法，那卖香蕉的中年妇女比我还有理：“你在车站上买，少一斤呢！”从此，我不愿意怀疑买的东西够不够，因为大家都这样，那些小商贩，风里雨里的也不容易。至于买得“金于其外，败絮其中”的东西也有，比如，包装精美的桂圆，中间不仅有坏的，还有桂枝撑着。一袋子苹果，能看见的全是好的，不好的巧妙地夹在中间。煞费苦心啊！

那么，《卖柑者言》为什么就删除了呢？是担心“佩虎符、坐皋比者”看了不高兴？是担心“峨大冠、拖长绅者”看了不喜欢？还是害怕“坐庙堂，骑大马，醉醇醴而饫肥鲜者，孰不巍巍乎可畏，赫赫乎可象也？又何往而不金玉其外，败絮其中”的人看了阴阴地“好”一声？不，编教材的不是学者，就是教授，都是“安能摧眉折腰事权贵，使我不得开心颜”的知识分子，哪能这样踯躅？

那为什么不选《卖柑者言》呢？是该文反映的这种现象太普遍了，担心的人没必要杞人忧天，应该洗洗脑子，轻装前进，与时俱进，才是正理。

2012年4月20日

为什么都喜欢做这样的扁鹊

这一次的考试作文材料非常有趣，和诸君不妨共享。

魏文王问名医扁鹊："你们家兄弟三人，都精于医术，到底哪一位最好呢？"扁鹊答："长兄治病，是治病于病情发作之前。由于一般人不知道他事先能铲除病因，所以他的名气无法传出去。中兄治病，是治病于病情初起时。一般人以为他只能治轻微的小病，所以他的名气只及本乡里。而我是治病于病情严重之时，一般人都看到我在经脉上穿针管放血，在皮肤上敷药等大手术，所以以为我的医术高明，名气因此响遍全国。"

这段材料蕴含的道理，引发了你怎样的思考和联想？请据此写一篇文章，不少于800字。立意自定，题目自拟。除诗歌外，文体不限。

看了好多学生的作文，联想丰富多彩，但是，思考却惊人地相似。向扁鹊大夫学习，因为他医治的时间点踩得好；因为他起死回生，妙手回春；因为他危难之时显身手，该出手时才出手；因为他审时度势，力挽狂澜，扶大厦于将倾，救生灵于涂炭。呜呼！我为扁鹊的长兄鸣不平，因为他未雨绸缪，防患于未然，救人于病起之前。呜呼！我为扁鹊的中兄叫委屈，因为他高瞻远瞩，救火于将燃之际，救人于病起之时。

有一个学生的文章，和我生“高山流水”之情，可惜，她的题目引起了阅卷老师的误会：《千里之堤岂能毁于蚁穴？》脱离材料了吧？于是落入冷宫。但是，我为她的逆向思维鼓掌。她的文章如涓涓细流，娓娓道来。地震了，震级4、5级，人民的公仆千里迢迢及时赶往地震灾区，风尘仆仆，亲临现场，不知疲劳地指挥抗震救灾。土木结构的危房震得一塌糊涂，遇难的老百姓正在紧张地搜救，活着的老百姓庆幸地住在救灾帐篷里，幸福地吃着方便面。“大家受苦了！”“首长受苦了！”劫后余生的人民激动得泪流满面。天灾难防，可是，房子可以建造得坚固一些。少几个扁鹊，多几个扁鹊的中兄多好。

发洪水了，千里堤坝，被汹涌澎湃的洪水肆无忌惮地强暴着，老百姓风里来雨里去，扛沙袋加固堤坝；子弟兵泥里来水里去，手拉手严防死守；首长亲临前线，并肩战斗，抗洪救灾。天要下雨，娘要嫁人。奈大自然若何？但是，水可以疏导，堤坝可以坚不可摧，蚁穴可以防患于未然。少几个扁鹊，多几个扁鹊的长兄多好。

春秋战国建造的都江堰距今多少年了？隋朝建造的赵州桥距今多少年了？我们不缺起死回生的扁鹊，我们太稀罕防患于未然的扁鹊的两个哥哥了。难怪1998年抗洪救灾，朱镕基无奈地眼睁睁看着九江决堤口，怒不可遏，大骂其为“王八蛋工程”“豆腐渣工程”。

混迹仕途的官油子深谙为官之奥妙。想收一条“中华”时，悄无声息；滥喝“茅台”时，悄无声息；收了10万的红包，悄无声息；笑纳了100万的回扣，悄无声息；突然有一天，双开了，移交司法部门受审，追究刑事责任。因为贪污罪、受贿罪、滥用职权罪，数罪并罚。惊得邻居老大妈目瞪口呆：“不是好好的一个人吗？还老上电视呢，怎么说进去就进去了呢？”一个普通劳动妇女，哪里明白官场的扁鹊们医术之高明。非治疗入膏肓之病就无以彰显其医术之高明，非打倒龇牙咧嘴之老虎就无以威慑满山之猴子。可惜多少可爱的小老虎，好不容易辛辛苦苦培养成了大老虎，只因为睁一只眼闭一只眼地放任自流，大老虎虎性大发，屁股谁也摸不得，养虎的人左看右看不顺眼，于是雷厉风行地“打老虎”便成了权力场上的一道盛宴。假定老虎有一天会发疯，多一些未雨绸缪的制度提醒，多一些兽性发作前的制度约束，多一些扁鹊他长兄，多一些扁鹊他中兄，那不就少一些扁鹊式的“力挽狂澜”吗？呵护一口锅烧水做饭不容易啊，为什么盼望着锅破得不能用了才去大刀阔斧地修补呢？难道真的是为了证明补锅的人无敌于天下吗？

“锅烂了再补”，多么阴险啊！“病重了再看”，多么可怕啊！一切为了考学的校园里，学生有好感了，熟视无睹；暗送秋波了，熟视无睹；如漆似胶了，熟视无睹；未婚而孕了，丢人现眼。咱好好治治这个病。这样的扁鹊喜欢他做什么？历史上有这样的扁鹊吗？但愿没有。我希望《扁鹊见蔡桓公》中的良医扁鹊是确有其人。尽管蔡桓公讳疾忌医，盲目相信自己，但扁鹊还是一遍又一遍地提醒病人，您的病“在腠理”“在肌肤”“在骨髓”。虽然病人不悦不悦又不悦，扁鹊还是执着地坚持坚持再坚持，直到蔡桓公的病“病入膏肓”了，才可怜兮兮地逃离。这是一个多么令人尊敬的逃离者啊！

2012年10月10日

怎一句“浪淘尽”了得

聆听一个学生声情并茂地朗诵苏轼的《念奴娇·赤壁怀古》，耳边不由自主地就响起了杨洪基老先生所唱的《滚滚长江东逝水》。

苏轼的词大家比较熟悉，现笔录如下。

念奴娇·赤壁怀古

苏轼

大江东去，浪淘尽，千古风流人物。故垒西边，人道是，三国周郎赤壁。乱石穿空，惊涛拍岸，卷起千堆雪。江山如画，一时多少豪杰。　遥想公瑾当年，小乔初嫁了，雄姿英发。羽扇纶巾，谈笑间，樯橹灰飞烟灭。故国神游，多情应笑我，早生华发。人生如梦，一樽还酹江月。

电视剧《三国演义》主题歌《滚滚长江东逝水》想必国人耳熟能详。其实它是明代文学家、学者杨慎所填《临江仙》词。

临江仙

杨慎

滚滚长江东逝水，浪花淘尽英雄，是非成败转头空，青山依旧在，几度夕阳红。　　白发渔樵江渚上，惯看秋月春风。一壶浊酒喜相逢，古今多少事，都付笑谈中。

人生看透，确实如此，繁华散了，一切归于平静。曹雪芹说得更具体更形象更酣畅淋漓。

> 陋室空堂，当年笏满床；衰草枯杨，曾为歌舞场；蛛丝儿结满雕梁，绿纱今又在蓬窗上。说什么脂正浓、粉正香，如何两鬓又成霜？昨日黄土陇头送白骨，今宵红绡帐底卧鸳鸯。金满箱，银满箱，展眼乞丐人皆谤。正叹他人命不长，那知自己归来丧！训有方，保不定日后作强梁；择膏粱，谁承望流落在烟花巷！因嫌纱帽小，致使锁枷扛；昨怜破袄寒，今嫌紫蟒长：乱烘烘你方唱罢我登场，反认他乡是故乡；甚荒唐，到头来都是为他人作嫁衣裳。

既然热闹过后是寂寞，辉煌过后是暗淡，那世人还追什么忙什么争什么？“古今将相在何方？荒冢一堆草没了。”“终朝只恨聚无多，及到多时眼闭了。”“君生日日说恩情，君死又随人去了。”“痴心父母古来多，孝顺儿孙谁见了？”

真的真的，人生真的如此。看透了就是神仙啊。可惜，“世人都晓神仙好，惟有功名忘不了。”“世人都晓神仙好，只有金银忘不了。”“世人都晓神仙好，只有姣妻忘不了。”“世人都晓神仙好，只有儿孙忘不了。”

这说的也是实情，今天亦如此，位子、票子、妻子、儿子，这“四子”也是衡量成功人士的显著性标志啊。这有错吗？没错啊。既然没错，那为什么一追求这些就俗了就错了？是进亦不行，退亦不行，那么如何才行呢？弹劾执政者，“我劝天公重抖擞，不拘一格降人才”，就减少出现“出师未捷身先死，长使英雄泪满襟”的悲凉？

一个中国老师给美国学生讲陶渊明，学生不可思议：“陶先生怎么会这样？这是抽官员的大耳光啊！他怎么不公平竞争上岗呢？不满意好办，集会游行弹劾嘛。耍脾气有什么用？”

中国老师清楚，陶渊明弹劾谁去？苏轼弹劾谁去？杨慎弹劾谁去？曹雪芹弹劾谁去？吃饱了撑的，活得不耐烦了？所以只好失意于仕途，寄情于山水。

唱一曲“大江东去，浪淘尽，千古风流人物”。

感慨“故国神游，多情应笑我，早生华发”。

旷达于“人生如梦，一樽还酹江月”。

歌一首“滚滚长江东逝水，浪花淊尽英雄。是非成败转头空，青山依旧在，几度夕阳红”。

寄情于“白发渔樵江渚上，惯看秋月春风”。

开脱于“一壶浊酒喜相逢，古今多少事，都付笑谈中”。

面对帝国的大厦尚稳，你还能干什么？不至于“王侯将相，宁有种乎”；不至于无路可走，揭竿而起；不至于“我自横刀向天笑，去留肝胆两昆仑”；不至于“有心杀贼，无力回天”。

怎一句“浪淘尽”了得！

伟大领袖毛主席教导我们：“与天斗，其乐无穷；与地斗，其乐无穷；与人斗，其乐无穷。”此处的“斗”应当是自信美好地奋斗。人不奋斗，就如水不流动，不臭就干。人若奋斗，就如流动的江河，动则汹涌澎湃，静则风平浪静，生生不息，寻归大洋大海。人生天地间，奋斗属自然。同志同奋斗，其乐更无穷。执政者必须穷其智慧，给公民良好的奋斗环境，“海阔凭鱼跃，天高任鸟飞。”奋斗的天，蓝蓝的天，奋斗的公民好喜欢。

免得陶渊明青年时“精卫衔微木，将以填沧海”，进入仕途后“安能为五斗米折腰”，于是，抽身回田园，“采菊东篱下，悠然见南山。”可是，心不甘，“景翳翳以将入，抚孤松以盘桓。”“登东皋以舒啸，临清流而赋诗。”

免得李白“仰天大笑出门去，我辈岂是蓬蒿人”。

免得黄巢“我花开后百花杀”“满城尽带黄金甲”。

免得苏轼“一蓑烟雨任平生”“也无风雨也无晴”。

免得秋瑾“秋风秋雨愁煞人”，鉴湖女侠仗剑行。

2012年2月10日

英雄所见何不同

比较欣赏《念奴娇·赤壁怀古》和《沁园春·雪》。

如果你对这两首词倒背如流，那么，请看看后面就行了；如果比较陌生，那就先走进这两首词，尔后跳出来，“会当凌绝顶，一览众山小。”

念奴娇·赤壁怀古

苏轼

大江东去，浪淘尽，千古风流人物。故垒西边，人道是，三国周郎赤壁。乱石穿空，惊涛拍岸，卷起千堆雪。江山如画，一时多少豪杰。　　遥想公瑾当年，小乔初嫁了，雄姿英发。羽扇纶巾，谈笑间，樯橹灰飞烟灭。故国神游，多情应笑我，早生华发。人生如梦，一樽还酹江月。

沁园春·雪

毛泽东

北国风光，千里冰封，万里雪飘。望长城内外，惟余莽莽。大河上下，顿失滔滔。山舞银蛇，原驰蜡象，欲与天公试比高。须晴日，看红装素裹，分外妖娆。　　江山如此多娇，引无数英雄竞折腰。惜秦皇汉武，略输文采。唐宗宋祖，稍逊风骚。一代天骄，成吉思汗，只识弯弓射大雕。俱往矣，数风流人物，还看今朝。

比较一：身处的地域环境。

苏词，“故垒西边，人道是，三国周郎赤壁。”曾经孙刘联军和曹军鏖战的古战场赤壁，场面不小。

毛词，“北国风光”，场面更大，半壁江山啊。

比较二：对看到的景色做何描写。

苏词，“乱石穿空，惊涛拍岸，卷起千堆雪。”阳刚之美，雄阔之美，壮丽之美，尽收眼底，心潮澎湃。

毛词，“千里冰封，万里雪飘。望长城内外，惟余莽莽。大河上下，顿失滔滔。山舞银蛇，原驰蜡象，欲与天公试比高。须晴日，看红装素裹，分外妖娆。”辽阔之美，雄壮之美，厚重之美，逶迤之美，倔强之美，妖娆之美，放眼望去，浮想联翩，“抟扶摇直上九万里”。尤其“山舞银蛇，原驰蜡象，欲与天公试比高”一句，放射出“语不惊人死不休”“不到长城非好汉”的大丈夫的上下求索九死不悔的倔强之美。

比较三：人内心的感慨。

苏词，“江山如画，一时多少豪杰。”

毛词，“江山如此多娇，引无数英雄竞折腰。”

此乃过渡句，承上启下。不难看出，毛泽东对苏东坡有模仿的痕迹，言辞不一样，意思一样。凡热血男儿英雄豪杰者，面对如诗如画如此多娇的大好河山，怎能无动于衷？怎能不热血沸腾？怎能不竞折腰？除非是阿斗孬种窝囊废，白白辜负了大片好山河。不然，是男儿当战斗，还我好山河。

比较四：对英雄豪杰的态度。

苏词，“遥想公瑾当年，小乔初嫁了，雄姿英发。羽扇纶巾，谈笑间，樯橹灰飞烟灭。”一代豪杰周公瑾，有美人，有文韬，有武略，年轻英俊，潇洒自若，运筹帷幄，决胜千里。此乃年过不惑的壮志难酬报国无门的东坡居士的偶像啊，佩服佩服，羡慕羡慕。

毛词，“惜秦皇汉武，略输文采。唐宗宋祖，稍逊风骚。一代天骄，成吉思汗，只识弯弓射大雕。”千古英雄秦皇汉武唐宗宋祖成吉思汗就十全十美？挥毫泼墨，汪洋恣肆，写两首诗看看？把秘书批发掉，大手笔地来两篇高瞻远瞩的大会发言稿看看？难为情了吧？

两首词一路合拍走来，到这儿就分道扬镳了。同是英雄，所见为何不同？苏东坡面对的是左右了赤壁之战的周瑜将军，就佩服得五体投地，毛泽东面对的是影响了中国历史的五个皇帝，还风趣幽默地调侃。二人性格之异，可见一斑。总之各有千秋，各具风流。我们不可盲目地说孰高孰低，设身处地地想想，就好理解了。苏东坡生逢大宋太平年间，因乌台诗案贬谪黄州，敢评点皇帝？敢吟唱“数风流人物，还看今朝”？他不出世不由他，不旷达不行。只好“一蓑烟雨任平生”“也无风雨也无晴”啦！毛泽东则不然，虽身困延安，朝不保夕，但天下纷乱，鹿死谁手，还很难说。枪杆子里面出政权，反抗就有希望。但反抗需要旗帜，旗帜需要凝聚力，凝聚力需要号召力啊。吟唱“数风流人物，还看今朝”又何妨？不积极入世不由他，不倔强不行。“自信人生二百年，会当击水三千里。”

比较五：抒发什么样的感情。

苏词，“故国神游，多情应笑我，早生华发。人生如梦，一樽还酹江月。”风流是周郎的，郁闷是苏东坡的，黑发变白发，应笑人多情。人生犹如梦，你说咋办呢？明月说话了，多喝二两酒。

毛词，“俱往矣，数风流人物，还看今朝。”不说古人，说今人。“江山代有才人出，各领风骚数百年。”长江后浪推前浪，一代更比一代强。

2012年2月9日

也无风雨也无晴

“也无风雨也无晴”是苏东坡《定风波》里的结尾一句，可谓余音绕梁，千百年不绝啊。全词如下。

> 莫听穿林打叶声，何妨吟啸且徐行。竹杖芒鞋轻胜马，谁怕？一蓑烟雨任平生。　料峭春风吹酒醒，微冷，山头斜照却相迎。回首向来萧瑟处，归去，也无风雨也无晴。

闲暇之余，我涂写了一副对联，上联“一蓑烟雨任平生”，下联“也无风雨也无晴”。一画清淡山水画的朋友见之喜欢，索要而去。一日，在他书画装裱店又见到了这副对联，已装裱打扮得风姿绰约，处处怡人。中间配了一幅闲适山水画，煞有不言之意境。

“也无风雨也无晴”，看似闲散，潇洒，看得开，实则生怨，纠结，耍脾气。刮风下雨就是刮风下雨，晴空丽日就是晴空丽日。凡一般人，遇春和景明则喜，遇淫雨霏霏则忧，乃人之常情也。何言“也无风雨也无晴”？无喜无忧，只能是一种旷达的人生境界了。苏东坡当年被贬黄州，儒家的道路几近封死，但生命还要延续，日子还要一天一天地打发，所以，他只好抱佛脚唱道歌了。他不可能破口大骂皇帝老儿“我操你娘！”，所以，歌声之美，令人陶醉；心情之苦，令人不平。他是准备去黄州沙湖买田终老的，归途遇雨，百感交集，作《定风波》，唱“一蓑烟雨任平生”，稀释淡化苦咸之情。东山再起似无望，破罐破摔心不甘，只好挥毫泼墨寄情山水了。

“也无风雨也无晴”，如此心境的士大夫还少吗？

在殷商丽日的余晖里，清清水边，坐一老翁，瘦骨嶙峋，白发苍苍，年过八旬，青笠蓑衣，风雨垂钓，晴明垂钓，置身红尘外，不问人间事。他是真的“一蓑烟雨任平生”“也无风雨也无晴”吗？不，他是退在风雨中，苦苦地等待一个晴朗明君。有一天，周武王来了，姜太公收起了没有鱼钩的钓鱼竿，男儿本自重行健，从此风雨天涯伴君拼。耄耋之年，痴心不改，留取丹心照汗青。

在“白骨露于野，千里无鸡鸣”的汉朝末年的苍凉大地上，南阳隆中，葱葱碧林，呦呦鹿鸣，天晴布衣陇耕，天阴弹一曲《梁父吟》，“无丝竹之乱耳，无案牍之劳形。苔痕上阶绿，草色入帘青。”“苟全性命于乱世，不求闻达于诸侯。”“一蓑烟雨任平生”“也无风雨也无晴”。不承想，刘皇叔三顾茅庐，就“受命于败军之际，奉命于危难之间”。二十几年，无怨无悔。不为别的，只为那神话中美丽的中原。“凤翱翔于千仞兮，非梧不栖；士伏处于一方兮，非主不依。乐躬耕于陇亩兮，吾爱吾庐；聊寄傲于琴书兮，以待天时。”摆开八卦阵，上书《出师表》。陨落五丈原，无怨亦无悔。无雨无晴实在好，男儿功名忘不了。诸葛亮以退为进，和刘备一起创造了一个国家。

“千山鸟飞绝，万径人踪灭。孤舟蓑笠翁，独钓寒江雪。”这个簑笠翁冻得抖抖索索地坐在一叶孤零零的破船上钓什么鱼呢？可能吃了上顿没有下顿吧？家里如果有烟炊，寒雪飘飘，千里不见鸟雀，百里不见人影，独自一个人钓什么鱼啊？他也许在钓一种心情，一种处江湖之远报国无门的惆怅。他希望自己的生活“也无风雨也无晴”，但寒雪彻骨，有柴无粥，举目无亲，贬谪的日子也太难熬了。晴空万里，阳光灿烂的日子多好啊！可惜，皇帝老儿一个人说了算。柳宗元说了也是白说。

“独怜幽草涧边生，上有黄鹂深树鸣。春潮带雨晚来急，野渡无人舟自横。”也是一个漂泊的灵魂，流浪的脚步走遍天涯，没有一个家。走啊走，走啊走，走过了春秋冬夏。今天是走在了春天里，“春潮带雨晚来急”，连个避雨的地方也没有，“野渡无人舟自横”。唉！人连涧边的幽草都不如，树上的黄鹂在欢快地叫着，但欢乐是黄鹂的，人什么也没有。怎么可以“一蓑烟雨任平生”呢？人不是喝西北风就能生存的。风雨交加的日子就是难熬，晴空万里多好。

“环滁皆山也”。处江湖之远又怎么了？阅尽山间美景，喝够山野美酒，优哉游哉，乘醉摇着归。“然而禽鸟知山林之乐，而不知人之乐；人知从太守游而乐，而不知太守之乐其乐也。醉能同其乐，醒能述其文者，太守也。太守谓谁？庐陵欧阳修也。”醉翁之意不在酒，在乎山水之间也。

“西塞山前白鹭飞，桃花流水鳜鱼肥。青箬笠，绿蓑衣，斜风细雨不须归。”任山前白鹭飞来飞去，看林间桃花开了又落，戴着青青的箬笠，披着碧绿的蓑衣，钓几条肥美的鳜鱼，回去吧？不回去！管他斜风细雨。滚滚红尘已了无牵挂，寺庙是张志和的归宿净地。

“采菊东篱下，悠然见南山。”“木欣欣以向荣，泉涓涓而始流。”桃花源是陶渊明的心灵净地。远去了翻云覆雨，远去了暗流涌动。“一蓑烟雨任平生”，“也无风雨也无晴”。只可惜“精卫衔微木，将以填沧海。刑天舞干戚，猛志固常在”也是五柳先生曾经的凌云壮志啊！

“登斯楼也，则有去国怀乡，忧谗畏讥，满目萧然，感极而悲者矣。”“登斯楼也，则有心旷神怡，宠辱偕忘，把酒临风，其喜洋洋者矣。”为什么“也有风雨也有晴”？“嗟夫！予尝求古仁人之心，或异二者之为，何哉？不以物喜，不以己悲。居庙堂之高则忧其民，处江湖之远则忧其君。是进亦忧，退亦忧。然则何时而乐耶？其必曰‘先天下之忧而忧，后天下之乐而乐’乎。噫！微斯人，吾谁与归？”苏东坡是这样的人吗？我不知道。

庄子可不是这样的人，他老人家闻到庙堂弥漫着经久不息的臭味儿，也到河边常常去钓鱼，楚王派两位大臣前去请他做官。庄子说：“我听说楚国有一神龟，死时已三千岁了，国王用锦缎包好放在竹匣中珍藏在庙堂之上。这龟，是宁愿死去留下骨头让人们珍藏呢，还是情愿活在烂泥里摇尾巴呢？”两大臣说：“情愿活在烂泥里摇尾巴。”庄子说：“请回吧！我要在烂泥里摇尾巴。”如果嫌老庄狗肉不上台面，没出息，那好，搭建一个科学公正的平台，是骡子是马，都上去溜溜。谁快谁慢，群众的眼睛是雪亮的，省得“一蓑烟雨任平生”“也无风雨也无晴”地要个性。

2012年5月31日

谁道人生无再少

“谁道人生无再少？”

这是宋代大文豪苏东坡的歌谣，就在《浣溪沙》一文里，“山下兰芽短浸溪，松间沙路净无泥。萧萧暮雨子规啼。　谁道人生无再少？君看流水尚能西！休将白发唱黄鸡。”苏东坡不愧为文坛的顶尖高手，随随便便发个感叹也是千古绝唱。这首词不过是他和朋友游玩时的独特感悟而已。“黄州东南三十里为沙湖，亦曰螺蛳店。予买田其间，因往相田得疾。”黄州是苏东坡仕途的凄凉地，但却是他诗文书画的飙升地。天意从来高难问，此处凄凉此处暖。居庙堂之高遥遥无期，处江湖之远置点薄田也好。倒霉！得病了。“闻麻桥人庞安常善医而聋，遂往求疗。安常虽聋而聪颖绝人，以纸画字，书不数字，辄深了人意。”江湖有高人，惺惺惜惺惺，沦落乡野遇知音。聋而聪颖绝人，见几个字就深了人意。苏东坡戏之曰：“余以手为口，君以眼为耳，皆一时异人也。”一时异人又怎么样？还不是埋没偏远无人问。“疾愈，与之同游清泉寺。”请高手旅游，还个人情。“寺在蕲水郭门外二里许，有王逸少洗笔泉，水极甘，下临兰溪。溪水西流。”王逸少，风雅；兰溪，风雅；溪水西流，稀奇。焉能无动于衷？于是，心之感慨，歌以咏志。“是日剧饮而归”，剧饮，是“人生得意须尽欢”，还是人生失意须烂醉？

是人生失意须烂醉吧。衰老是无法抗拒的，“少壮不努力，老大徒伤悲。”少壮很努力啊！

“黑发不知勤学早，白首方悔读书迟。”黑发勤学不止啊！但是，勤奋学习，奋发图强，有什么用呢？才高总被他人妒，乘风破浪却无时。一贬再贬，“冯唐易老，李广难封。”“滚滚长江东逝水，浪花淘尽英雄。”“凭谁问，廉颇老矣，尚能饭否？”大宋时代，非官即民，要是今天，仕途失意，驰骋文坛，落得个天涯海角，红袖添香，逍遥自在。

“山下兰芽短浸溪”，溪水兰芽，清澈淡雅，大自然不负有心人啊。

“松间沙路净无泥”，松树郁郁葱葱，沙路洁净无尘，乡野如此怡人。

“萧萧暮雨子规啼”，暮雨萧萧，凄凉；子规啼哭，好凄凉。老了，老了，就这样浑浑噩噩地老了，就这样碌碌无为地老了。

不！“谁道人生无再少？君看流水尚能西”。水有朝西流的，人生有走回头路的？笑话，最美不过夕阳红，那不过是安慰老年人失落的心情而已。人老了心永远年轻，又能怎么样呢？和年轻人一争高低？到什么山上唱什么歌，这才是人生的自然规律。

是春天，就含苞待放。

是夏天，就花开烂漫。

是秋天，就硕果累累。

是冬天，就收藏回笼。

“海阔凭鱼跃，天高任鸟飞。”为什么在适当的时候不给适当的机会？

“休将白发唱黄鸡。”白发苍苍了，步履蹒跚了，不唱黄鸡唱什么？

还是白居易知命达天，“谁道使君不解歌，听唱黄鸡与白日。黄鸡催晓丑时鸣，白日催年酉前没。腰间红绶系未稳，镜里朱颜看已失。”人生的确如此，红飘带还没有在年少的腰里系几天呢，有一天，一照镜子，红润的脸蛋已经一去不复返了。

有时，我看见步履蹒跚的老人，不觉心生凄凉。白发苍苍，两股颤颤，根根稀发，条条皱纹，双眼浑浊，牙齿脱落，观其轮廓，底色不错，可惜时光不饶人。“谁道人生无再少”，愤激之辞而已，还是青春做伴好奋斗，少年不狂枉蹉跎。

2013年3月9日

数尺之竹，何以有万尺之势

是的，数尺之竹，何以有万尺之势？但是，苏东坡的好朋友文与可将其所画《筼筜谷偃竹》赠给苏东坡，说：“此竹数尺耳，而有万尺之势。”

为什么数尺之竹，会有万尺之势呢？

文与可给苏东坡说：“故画竹，必先得成竹于胸中，执笔熟视，乃见其所欲画者，急起从之，振笔直遂，以追其所见，如兔起鹘落，少纵则逝矣。”苏东坡自然心领神会，知“其所以然”，只可惜不能提笔作画也。你即使胸有成竹，你即使灵感突发，你即使振笔直遂，但落笔还是没有万尺之竹，只有数尺之竹耳。为什么？手拙而不能与心遥相呼应也。“兔起鹘落”，多么惊心动魄的壮丽景观啊！鹰击长空，兔窜草原。蓝天苍鹰盘旋着盘旋着，构思着构思着，下降着下降着，突然，箭一样地俯冲而下，可惜，狡猾的兔子一个急转身，从鹰的爪下逃走了，鹰失落地飞去。为什么呢？下位不准，爪不利也。文与可落笔，竹有万尺之势，何也？胸有成竹，心领神会，心手呼应矣。

故庖丁解牛，非有神助也，不过静立冥思，目无全牛，游刃有余，出神入化而已。文与可画竹，庖丁解牛，跨越时空，高手所见略同。“读书破万卷，下笔如有神。”“文章本天成，妙手偶得之。”自古亦然，万物理同。楚庄王不鸣则已，一鸣惊人，何也？大智若愚，韬光养晦，成竹在胸，再出手也不迟。凡真正的高手，轻易不出手，出手必一剑封喉。在非洲一望无际的大草原上，天苍苍，野茫茫，风吹草动见野牛。可是，就是看不见真正的杀手——非洲豹。它在哪儿？它在丰茂的草丛里。它在干什么？它在酝酿一场战争。它梦想着运筹帷幄而决胜千里。酝酿着酝酿着，唰地飞起来了，飞起来了，一头狂奔的小野牛毙命豹口，一群愤怒的大野牛怒目而视，无望而散。大自然的法则注定了残酷的厮杀搏击，但人类社会更多的应该是充满理解和欣赏。

“数尺之竹，何以有万尺之势？”文与可的数尺之竹，苏东坡看出了万尺之势，试想当年，有多少人能看出来文与可的万尺之竹呢？如果心有灵犀者多的话，文与可何必厌烦络绎不绝的求画者，骂曰“吾将以为袜！”，自嘲曰“拟将一段鹅溪绢，扫取寒梢万尺长”呢？看来，数尺之竹有万尺之势，不在画者的确画出了万尺之势，而关键在于有没有知音看出来藏万尺之势。俞伯牙当年弹高山流水，有多少人驻足聆听呢？又有多少人听得出哪是高山哪是流水呢？如果有的话，为什么钟子期不再来倾听了，他就毅然将生命的琴摔得粉身碎骨呢？嵇康绝地一曲《广陵散》，一个高傲的转身，琴摔得支离破碎，朋友哭得稀里哗啦，他仰天长啸：“《广陵散》从此绝也！”是的，俗世还要《广陵散》干什么？梵·高穷困潦倒的时候，谁读懂了他的向日葵，谁读懂了他心中的太阳？梵·高贫病交加地告别了他挚爱的向日葵他挚爱的太阳，俗世的众生才恍然大悟，于是都疯了似的抢购他最蹩脚的画作。价值连城，价值连城啊！每当想起这些绝世天才，我不由自主地泪流满面。愿他们在天堂挥霍他们留给尘世的白花花的银子。

2012年11月2日

阅读中国地图

嗜好之于人，千差万别。比如，有好酒的，有好茶的，有好烟的，有好读书的，有好搓麻将的，有好嗑麻子的。我闲着没事儿，就好阅读地图，尤其是中国地图。因为视力好，所以常常站在一丈开外，远远地观看。默默地念叨着："上北下南，左西右东。"这地球就装进了我的大脑之中，思维也滑稽地膨胀起来，滋生了雄视宇宙、把酒临风的快感。

于是，就不着边际地遥想。宇宙中生了太阳这个男人，就必须生一个女人地球，还需要生一个月亮小情人。这太阳、地球、月球你绕我转的，就不寂寞，谁也追不上谁，谁也离不得谁，追不得，离不得，正好。女人地球是需要男人太阳关爱呵护的，那好，就给一点阳光温度吧。这爱的温度不可以太高，也不可以太低，由低慢慢高，由高慢慢低，春夏秋冬，一年四季，循环往复，生生不息。至于月球，毕竟是情人，给她一点冷冷的光，尽显冷美人的风姿绰约，尽享冷宫的孤美寂寞。比不得地球的热热闹闹，丰富多彩。

有了太阳的温高温低的特殊垂怜，就有了水，有了风，有了植物，有了动物，有了人类。水，百媚千转地雕刻地球。风，摇曳多姿地琢磨地球。植物，千姿百态地打扮地球。动物，你争我抢地啃啮地球。人，处心积虑地分割地球。因为人类的分割，于是就有了所谓的地图。地图不过是因为满足人的占有欲而对地球画上去的曲直各异的切割线而已。一个伟大的无私的地球母亲，养育了一群孩子，老虎、梅花鹿、蚂蚁这些笨孩子还不知道分割母亲，人这种被养育聪明了的孩子，知道分割母亲的身体了，头是谁的，脖子是谁的，肩膀是谁的，乳房是谁的，胳膊是谁的，手是谁的，屁股是谁的，大腿是谁的，小腿是谁的，脚踝是谁的，脚是谁的……人类进化到今天，连地球母亲的头发、指甲、眼睛、耳朵、鼻子、嘴、牙是谁的，都要争个泾渭分明。争不清楚的，就吵；吵不清楚的，就打。所以，地图是人类的自私和贪欲的最形象最生动最直观的体现。什么时候没有了地图，什么时候就天下太平。但这似乎是不可能的，人类是走不回去了。

生存在亚洲东部的动物和植物，因为太阳的温高温低，自然有其个性特色。有一种动物慢慢地慢慢地进化成了黑头发、黑眼睛、黄皮肤的直立行走的爱美的高级动物，那就是东亚人。历经若干年的吵啊争啊抢啊打啊占啊，营造了一个面朝大海、春暖花开的家。家的名字叫中国。其实，中国不在地球的中心。家的样子酷似一只高傲的雄鸡。屁股高高地翘起，叫青藏高原；鸡头雄视太平洋，叫东北平原。鸡嘴一半是朝鲜，一半是韩国，没有引吭高歌，朝下，好像啄食什么。不远处浮着四个岛，仿佛几条游弋的鱼，叫日本。鸡和鸡嘴生死与共，和谐相处，天经地义。可惜，美国太强壮，手伸得也太长，越过太平洋，拿捏韩国，使朝鲜不自在，中国也不省心。也好，自在不成人，成人不自在；省心不发展，发展不省心。但鸡向鱼示好，鱼心里不踏实，相克相生，共同进步，自然之道。

鸡身上隆起的肌肉，猛一看，有四块，青藏高原、云贵高原、黄土高原、内蒙古高原。

青藏高原是水雕刻的，云贵高原也是水雕刻的。亿万年来，水孜孜不倦地把两座高原洗得一尘不染，雕刻得巍峨俊俏，千姿百态。亿万年前，水裹挟着尘土知趣地走了，留下了大大小小并不美丽的石头。喜马拉雅山是最大的石头，珠穆朗玛峰是最高的石头，它为什么最高，因为这里曾经被水淹没得最深。雨水甘心一年又一年，一年又一年地镌刻；风情愿一年又一年，一年又一年地琢磨。于是，恩赐了鬼斧神工的莽莽高原，青山岩石；馈赠了巧夺天工的石林钟乳，甲天下的桂林山水。山有多高，水就有多高。水缠绕着山，山享受着水。茫茫雪原，郁郁青山，奇峰怪谷，莽莽林海，茵茵绿草，亿万禽兽，人类并不惬意地生存其中。

黄土高原是风创造的，内蒙古高原也是风创造的。没有水，土就那么亘古不变地堆着。东风吹吹，西风吹吹，南风吹吹，北风吹吹。土一年年积淀，一年年积淀，土是有黏性的，就变成了高原。沙子没有黏性，怎么吹也是沙漠。吹成沙丘是最有创意的造化了，可惜，沙丘春心荡漾，见异思迁，哪儿好往哪儿跑。黄土高原有多高，水不一定有多高；内蒙古高原有多高，水也不一定有多高。所以，两高原的容貌是雨水冲刷出来的，沟沟壑壑，纵横交错，丑陋不堪。风也没有耐心抚摸，胡乱地吹揉撕打，亿万年过去了，没有郁郁苍苍的森林，没有芳草萋萋的植被，远远地望去，多是被烤晒得无精打采的黄土。动物能生存下来，不容易；人类能生活下来，也不容易。

鸡身上的血管很多，但看得见的就那么几条。一目了然的北有黄河，南有长江，这是两条大动脉。至于鸡腹部的珠江，鸡头上的黑龙江，没有了，不得了；有了，也不容易看见。倒是人为的大运河，从北到南，自然不足，造作有余，蜿蜒盘旋，一清二楚。

有山必有水，没有水，山不可能成形。好像有阳刚的男人，必有阴柔的女人，没有女人，男人不可能生存。是水雕刻了山，是女人镌刻了男人。宇宙之中，柔软的总是比刚硬的更了不起。

黄河是历经亿万年天然冲刷成的，长江是历经亿万年天然冲刻成的，“冲刻”比“冲刷”艰难得太多，但是，再艰难，也难以阻挡水的坚忍不拔，无坚不摧，无往而不胜。“青山遮不住，毕竟东流去。”黄河为什么像个“几”字？天知道，人不可能知道。长江为什么像个“V”字？天知道，人不可能知道。黄河为什么是黄颜色的？因为冲刷的是黄土。长江为什么是青颜色的？因为冲刻的是青石。

黄河像《诗经》，一路朗读着现实主义而来；长江像《离骚》，一路吟诵着浪漫主义而来。

黄河像杜甫，沉郁顿挫而歌；长江像李白，飘逸潇洒而唱。

黄河像薛宝钗，风姿绰约；长江像林黛玉，摇曳多姿。

黄河像北大，负重沧桑；长江像清华，轻盈俊朗。

黄河像启功的书法，仁厚矫健；长江像沈鹏的书法，智敏飘洒。

一方水土，养育一方动物和植物。

“君不见，黄河之水天上来，奔流到海不复回。”黄河冲积了黄河中下游平原，生长了黄河特色的花草树木和粮食，吸引了适应黄河味道的飞禽走兽和人类，孕育了黄河特色的北方文明。黄河两岸，千万年来。植物自然地生长，动物自然地来往，人类自然地聚集，创意了西宁、兰州、白银、银川、包头、西安（黄河以西）、三门峡、洛阳、郑州、开封、安阳（黄河以北）、商丘（黄河以东）、济南、东营这些人类文明的聚集地，美其名曰黄河沿岸城市。

君不见，“无边落木萧萧下，不尽长江滚滚来。”长江冲积了长江中下游平原，生长了长江特色的花草树木和粮食，吸引了适应长江味道的飞禽走兽和人类，孕育了长江特色的南方文明。长江两岸，千万年来，植物自然地生长，动物自然地来往，人类自然地聚集，创意了宜宾、泸州、重庆、涪陵、荆州、岳阳、长沙（长江以南洞庭湖边）、武汉、黄冈、九江、南昌（长江以南鄱阳湖边）、合肥（长江以北巢湖边）、南京、常州、扬州（长江以北高邮湖边）、苏州（长江以南太湖边）、杭州、上海这些人类文明的聚集地。美其名曰长江沿岸城市。

黄河孕育了黄河文明，长江孕育了长江文明。黄河文明和长江文明携手孕育了中华民族。有仁有智，代代相传，生生不息。

长江从雪山奔来，一路激情澎湃，汹涌到中下游，有点累了，进进出出游走在一望无际的大地上，这就游出了洞庭湖、洪湖、鄱阳湖、洪泽湖、巢湖、高邮湖、太湖……湖是江水休息的模样，却不经意给大地镶嵌了明亮而美丽的眼睛，大地因为湖泊能看见天上的星星和月亮，能看见天上多变的云金色的闪电和热情的太阳。

黄河也呼啸奔腾而来，转了九千九百九十九道弯，松软的黄土没有水歇脚的地方。刘家峡水库、三门峡水库是黄河歇脚的地方，是造福人类的人工的湖。人工的湖再好，哪里比得上长江两面天然的湖？就如再好的大运河，哪里比得上黄河和长江？再好的三峡大坝，哪里比得上洞庭湖鄱阳湖？人造的可以横跨时代，却难以穿越时空。比如大运河，当年帆船点点，商贾云集，今天不过是名胜古迹。三峡大坝再好，能百分之百地保证“神女应无恙”？若遇地震，撕开裂缝，君不见，长江之水天上来。

黑龙江、牡丹江、松花江流经的地方，冲积了肥沃的黑土地，一望无际的黑土地就叫东北平原，传说哪儿的土地，插一根干柴也发芽。这是一片神奇的土地，哪儿来的黑土这么肥沃？难道下面全是植物和动物的尸体？

秦朝有个人叫李冰，因为李冰，有了都江堰；因为都江堰，有了成都平原；因为成都平原，有了天府之国。今朝的三峡大坝就是秦朝的都江堰？几千年的实践好好检验。

黑龙江酷似一只优雅的黑天鹅，悠然地飘飞，瞭望着外蒙古，“天苍苍，野茫茫，风吹草低见牛羊。”这些成吉思汗的子孙，何时回归内蒙古兄弟姐妹的家中？

辽宁辽宁，曾经是大辽的故乡，今天宁静地生活在中华的怀中。

宁夏宁夏，曾经是西夏的热土，今天宁静地生活在中华的怀中，几百万信仰伊斯兰教的回族和汉族和谐共处，语言、服饰、住宿、风俗都慢慢地和汉族相融。

山东仿佛一只期待和平的鸽子，凌空欲飞，遥望远处的雄鸡的嘴——朝鲜和韩国，什么时候可以统一。

广东活像一只雄鹰，蓝天俯冲，鹰嘴直啄慢悠悠的海龟——海南岛，所以，海南岛永远都不可能分离。曾经的香港丢了，澳门丢了，台湾耍脾气走了，海南岛却有惊无险，安然无恙。

我曾经不止一次地想，甘肃的地形的确像只蚂蚁，国务院重新划分一下多好，省得两头市县的人民去兰州开个会也要千里迢迢风尘仆仆。一次，阅读中国古代地图，恍然大悟，那是曾经通向西域的丝绸之路，自己是自作聪明。

最没有想象力的是山西的地形，不过一个平行四边形，比非洲的国家形状委婉了一点点妩媚了一点点。

新疆的地形没有什么特色，但是，地貌却十分的有个性。昆仑山、天山、阿尔泰山夹着塔里木盆地和准格尔盆地。三山是亿万年的风吹积而成，巍巍如大丈夫；两盆是亿万年的雨水冲积而成，柔润如美妇人。有三山夹着，阳光吹不跑；有三山夹着，雨水跑不了。肥沃的盆地，上面弥漫着炙热的阳光，创造了吐鲁番的葡萄哈密的瓜。

亿万年的阳光，晒化了脆弱的石头；亿万年的风，吹起了细细的石子。飞啊飞啊飞啊飞，飞到哪儿，落到哪儿，就是沙子。连成片，就是沙漠。堆积成山，就是沙丘。沙子繁多而不团结，所以，一亿年的日子，一亿年的流浪。流浪的沙子走遍天涯，没有一个家。随风而飞，顺水而走，生性潇洒，情趣浪漫，大众的红颜知己。塔克拉玛干沙漠、巴丹吉林沙漠、腾格里沙漠，是北方风的红颜知己，可惜，那儿少水，如果有水，她们又是水的浪漫情人。看着一望无际的大沙漠里四平八稳地移动着一队队骆驼，佩服大自然的造化，热情的沙漠遇上了无情的骆驼，“非宁静无以致远，非淡泊无以明志。”如果遇上风情万种的驴子跑进沙漠，那渴不死，也一定会跑着累死。

青海湖，天然的湖，宁静，淡定，干净。望一眼，洗肝洗肺洗人的心。

西湖，人为的湖，热闹，浮躁，明艳。瞅一眼，醉脾醉胃醉人的心。

华山之险，泰山之泰，嵩山之禅，恒山之美，衡山之丽，黄山之秀，庐山之迷，峨眉之诡……这是水雕刻的时候，雨润擦的时候，风琢磨的时候，阳光照晒的时候，地壳运动的时候，因为大自然的偏爱，所以才特意造化出天地间特立独行的宠儿。于是，千万年来，地球上的俗人就络绎不绝地来领略她们的绝世风采。“横看成岭侧成峰，远近高低各不同。”山重水复疑无路，柳暗花明又一峰。

山西山东的中间泰山傲然矗立，湖北湖南的中间洞庭湖碧波荡漾，广东广西的中间广州城雄踞南国，河南河北的中间黄河滚滚东流，是山是水是城孕育了同胞兄弟孪生姐妹。

中国地形东低西高。渤海、黄海、东海、南海的水浩瀚无边。风起浪涌，拍打着海岸，舔吻着海滩。可惜是咸水，热情有余，奉献不足，多而少用。大自然造化了海水，太阳动脑筋想办法。天天晒，月月晒，年年晒，液体变成了水蒸气，缥缥缈缈飞向了天空。“万事俱备，只欠东风。”东风一吹，顺势向西，一路过去，洒下的全是淡水雨，丰盈着江河湖泊，滋润着山川大地，养育着花草树木。

安阳、商丘是黄河养育的太爷。夏商因为太遥远，所以记忆太短暂，其实，五千年的文明史，一半就孕育在夏商。西安、洛阳、开封是黄河养育的爷爷。中国人自豪的大汉、大唐、大宋都孕育在这里。北京是扼咽喉的老爷子。没有轮船、飞机、导弹和原子弹之前的漫长的农耕文明下的冷兵器时代，中国之外患主要来自北方的游牧民族，所以万里长城应运而生，所以，北京被元明清不约而同地情有独钟。扼雄鸡之咽喉，可以定雄鸡之全身。朱棣迁都从南京到北京，狡猾即在于此。南京，雄踞长江，也曾经有老爷子的气魄，可惜，没有老爷子的地利。定都南京，难以运筹帷幄，容易瞻前顾后。上海是长江入海口冲积出来的宠儿，春意盎然，面朝大海，四季花开。深圳、珠海、汕头、厦门是沿南海东海特殊照顾的弄潮儿。深圳积天时地利人和于一小渔村，讲了一个神话，地球刮目相看。珠海、汕头、厦门相形见绌。香港、澳门是丢而复归的弃儿。台湾是还在流浪的宝贝儿。重庆是正在创意成长的西部新生儿。外国要人来访，除了看爷爷西安，看老爷子北京，看宠儿上海，看弄潮儿深圳，也看看太爷爷安阳和新生儿重庆。不去安阳，不认识中国的前天；不去重庆，不明白中国的未来。嗨，还有天津，那是天渡口，可惜欠风光，别忘了，北京是太阳，不是说天津这个月亮不明亮。

2012年7月3日

语文，你不要太孤独

读书，考学，找工作，赚钱，养家糊口，是贫困地区莘莘学子习以为常的奋斗轨迹和入情入理的生存理由。学语文就是为了考高分，考高分就是为了上好大学。于是，刻板的背诵记忆，成了有效的学习方法；大纲的明确规定，成了教学的金科玉律。一个老师，一群学生，死守在一个并不宽敞的教室；一本课本，一本教参，禁锢着师生学习语文的思绪。日复一日，年复一年，重复着一个难以变更的游戏，老师没完没了地讲，学生无休无止地听。没有明辨的倾听，没有深情的表白，没有陶醉的朗诵，没有真情的写作，没有激烈的辩论。蓝天白云，鸟语花香，草长莺飞，人情世故，吃穿住行，喜怒哀乐和语文沾不上边。高雅的语文孤独得有些难以生活。

语文，如何才能走出孤家寡人的困境？那就要把语文生活化。文学说到底是人学。语文来源于生活，只是生活的深化和升华罢了。每一个学生都是生活的主人，而不是生活的看客。语文教学，应该让每一个学生都感觉到有成功感。成功感是素质教育的蓝天下一朵绚丽的云彩，驾驭好这一片云彩，就会一步步走出孤独的沼泽地，走向“风吹草低见牛羊”的美丽草原。

什么是成功感呢？打个比方，学生是千色百样的石头，老师就是工匠。出色的工匠，慧眼钟情于精美的花岗岩石，同时也绝不漠视晾晒在河滩上又丑又不规则的顽石。花岗岩精雕细琢成名贵的家具，请进千家万户，享受到被主人亲睐的成功喜悦。小顽石呢？铺在马路上，小物大用，也享受着被过路人尊重赞美的成功喜悦。学生有了成功感，自然就不孤独了，学生不孤独了，语文就不孤独了，老师也就不孤独了。

任何一个看重成功感的教育者，就不能目光只紧紧地盯着分数，就不能聚焦于几个出类拔萃的学生身上，而应把目光分散到每一个学生的身上。发现每一个学生的闪光点，挖掘他们的潜力，让他们的生命充满自信，愉快地努力进步，享受到成功的喜悦。

生活在贫困地区的人们，贫瘠的土地造就了物质生活的贫困，同时却滋养了不少人不屈苍凉的个性。在苍凉的土地上，多少人昂首凝视，固守精神家园，默默地思考活着的理由。于是，在这块不富有的土地上，孕育了富有的文化。比如，西海固文学，它是西海固子民的精神寄托和精神再现。毫无疑问，这块精神面包也属于西海固的每一个孩子。西海固的语文老师，在给学生传道授业解惑时不要忘了将这股生生不息的血液，注入一个个甘渴的生命，这会使孩子的精神生命更加美丽灿烂。

可是，在长期应试教育的窠臼里，诸如西海固文学一样的乡土文学却无立足之地。一个简单而生硬的理由，就是考试不考。老师早就习惯了精讲细解教纲里规定的重点篇目，可是，有的重点篇目，离我们学生的生活太远太远。学习时，学生只能做遥远的遥远的丰富想象，却享受不到感性的阅读愉悦。这是我们长期以来由于习惯，而冷漠得近乎麻木了的教学模式。而我们看得见、听得见、摸得着、感觉得到的亲切朴实的乡土文学，却近在咫尺，远在天涯。在贫困地区，老师应有意识地让学生了解身边的乡土文学，这不仅可以让学生学好语文，而且还可以培养对文学的兴趣。

目前，素质教育的春风吹遍大江南北，可是，大西北贫困地区的学生感受到了它的抚摸了吗？别人可以不清楚，老师不清楚，说不过去吧？就说语文教学，哪一个老师不希望每节课有大丰收，但事实呢？广种薄收，潮打空城寂寞回啊！陈旧的教法仍旧我行我素，抑扬顿挫的普通话，流畅优美的板书，象征性地叫几个冒尖的学生回答几个没水平的问题，就是收获？教师的天职不是卖弄学识，哗众取宠，而是艺术地塑造一个个精神生命。优秀的教师是成就生命的艺术家，特别是语文教师。

那么，请教师走下讲台，轻轻松松的，脸上充满希望和自信，去迎接每一个学生的挑战，不要担心被问得哑口无言。如果有这样的学生，那是老师的骄傲，青出于蓝胜于蓝了。教师不是全知全觉，也有不知道的知识，向学生学习一点，有什么不好意思的？孔子说，三人行，必有我师焉。如此，语文课堂就会互动丰满了。

在一个优秀教师的眼里，没有不好的学生；在有的教师的心里，却有了不太好的学生，那么，对不起，到大家遗忘的角落去。于是，优哉游哉的自我陶醉地讲着充分准备好的内容，学生强打精神装聚精会神。怎么能不孤独？何言成功？我们似乎在变着法子哄自己开心，不自觉地发扬阿Q精神。一节语文课，要想丰富不孤独，不是教师讲得多么自我陶醉，尖子学生听得多么心花怒放，而应是在课堂上的每一个活生生的灵魂是不是得到了进一步的良好的塑造。尤其是那些心灵渴求抚慰的困难生，教师要让他们身上的亮点亮起来，尽管那亮点就那么一点点，毫不引人注目。有的教师十分注重教案研究，却不去研究学生。可是，教案是死的，学生是活的。

请回顾一下，我们读过的作品，哪一篇不是生活的反映和梦想呢？没有生活就没有文学，语文又从何而来？多少年了，语文就像那个离我们遥远的可笑的时代的大家闺秀，紧裹三寸金莲，秀色可餐，却难以走出深闺，去享受大自然的美妙精彩。语文何时走出课堂？是不是将这个美妙的大家闺秀，圈在深闺人未识，白发苍苍了，才给她一条活路？

语文需要歌唱，需要流泪，需要阳光，需要雨水，需要嬉笑怒骂，需要酣畅淋漓。

语文向往“仰天大笑出门去，我辈岂是蓬蒿人”，向往“试看今日之城中，竟是谁家之天下”，向往“金戈铁马，气吞万里如虎”，向往“路漫漫其修远兮，吾将上下而求索”，向往“问君能有几多愁，恰似一江春水向东流”。

在西海固干旱的日子，我们走出教室，叩问苍天，你为什么给了我们如此苍凉的土地，让我们爱得泪流满面？在学生自轻自弃的日子里，我们放声歌唱，谁的苍凉是大地的苍凉，谁的精神是不屈的精神，谁的眼泪是创造的眼泪？

在我们失败的时候，去倾听茨威格娓娓道来《成功的秘诀》；在我们无路可走时，跟着陶渊明“采菊东篱下，悠然见南山”；在我们脆弱时，想想保尔·柯察金钢铁般的意志是怎样炼成的。

让我们和学生一起用眼泪温暖蜷缩在冰冷角落里的卖火柴的小女孩；让我们给祥林嫂多说几句安慰的话，抚慰她失去阿毛的心灵伤口；让我们面对奥楚蔑洛夫、贾雨村之流，轻蔑地一笑。

每一篇文章，都是活的生活，不是死的铅字。学习一篇课文，就是欣赏一道风景，体验一种生活，使学生的精神生命得到一次升华，燃起学生心中成功的希望。这样，语文就不会太孤独。

2000年4月23日

语文，你怎么了

身为博学多才满腹经纶口若悬河的语文老师，有真诚就够了，从从容容地走下讲台，别硬撑着！平等地跟学生聊聊，挺随便的，脸上写满微笑。

老师问："最不喜欢什么？"

学生答："语文！"

老师问："为什么？"

学生答："因为头疼！"

头疼算什么？头疼就是一切！头疼就是尴尬！

率直的孩子，没兴趣写方正的汉字；喜怒哀乐，难以用母语自然地流露；龙的传人，不喜欢龙的语言……算不算尴尬？我以为这就是尴尬，你说呢？"缺少文学细胞"，漂亮的借口有些勉强。"曲项向天歌"的骆宾王太少，早慧的方仲永是王安石感伤的一颗流星。

你可曾过滤感悟？你可曾叩问心灵？孩子是新买的古筝，是悠扬的《高山流水》，是凄凄的《二泉映月》全由你的十指弹奏。

不知从何时起，小学生不爱记日记，中学生苦恼写作文，大学生懒得写家信。迷人的母语失去了魅力，悄悄的，莫名其妙的……也不知是什么原因，分数紧紧拉住了老师的手，甘心做教参的俘虏，情愿为教案的傀儡，失去了自由，失去了个性，不同的老师，走着同一条路。

于是，没有了"金戈铁马，气吞万里如虎"的豪情，没有了"念天地之悠悠，独怆然而涕下”的苍凉，男儿的铮铮铁骨不再。没有了“寻寻觅觅，冷冷清清，凄凄惨惨戚戚”愁怨，没有了“杨柳岸晓风残月，执手相看泪眼”的情伤，女儿的似水柔情不再。没有了“明月松间照，清泉石上流”的淡泊宁静，没有了“大漠孤烟直，长河落日圆”的荡气回肠，没有了“曲终人不见，江上数峰青”的余味无穷，诗情画意的神韵不再。没有了《人与自然》的娓娓道来，没有了《实话实说》的轻松幽默，没有了《幸运52》的谁都有机会的激情澎湃，没有了《梦想剧场》的梦想成真，如坐春风的快感不再。

习惯了的观念像老态龙钟的石磨，不愠不恼地拴着拉磨的人。舍不得变的教法仍旧周而复始地转圈。

上课的铃声敲开了口中的闸门，背得滚瓜烂熟的台词如倾泻的瀑布，奔流到教室的每一个角落，灌得学生懵懵懂懂，下课的铃声也堵不住自我陶醉的滔滔不绝。教学的内容太多，作者介绍，背景介绍，拼音标点，生字生词，层次大意，中心思想，写作特点……歌颂了什么，揭示了什么，教育了什么，启发了什么……轮得上学生说吗？什么都想讲，一句话都不想丢。45分钟讲54分钟的内容。乒乓球一样的空间填进去铅球一样的重量。急火攻心，揠苗助长。对考生俯首弯腰，对分数情有独钟。梦想立竿见影，插柳成荫，让学生如坐春风。于是，学习语文有了捷径，有了公式。议论文=论点+论据+论证。散文=散了的形+不散的神。小说=人物+情节+环境……作文呢？《中学生作文经典》，好好背去！父亲死了能活吗？能！母亲活着能死吗？能！编圆就行。杨朔散文模式能套吗？能！只要套得妙。然而，学生不领情，挠头抓耳，头疼语文。

别了！有血有肉有喜有忧有乖有丑的孩子们。别了！有真有假有善有恶有美有丑的生活。语文乃海市蜃楼，文学乃高深艺术，文章乃千古之事，教师乃神圣之人，成绩乃救命之星。语文公式，标准答案是佛脚是灵丹妙药。可是，孩子的灵气，生活的灵感呢？

孩子是吃母亲的乳汁长大的，学不好母语的学生是不容易考上大学的，于是，成千上万的家长老师火急火燎地问：“语文，你怎么了？”不同的目光聚焦同一根钢丝绳——高考。都德曾深情地表白，法语是世界上最美丽的语言。这是真的吗？那么，我们的汉语呢？

在山城凉风习习的深秋，踏着蒙蒙细雨湿润的小路，买了一张精美的听课证，走进了拥挤不堪的教室，两个人挤挤巴巴坐在后排一条小凳子上，小心翼翼地呼吸着，聆听窗外淅淅沥沥的雨声。脸上静静地，心里急急地等待省府重点中学一位巡回示范做课的老师，听说她的课讲得挺棒！

期望在2700秒中，如浴温泉，如坐春风。期望和所有的学生，所有的老师跟着做课老师去享受鲁彦的《听潮》。和鲁彦一起（别忘了带上鲁彦的妻子），眷恋在海边的危楼上，跟海一起睡着，一起醒来，一起愤怒。让“微风拂过琴弦，像落花飘在水上”的温柔抚摸每一个人的心灵，让“拨刺着岩石的壁垒”的愤怒撕扯每一个人的衣服，让“满含血腥的浪花泼溅到”每一个人的身上，让所有的女孩惊叫：“这里会塌的，我怕！”让所有的男孩子高歌：“怕什么？这是伟大的乐章！海的美就在这里！”

真到那时，语文就是微笑是眼泪是愉快是享受，语文课别无选择是学生的。可是，在宝贵的45分钟里，老师用红、黄、白三色粉笔，从容不迫地满满写了一黑板字，像展览一件精心编好的花毛衣一样。说话抑扬顿挫，激动不已，表情丰富，却不像“清水出芙蓉”，像一个老担心到了规定时间演不完戏的演员，一脸的镇定自若，漫不经心地一次一次地看手表，急匆匆地给学生系上铃铛，不等学生反刍回味，又匆匆忙忙地解开铃铛，巧妙地自问自答。鼓励随声应和着的学生豁然开朗似的“哗哗哗”地拍手，活跃了课堂气氛。结果，一节课的心情也没有随海潮波澜起伏。印象最深的是两个人挤一条小凳子，好像一根柱子上顶两个足球。老师的一言一行、一举一动像复制好的录像镜头，急匆匆地掠过。如清风，如闪电，成了不知为何教学的滴水不漏的体面过程。

下课的铃声随响起随起立随再见随走出教室。听课的老师都坐在一起，品着茶，喝着水，抽着烟为做课的老师喝彩。真想听听学生的点滴感受，可学生一个也不见。扼腕叹息时，不止一次地扪心自问：“语文，你怎么了？”

1999年1月21日

忆唐玉儿老师

我小学一年级在家乡村办小学念书。冬季的一天早上，北风卷起黄土满天地飞。经常教我们识字的马老师，五十多岁了，这天在家给儿子娶媳妇，顶替他上课的是村里的知识青年唐玉儿。

至今我记得清楚，她那时笑微微地走进教室，上了讲台兴奋地说："同学们好！"我们一群土孩子"咯！咯！咯"地笑个不停。因为这和马老师上讲台问一句："都尿净了吗？"是不一样的。可唐玉儿也陪着我们笑着又说："请坐下！"前排的一个小同学猛一坐就不见人影儿了，因为屁股下是没有凳子的，我们一直这样站着上课。唐玉儿忙跑下讲台来看时，那孩子黑黑的头又冒了上来，只是满身的尘土。教室里又是一片笑声。这时老师笑呵呵地问："我们一起打扫卫生，好不好？""好！"同学们异口同声。我们巴不得打扫卫生不上课。

教室太脏，土房子，土课桌，满是尘土。于是，唐玉儿便和我们欢欢笑笑、吵吵闹闹地打扫卫生。不大工夫，地扫净了，桌子抹净了，地上还洒了清水，湿润润的，清新舒服极了。

于是，唐玉儿又走上了讲台，我们又站在了自己的位子上，心里真愁又要上课。可唐玉儿却不上课，拍了拍身上的土说："同学们今天吃苦了，太了不起了！我们唱支歌儿，好不好？"老师要教唱歌儿，太好了！可能和奶奶哼的那首"古今古，卖老虎。老虎卖到当街上，当街上遇着你二舅母……"的童谣差不多吧？也许和母亲哄小孩子睡觉时催眠曲一样吧？“哄！哄！哄娃娃！娃娃醒来要馍馍。馍馍来，猫叼了。猫儿来，钻洞了……”也许都不是。

“给同学们教一首《卖报歌》：啦！啦！啦！啦！啦！啦！我是卖报的小行家，不等天明去卖报……”一刹那，教室里只有老师在忘情地歌唱。她美丽的脸上泛起了红晕，额上的黑发扬来扬去，那上下左右打着拍子的双手是那样的优雅。我想，这一定是世界上最动听最迷人的歌儿了。不信，请看那群孩子，一双双明亮纯情的眼睛，紧紧地盯着唐玉儿，不约而同地大声地跟着唱，不一会儿就学会了。唐玉儿笑眯眯地夸奖我们比城里孩子还聪明，我心里真是甜极了。其他同学的心里也是甜的，脸红扑扑的，满是笑，竟没有一个孩子借故撒尿而跑出教室。

“同学们，接下来给大家朗诵一首诗。”我们笔直地站着，静静地听着她用甜美悦耳的声音朗诵：“向日葵，花儿黄，朵朵葵花向太阳……”我们齐声跟她朗诵，诵读到第四遍就会背诵了。打开书一看，原来是我们今天要上的课文。

不知不觉地，唐玉儿说：“下课了，同学们，再见！”我们恋恋不舍地望着她，望着她美丽的背影走出教室。于是，便一哄拥出教室，紧跟在老师身后，嘴里唱着那首儿歌，诵着那首诗，一直到唐玉儿走进她的知识青年宿舍，微笑着对我们道一声“再见！”我们才“牡丹开花，各回各家”！

第二天，我早早地跑到教室，希望再见唐玉儿老师。进了教室，才发现我来得太迟了，其他同学都早等在教室了。连后排几个经常要等马老师上课了才揉着眼睛喊“报告”进来的学生，今天也早早背着书包来了。

同学们在教室里静静地等啊等，等到太阳一竿子高了，仍不见唐玉儿。等到的是一胳膊夹书，一胳膊夹结实又陈旧的杏木板子的马老师。同学们没意思地站着，你瞅我，我瞅你，最后都瞅马老师。于是，马老师将杏木板子往桌子上一拍，尘土一冒，说：“注意了！跟我念课文：‘人的正确思想是从哪里来的？’”“不知道。”几个学生回答。马老师又念：“是从天上掉下来的吗？”“不知道。”又有几个同学回答。“谁说不知道？我让你们跟我念，哑巴啦？不念！回去！”马老师生气了，于是大部分同学就念，念着念着就有几个学生头奋拉下来趴在桌子上睡着了。

现在，我自己也身为人师，没见唐玉儿已25年了，小学的课文也已忘了大半，唯有《卖报歌》和《向日葵，花儿黄》仍记忆犹新。然而，教给我这首诗和这首歌的唐玉儿老师——唐玉儿老师，不知什么原因，就在第二年的冬天，竟一个人反锁门吊死在那间知识青年宿舍里。那时我小，听村里人说，大凡吊死的人，舌头要吐出好长，怪吓人的。那么，我和我的同学也就没有再看一眼唐玉儿老师。只记得唐玉儿的母亲从她的家乡赶来，哭得死去活来、呼天抢地的。寒风卷起黄土满天地飞。许多人都陪着流了不少的泪，我也很伤心，眼泪一串串地流。过了一天，村里人掩埋了她，厚重的黄土收留了她。

乡下学校没有音乐老师，所以，一些学生大多唱一些流行歌曲，“妹妹你坐船头，哥哥我岸上走……”也在校园流行。前几天，学校要举行歌咏比赛，于是，我给学生教了《卖报歌》，学生很快也学会了。听着他们异口同声高高兴兴地唱着，心里忆起了唐玉儿老师……

1996年11月9日

想起了老先生打嗝儿

小时候，母亲曾给我说过一个故事。过去，有个老先生，说话有个毛病，老是打嗝儿。一日，给学生上课。老先生教："人之初，嗝……"学生念："人之初，嗝……""性本善，嗝……""性本善，嗝……"先生急了，说："我……嗝……你不要……嗝……"学生跟上念："我……嗝……你不要……嗝……"先生恼了："嗝……你娘的……嗝……"学生跟上念："嗝……你娘的……嗝……"先生笑了，学生也笑了……

这个故事，想起来有趣又好笑，如果偶尔发生一次，也蛮有个性情趣，带来不少的愉快，如果每节课如此，那就受不了。我曾经的一个物理老师，她上课不打嗝儿，她喜欢"啊"。虽然，她解题的速度和技巧被一届又一届的学生传得神乎其神，但是，她上课的"啊"仍然让同学们受不了。有一节课，上《牛顿第一定律》，一个同学说他专门数了一下，老师说了不下三十个"啊"。我哪里相信？与他打赌，"弹壳壳"儿。有一节课，自己亲自详细数了一下，整整三十六个"啊"字！啊！佩服！我被那同学结结实实地弹了三十六个"壳壳"。

当然，我不是在说老师的坏话，也无意对老师的小毛病吹毛求疵。金无足赤，人无完人。没有瑕疵的玉也不是好玉。无伤大雅的有小毛病的老师学生还是能容纳，甚至有的很喜欢。比如，藤野严九郎，尽管不修边幅，有时上课忘记打领节，但鲁迅仍然很喜欢很怀念。梁启超讲课，据梁实秋回忆，讲着讲着就忘了，于是就用手指敲光秃秃的脑门儿，突然，记起来了，就大笑。有时，讲到激动处竟然手之舞之，足之蹈之，眼泪一把鼻涕一把。民国学界狂人刘文典教授，讲课好抽烟，一激动，把烟当粉笔在黑板上就写，或把粉笔当烟戳进嘴里吸，有时，甚至将烟燃着的一头就放进嘴里了。但是，他们在学生心目中的威望仍然很高，究其原因，他们虽特立独行，但博学多才，满腹经纶，厚德载物，风神潇洒。讲课让学生有把酒临风、心旷神怡、如坐春风的美感。小小毛病，谁还在乎？不过先生的逸闻趣事罢了。

我高中时，有个物理老师，上课也有个毛病，就是先抽烟，抽着抽着，脸上就满是笑容，接下来就“咳……咳……”咳嗽两声，于是就讲开了，那个形象、生动、风趣、幽默、简练、清晰，就别提了。可惜，有一次课堂问卷调查，几个女同学捅破了老师这个毛病，学校给换了，换来的老师又讲不好，于是，绝大多数学生就抗议，抗议的结果是王者归来，皆大欢喜。

中央电视台《动物世界》栏目中赵忠祥浑厚亲切、充满诗情画意的娓娓道来，《星光大道》栏目中毕福剑那风趣幽默、调皮生动的侃侃而谈，无不深深地吸引和打动着观众。是的，这很正常嘛，观众是电视节目的上帝，主持人口才不好，水平不高，观众会换电视频道的。可是，学生也是老师的上帝，老师上课支支吾吾，“嗯”“啊”不断，学生该怎么办？是敢怒不敢言，还是请您休息休息？

“这个X加这个Y等于这个Z！”“那个澳大利亚，在那个大洋洲，居住的不是那个白种人，也不是那个黄种人，而是那个棕色人种。”“啊！《从百草园到三味书屋》，啊！是鲁迅写的，啊！鲁迅原名不叫鲁迅，啊！叫周树人，啊！”

如果老师有这个爱好上课的话，我提议，干脆上课第一句话就说：“啊！这个，还有那个，请同学们捂好耳朵听。”不然，给您您也受不了。

1997年10月8日

想念《硕鼠》

不想在网上浏览行贿受贿的新闻，天天有的新闻还叫新闻吗？不想在电视前看贪污腐败的报道，月月有的报道还有新鲜感吗？不想和同事聊反腐倡廉的大案，年年有的大案还叫人惊心动魄吗？不想心头有一块阴霾的云，遮挡欣赏灿烂星空的视线。当欲望的蛀虫啮食着人们的灵魂，当贪比的行径悄然地成为时尚，我常常仰望星空，寻找苍穹中的北斗。于是，我常常想在我的课堂上，听学生齐声朗诵，《诗经》里的《硕鼠》。

硕鼠硕鼠，无食我黍！三岁贯汝，莫我肯顾。
逝将去汝，适彼乐土。乐土乐土，爰得我所。

硕鼠硕鼠，无食我麦！三岁贯汝，莫我肯德。
逝将去汝，适彼乐国。乐国乐国，爰得我直。

硕鼠硕鼠，无食我苗！三岁贯汝，莫我肯劳。
逝将去汝，适彼乐郊。乐郊乐郊，谁之永号？

可惜，这样的想念只是一种莫名其妙的空想。今天的高中语文教材，哪里有《硕鼠》的踪迹？20世纪80年代，《硕鼠》一诗，乃雷打不动的传统篇目。我依然记得清楚，1984年的秋天，有一节高一的语文课，老师要求我们背诵《硕鼠》。闭目仰诵，想起了旱地的谷子，想起了水田的麦子，想起了绿油油的禾苗，大老鼠啊，大老鼠，为什么无休无止的来吃？小小的时候就好心供养你，你为什么不领情？你为什么不感恩？还用问吗？老鼠饿嘛。老鼠感什么恩？吃饱了就不吃了。可感觉那老鼠吃饱了还吃，老师说，那是一种人。于是，我常常留心生活中吃不饱的硕鼠，但那个年代似乎很少很少。终于，侦察到一个五大三粗、黑不溜秋的体育生，饭量特大，一次吃八个大馒头，不打嗝儿，他就是硕鼠了。于是，同学就有事没事地打招呼“大老鼠啊，大老鼠”。他从来不生气，嘿嘿地傻笑。后来听他的一个老乡说，他真的经常吃不饱，因为家里穷。这没有值得同情的，那时饿肚子的同学多了。到了1993年，夏天的一个炎热的夜晚，进电影院看《共和国的第一声枪响》。走出电影院，倒吸一口凉气。刘青山、张子善，共和国的硕鼠啊，罪有应得。1996年，家乡的一个乡长，贪污扶贫打井款，2.6万元，大老鼠啊！1998年，看《中国剪报》，某市一副市长，挪用公款七十几万元，大老鼠啊！2001年，阅《南方周末》，某省一民政厅厅长，受贿，300多万，大老鼠啊！2006年，浏览网页，某地一副省级干部，灰色收入，4000多万，要那么多有何用？2011年，看电视，某煤炭大市一煤炭局局长，房产、人民币、外币、金银珠宝，3个多亿，牛逼死了！前面那些大老鼠，不上档次啊。刘青山、张子善地下有知，会骂娘了：“妈妈的！这些王八蛋，吃香的，喝辣的，伸手那么潇洒！老子抛头颅，洒热血，才弄了几个？还让老毛给崩了。”

硕鼠硕鼠，无食我黍！三岁贯汝，莫我肯顾。
逝将去汝，适彼乐土。乐土乐土，爰得我所。

可是，哪儿是我们的乐土呢？新版的高中语文教材必修2，有一篇古代诗歌叫《氓》，选自《诗经》，是《硕鼠》禅让给的吗？还是编教材的专家情有独钟于《氓》？今天的学生真幽默，老是念“mána”“mána”流氓的“氓”。因为，诗中的男主人公“氓”真像个小流氓。“氓之蚩蚩，抱布贸丝。非来贸丝，来即我谋。”笑嘻嘻地明换丝布，暗哄小姑娘。哄得小姑娘“不见复关，泣涕涟涟。即见复关，载笑载言”。想哥哥想得心头头肉疼啊！小姑娘到手了，鲜花尝过了，嫩叶变黄了，唾液来了，耳光来了，拳脚也来了。女子明白了，女子后悔了，女子想通了，女子决绝了。“淇则又岸，隰则有泮。”杀人不过头点地，天涯何处无大树？非要吊死在一棵树上？拜拜！姑奶奶去也。今天这样的爱情剧多的是。不过《诗经》营造的意境凄美而已。“乐土乐土，爰得我所。”《氓》里没有《硕鼠》向往的“乐土”。《氓》里的确有谈情说爱，人文关怀。但是，当务之急是“老鼠过街人人喊打”啊。

还是想念曾经的高中的一篇课文，叫《硕鼠》。

2012年2月18日

黍离之悲是何悲

姜夔的《扬州慢》是和柳永的《雨霖铃》并驾齐驱入选80年代的高中语文课本的。我记忆犹新，课题曰《宋词二首》。我对《雨霖铃》印象深刻，也许是写青年男女之情的缘故，“执手相看泪眼，竟无语凝噎。”“今宵酒醒何处？杨柳岸、晓风残月。”荡起了高中生憧憬爱情的涟漪。那时候不敢谈恋爱，先过一下恋爱的瘾再说。拉着妹妹的手，眼泪哗哗地流，够味儿。我对《扬州慢》记忆模糊，也许十六七岁的高中生还不明白什么是“黍离之悲”。只有作者“姜夔”深深地烙在脑子里，不是因为别的，只是因为“夔”字难认难写，老师喜欢拿这个字逗不好好听课的学生玩，所以一直都记得。

可惜今天的语文课本将“男女之情”和“黍离之悲”分开了。《雨霖铃》尚在必修课，《扬州慢》丢进选修课了。既然是选修，有的学校一定可以不选，那么，学生也就无缘一睹《扬州慢》的容颜。

孟子曰：“生于忧患，死于安乐。”我以为柳永的《雨霖铃》的感情基调偏重于“安乐”意识，姜夔的《扬州慢》的感情基调偏重于“忧患”意识。今之人，多安乐意识而少忧患意识，如果对症下药，学习学习《扬州慢》还是不无裨益。当然文学不是思想教育，文学更看重情感体验和审美愉悦。但是，《扬州慢》的情感体验和审美愉悦都没说的啊。姜白石的词以健笔写柔情，既清俊又峭拔，可谓侠骨柔情也。我就莫名其妙地喜欢。师生阅读交流时，我笑有的同学网名没有品位，“东方狂人”

了，“朱丽叶”了，非狂即洋，就是少点典雅之味儿。《扬州慢》里面的网名，俯拾即是，“寒水自碧”“荠麦青青”“清角吹寒”“冷月无声”“桥边红药”“二十四桥”，多有品味啊！

不好，这一笑，笑得学生得陇望蜀。几个学生群起而攻我，“老师，黍离之悲是什么意思呢？”“老师，黍离之悲是何悲？”

黍离之悲是何悲呢？没问题，是学生分内之问，课文前面的小序白纸黑字，一清二楚。“淳熙丙申至日，予过维扬。夜雪初霁，荠麦弥望。入其城，则四顾萧条，寒水自碧，暮色渐起，戍角悲吟。予怀怆然，感慨今昔，因自度此曲。千岩老人以为有《黍离》之悲也。”

“千岩老人以为有《黍离》之悲也。”是的，这黍离之悲是何悲呢？看文下注解，曰：“黍离之悲，国家沦亡的悲痛。《黍离》，《诗经·王风》中的篇名，是周人缅怀故都之作，后借指故国之思。”这和姜夔的《扬州慢》又有什么内在的联系？

阅读还需追根问底。于是，忆起了大学背诵的《黍离》。

彼黍离离，彼稷之苗。行迈靡靡，中心摇摇。
知我者谓我心忧，不知我者谓我何求。
悠悠苍天，此何人哉？

彼黍离离，彼稷之穗。行迈靡靡，中心摇摇。
知我者谓我心忧，不知我者谓我何求。
悠悠苍天，此何人哉？

彼黍离离，彼稷之实。行迈靡靡，中心摇摇。
知我者谓我心忧，不知我者谓我何求。
悠悠苍天，此何人哉？

一共三段，诗句一样，就个别字不一样，“苗”“穗”“实”之别也。什么意思呢？“我看见那一行一行的绿莹莹的糜子啊，我看见那刚发芽的高粱，我的腿脚有些发软啊，我情不自禁地心摇神晃。懂我心的说我在忧虑什么啊，不懂我心的说我在苛求什么。老天爷啊老天爷，这是谁造的孽啊？”哦！沧海桑田，穿越时空，智者仁者的声音是一样的。姜夔当年过扬州，曾经的“淮左名都，竹西佳处”，曾经的“豆蔻梢头二月初”，曾经的“十年一觉扬州梦，赢得青楼薄幸名”，曾经的“二十四桥明月夜，玉人何处教吹箫”，曾经的“扬之芍药甲天下”，请问，“年年知为谁生”？“过春风十里，尽荠麦青青。自胡马窥江去后，废池乔木，犹厌言兵。渐黄昏，清角吹寒，都在空城。”怎一片萧条了得！老天爷啊老天爷，这是谁造的孽啊？“悠悠天地”，“予怀怆然”，“念天地之悠悠，独怆然而涕下”。

黍离之悲，天地之悲，家国之悲也。

知我者谓我心忧，不知我者谓我何求。

2012年6月19日

先生的文章

先生的文章，说的是鲁迅的文章。在现代文坛，姓名和“先生”一词自然齐誉者，非鲁迅莫属。正如提主席即毛泽东，提总理即周恩来，提校长即蔡元培一样。也许有非议者，但丝毫不减这些人的成就和伟大。

前些年，王朔写了一篇《我看鲁迅》的随笔刊登在当红杂志《读者》上，一般人乍一看，还真像那么回事儿。鲁迅有什么思想？没有啊。所以，思想家的帽子取了。鲁迅枪林弹雨过吗？没有啊。所以，革命家的桂冠也摘了。鲁迅有长篇小说吗？没有啊。所以，文学家的美誉也值得商榷。至于三个“伟大”，莫谈。

身边的朋友也开玩笑，鲁迅为什么才活了55岁，心小气大。怒发根根直竖，动不动骂人，人缘差。从北京女子师范大学到厦门大学，从厦门大学到中山大学，从中山大学到上海。一路上和同事关系都处不好。作为大哥，和二弟周作人闹僵后老死不相往来，还长兄如父呢。作为丈夫，把结发妻子朱安扔在母亲身边一辈子不闻不问，良知何在？作为老师，和许广平搞师生恋，不愧为新青年旗手。但是，有缺点的战士他毕竟是战士，无缺点的苍蝇他毕竟是苍蝇。张爱玲说，人生是一袭华美的旗袍上面爬有虱子的。一只老虎偶尔放一个屁，就不能说老虎不厉害。

然而，一时间，民间的揣度影响着权威的定性。有些公开出版的书在介绍鲁迅时，就一般化了。我就亲见《现代最美的散文（中国卷）》一书，封面标明周作人等著，里面选鲁迅散文《秋夜》《雪》，介绍作者时，以“现代作家”一笔轻轻掠过。似乎这样介绍才回归客观的面目，曾经毛泽东的评价是有失客观公正的。鲁迅不是神，只是一个普普通通的人，会写文章而已。这正是鲁迅先生活着的时候所期盼的，死了，赶快埋掉！留什么臭名？但是，中学语文课本虽然受了时尚的影响，扔了一些鲁迅的文章，然而，终于觉得不好意思，又留了几篇认为适合时宜的经典，供中学生咀嚼。

郁达夫在《悼鲁迅》中说：“一个没有榜样的民族，是可悲的民族；有了榜样而不知道学习的民族，是不可救药的民族。”今天看看，不幸被郁达夫言中。那么，鲁迅是中华民族的榜样吗？毛泽东说：“鲁迅是中国文化革命的主将，他不但是伟大的文学家，而且是伟大的思想家和伟大的革命家。鲁迅的骨头是最硬的，他没有丝毫的奴颜和媚骨，这是殖民地半殖民地人民最可宝贵的性格。鲁迅是在文化战线上，代表全民族的大多数，向着敌人冲锋陷阵的最正确、最勇敢、最坚决、最忠实、最热忱的空前的民族英雄。鲁迅的方向，就是中华民族新文化的方向。”主席这一席铿锵有力、斩钉截铁、通俗晓畅、惺惺惜惺惺的赞美，肯定鲁迅就是榜样。但是，此一时彼一时，放在“文化大革命”，他和老舍一样，跳湖去；放在今天，他是个愤青，不识时务，落伍了。鲁迅真的落伍了吗？品品先生的文章，听听先生的声音，再说。

先将中学课本先生的文章做一个比较罗列。

20世纪70年代末到90年代末，选进中学课本的鲁迅作品。

小说有：《一件小事》《故乡》《孔乙己》《社戏》《祝福》《药》《阿Q正传》《狂人日记》共8篇。

散文有：《从百草园到三味书屋》《藤野先生》《秋夜》《风筝》《聪明人和傻子和奴才》共5篇。

杂文有：《〈呐喊〉自序》《论“费尔泼赖”应该缓行》《记念刘和珍君》《“丧家的”“资本家的乏走狗”》《“友邦惊诧”论》《为了忘却的纪念》《拿来主义》《论雷峰塔的倒掉》《灯下漫笔》《文学与出汗》《中国人失掉自信力了吗》共11篇。

诗歌有：《自嘲》《自题小相》《无题》（3首），共5首。笔录如下。

自题小像

灵台无计逃神矢，风雨如磐暗故园。
寄意寒星荃不察，我以我血荐轩辕。

自嘲

运交华盖欲何求，未敢翻身已碰头。
破帽遮颜过闹市，漏船载酒泛中流。
横眉冷对千夫指，俯首甘为孺子牛。
躲进小楼成一统，管他冬夏与春秋。

无题

万家墨面没蒿莱，敢有歌吟动地哀。
心事浩茫连广宇，于无声处听惊雷。

无题

惯于长夜过春时，挈妇将雏鬓有丝。
梦里依稀慈母泪，城头变幻大王旗。
忍看朋辈成新鬼，怒向刀丛觅小诗。
吟罢低眉无写处，月光如水照缁衣。

无题

血沃中原肥劲草，寒凝大地发春华。
英雄多故谋夫病，泪洒崇陵噪暮鸦。

还有写鲁迅的文章，唐弢的《一面》和《同志的信任》。

小学课文有《少年闰土》和《踢鬼的故事》。

老师教育学生常挂在嘴边的话。

鲁迅说：“浪费别人的时间等于谋财害命。”

鲁迅说：“哪里有天才？我是把别人喝咖啡的时间都用在学习上的。”

鲁迅说：“我吃的是草，挤出来的是牛奶。”

鲁迅说：“痛打落水狗。”

鲁迅说：“横眉冷对千夫指，俯首甘为孺子牛。”

鲁迅说：“无情未必真豪杰，怜子如何不丈夫。”

进入21世纪，教材几经改革，大刀阔斧地砍掉了不适应时代发展要求的文章，鲁迅的作品剩下的有多少呢？罗列如下。

小说有：《故乡》《孔乙己》《社戏》《祝福》共4篇。

散文有：《从百草园到三味书屋》《风筝》《藤野先生》，新选《阿长与〈山海经〉》和《雪》，共5篇。

杂文有：《记念刘和珍君》《拿来主义》《中国人失掉自信力了吗》共3篇。

诗歌，一首也没有。

纪念鲁迅的文章，也没有了。

有的老师嫌鲁迅太深刻，学生怕，应少说，或不说。于是，一个黑发倔强而根根竖起，胡须墨黑成隶体“一”字，眼光深邃而犀利无比的清瘦的纯爷们的“横眉冷对千夫指”的形象渐渐地淡出了80后、90后的视线。这难道是有的人梦寐以求的吗？

其实，20世纪50年代至70年代，因为平均主义成为主流，经过战争的洗涤，民心相对纯朴，又不和美帝国主义交往，不太需要“横眉冷对千夫指，俯首甘为孺子牛”的东风，但是，鲁迅的著作铺天盖地，和毛泽东的著作比翼双飞，浇灌着中国人干渴的心灵土壤。老百姓真需要点人性化的关怀和个性化的轻松，可是，胡适林语堂梁实秋徐志摩张爱玲的话语，统统视为小资情调，一竿子横扫而过。进入80年代，社会象冲出的湖水一样，在高低不平的大地上流成了滔滔的江水，滚滚流淌的过程中，有了大小，有了高低，有了快慢，有了清浊。尤其是90年代和新世纪这10年，改革浪潮汹涌澎湃，清浊俱来，泥沙俱下。崇洋媚外，贪污腐败，自私冷漠，屡禁不止。真的太需要鲁迅的声音，但为什么要放低先生的声音呢？火了的恰是林语堂、张爱玲。人生是需要优雅的情调、艺术的享受，但庸俗的及时求乐有多少人能忍耐得住？享受是不必教的，人性的弱点就是喜欢享受。享受的人很容易披着林语堂梁实秋的优雅的外衣体验着西门庆薛蟠的挥霍无度。正需要鲁迅的时候，鲁迅却淡出了中学的语文课本，可叹！

先生曾经学过实惠赚钱的路矿、海军、医学，医学还是在发达国家留学学的。但他毅然决然地转变了，改学文艺。因为，疗救国民的灵魂，当推文艺。试问，今日之有文学细胞的大学生，有多少像先生这样的悲天悯人？敢放下公司高薪聘请，一心一意为人民创造精神家园？也许，你要说，是时代造就了鲁迅，是《新青年》成就了鲁迅。但那个时代的青年还少吗？一路走来，先生疗救国民灵魂的痴心不改。风雨无阻，孕育了中国人精神的彩虹。先生走时，上海万人护送，“民族魂”巨幅飘扬，那是一个民族精英如云的年代，谁肯轻易以此殊荣赠送？既然先哲都认可了先生的思想是中华民族的魂，那么，还不到一个世纪，怎么就淡化了呢？是我们的灵魂已至善至美了？还是拿先生的文章为镜子照照吧。以中学课本砍掉的为例，因为中学生的可塑性最大。

《药》。夏瑜这样的“我以我血荐轩辕”的革命者虽然“大江东去，浪淘尽”了，但是，吃“人血馒头”想治好肺结核的善良愚昧麻木的华老栓华小栓就没有了吗？不明白夏瑜感慨他“可怜”的红眼睛阿义真的绝迹了？不！今天有为民伸张正义者，被老百姓冠以“好出风头”的，不是没有。先知先觉者之痛苦，不在独裁者之心狠手辣，而在于被拯救者之冷漠无情。彭湃当年被捕游街示众，铁骨铮铮，突然，人群中一穷苦农民高呼“好！”，彭湃“泪飞顿作倾盆雨”。先生之《药》，仍然是中国人之苦口良药啊！

《狂人日记》。打开“古久先生的陈年流水簿子”，虽然不是“满本都写着两个字‘吃人’”，其中也有仁义礼智信。但是，媒体对“国学”中帝王将相驾驭术的挖掘和张扬，不能不叫人手心发凉。青少年对吸毒、毛片、性自由等洋垃圾的跟风，不能不叫人心里发怵。贪官巨富对二奶、小三、小四、小五……三宫六院、七十二妃的PK，不能不叫人瞠目结舌。只有“狂人”才能看穿他们“狮子似的凶心，兔子似的怯弱，狐狸似的狡猾”。只有狂人才能肆无忌惮地呐喊“没有吃过人的孩子，或者还有？救救孩子……”今天，先生笔下的“狂人”不是太多，而是太少。狂人有狂语，祸从口出，“赵家的狗何以看我两眼？”“心事浩茫连广宇，于无声处听惊雷”啊！

《一件小事》。今天，人力车没有了，人力车夫没有了，但高级知识分子一抓一大把，的哥的姐遍地都是，不小心碰倒的老弱病残者随时都有。自觉地停下车，扶起碰倒的可怜的老妇人，丢下大学教授的出租车司机又有多少？能理解司机的善行并反省忏悔的教授又有多少？“觉得他满身灰尘的后影，刹时高大了，而且越走越大，须仰视才见。而且他对于我，渐渐的又几乎变成一种威压，甚而至于要榨出皮包下面藏着的小来”。先生的《一件小事》是小事吗？

《阿Q正传》。因为九年义务教育的普及，中国人不会有因为画枪毙的押而“羞愧自己画得不圆”，想着想着，“孙子才画得很圆的圆圈呢”。于是释然了。但难保就没有老想和“赵太爷”家攀本家遭白眼，和“假洋鬼子”去留洋被涮的现代版的阿Q啊！自己不如人，“我们的先人比你强多了”！被强者欺负，偷偷骂一句“儿子打老子”，就飘飘然了。精神上的胜利远远胜过头皮的发麻。欺负弱者，弱者奋起还击，猛然一句“君子动口不动手”，就觉得高人一等。捏小尼姑的脸蛋，“妈妈的，和尚摸得我摸不得”。为了不“断子绝孙”，见了吴妈就想“困觉”。进了一趟城，回来腰间的褡裢就压得低了又低。聚众革命嘛，就是为了“秀才娘子的一张宁式床搬到土谷祠，此外便摆了钱家的桌椅，或者也就用赵家的罢。自己是不动手的了，叫小D来搬，要搬得快，搬得不快打嘴巴。……”“赵司晨的妹子真丑。邹七嫂的女儿过几年再说。假洋鬼子的老婆会和没有辫子的男人睡觉，吓，不是好东西！秀才的老婆是眼胞上有疤的。……吴妈长久不见了，不知道在哪里？可惜脚太大。”这些可怜可恶的毛病，今天的中国人敢说没有？有记忆力的人，《阿Q正传》真不能踢出中学课本。况且，《阿Q正传》早已被译为多国文字在研究，阿Q的弱点是人类共同的弱点，正视它，才能克服它。决定取掉这篇经典小说的专家，一定是忌讳自己头上的烂疮疤罢？以后外国人谈到了“哀其不幸，怒其不争”的阿Q，中国的留学生怎么应付？

《秋夜》。“在我的后园，可以看见墙外有两株树，一株是枣树，还有一株也是枣树。”孤独之美，在“当我沉默着的时候，我觉得充实；我将开口，同时感到空虚。”曾经不懂，这两年与先生心有灵犀矣。

《〈呐喊〉自序》。“有谁从小康人家而坠入困顿的么，我以为在这途路中，大概可以看见世人的真面目。”古今亦然。“因为那一回以后，我便觉得医学并非一件紧要事，凡是愚弱的国民，即使体格如何健全，如何茁壮，也只能做毫无意义的示众的材料和看客，病死多少是不必以为不幸的。所以我们的第一要著，要在改变他们的精神，而善于改变精神的是，我那时以为当然要推文艺，于是想提倡文艺运动了。”今天老百姓吃饱了，吃饱了好！但吃饱了更麻烦，饱暖思淫欲，文艺运动更重要。

《为了忘却的纪念》。自然法则，有吃肉的，一定有吃草的。吃肉的一定要听听吃草的的声音。如果肆意践踏吃草的人的人格，鲁迅先生一样的人会“忍看朋辈成新鬼，怒向刀丛觅小诗”的。

《灯下漫笔》。皇帝没有了，专制还存在；奴才没有了，奴性还存在。是做稳了奴隶，还是想做奴隶还做不稳？谁都应该反省。

《文学与出汗》。是的，同样是出汗，林黛玉出的是香汗，焦大出的是臭汗。不变的人性的确应该去挖掘去书写，但什么人说什么话，也是在生活中见怪不怪的。

《论“费尔泼赖”应该缓行》。因为题目别致，所以意思弄得较清楚。“费尔泼赖”是“打落水狗”意思，题目之意是“说说打落水狗应该缓行”。“打落水狗应该缓行”是林语堂看了鲁迅的“痛打落水狗”的文章后的感慨，此文是鲁迅回敬的。今天讲人文关怀，礼让一步有活方，凡事留有余地，给人空间，于己方便。但是，糊涂了打的对象是“落水狗”，而不是“落水羊”“落水虎”。试看仕途的“落水狗”，出了事，党内处分了，换一个地方仍旧做官，不几年，犯的罪更大，祸害的老百姓更多。“落水狗”是不可以宽容的，对其宽容就是对人民的伤害。“落水羊”“落水虎”可以考虑，有善性，有血性，一时失足，拉一把尚可以重新做人。

《论雷峰塔的倒掉》。倒掉的是雷峰塔，倒不掉的是嫉妒有情人终成眷属。披着卫道的外衣，干着棒打鸳鸯的勾当。

《聪明人和傻子和奴才》。奴才毕竟是奴才，为了讨好主子，听甜言不听实话，认聪明人不认傻子。今天，为什么有人不说人话，因为奴才喜欢听鬼话。奴才没了，奴性还渗透在人的骨头里。

以上先生的文章，全是新世纪以来中学生学不到的，我走马观花地介绍介绍，不过蜻蜓点水而已。有兴趣者，可以细观原文风貌。至于今天教材选入的先生之文，我不介绍，介绍也是多此一举。如，《故乡》《孔乙己》《社戏》《祝福》《从百草园到三味书屋》《风筝》《藤野先生》《阿长与〈山海经〉》《雪》《记念刘和珍君》《拿来主义》《中国人失掉自信力了吗》。其中《故乡》和《藤野先生》，有时看看，不禁泪流满面，深觉先生是一个好人，但见了他许多照相，不见一张好脸。

先生之于国人，怕是中国父亲之于儿子，给好心不给好脸。知子莫如父，知中国人者莫如鲁迅先生。给好心是因为“哀其不幸”，不给好脸是因为“怒其不争”。

先生，永远的先生。先生的文章，永远的文章。

2012年2月23日

窈窕淑女怎样寻找如意郎君

《傲慢与偏见》作为世界级的名著，谈及其主题思想的文章一定很多，但是，我一篇也未读过，这不是怕落人云亦云之嫌，而是少读寡闻。三年前，对《傲慢与偏见》还是不甚明了。谁写的？哪个国家的？尚是模糊。有一天，学校进了一批新书，大家都争先恐后地阅读一本小说，封面引人注目，一位英俊潇洒，风度翩翩的先生，柔情似水的用双手握住一位婀娜多姿、妩媚优雅的窈窕淑女的纤细玉手，四目对视，含情脉脉，此时无声胜有声。身后苍翠欲滴的树林，更增添了二人的柔情蜜意。书名赫然醒目：傲慢与偏见。我想，小说情节一定吸引人，可是，大家翻翻就还了。我想，内容一定不怎么样吧？于是，借来一阅，才发现大篇幅的是没完没了的对话。既没有引人注目的谈情说爱，也没有扣人心弦的故事情节。尤其麻烦的是，人物姓名长长的一串，看得人眼花缭乱。用心记啊记，才记住了两个人物：达西和伊丽莎白。我想，他们一定是封面上的那一男一女。

随着一遍又一遍的细读，书中的人物如同洗相水中的底片一样，渐渐地清晰起来活动起来。我肯定，封面上的英俊潇洒、风度翩翩的先生就是达西；婀娜多姿、妩媚优雅的窈窕淑女就是伊丽莎白。我甚至可以冒昧地曲解小说取名《傲慢与偏见》，是因为达西的傲慢，引起了伊丽莎白的偏见，以致于两个年轻人初次见面，很不愉快。后来达西的傲慢变得和蔼可亲，彬彬有礼，融化了伊丽莎白的偏见，有情人终成眷属，共渡爱河。从整篇小说的意思看，简·奥斯汀是想告诉人们，窈窕淑女怎样寻找如意郎君的。

只要看看这个主题，就不难想象，会引起周围有些人的摇头叹息。怎么？窈窕淑女怎样寻找如意郎君？这不是倒过来了吗？“关关雎鸠，在河之洲。窈窕淑女，君子好逑。”大家闺秀也好，小家碧玉也好，应内敛含蓄一些，这是多少人的习惯思维。听着今天的有的年轻人把达西和伊丽莎白的爱情故事当作一个时尚的话题津津乐道，我不禁深感遗憾。岂不知，达西和伊丽莎白的爱情故事，是简·奥斯汀笔下的18世纪英国年轻人的爱情故事，距今200多年了。真不敢相信，人性的复苏，中国和英国相差这么大！200多年前，中国人的男女关系是“男女授受不亲”。小说《红楼梦》，东躲西藏，难见天日。行世的《三国演义》《水浒传》，说的是男人的事儿，偶尔，写到女性，也不过男人的衣服，喜之则穿，不喜则弃。至于女子文学，空白一片。和中国女子相比，简·奥斯汀应知足，她不应该因为当时英国社会歧视妇女而使她的小说常以匿名发表就大发感慨，也不应该因为当时无人出版她的三部精心写成的小说而苦恼不已。

在看《傲慢与偏见》时，我曾不止一次地想，伊丽莎白就是简·奥斯汀，简·奥斯汀就是伊丽莎白。尽管这是一种不懂文学和生活关系的幼稚表现，但是，古今中外，有的名著的主人公谁敢说就没有作者的影子呢？那么，简·奥斯汀也难免不生活在她最得意的小说《傲慢与偏见》里。

看看伊丽莎白，她漂亮、典雅、纯洁、善良、聪明、可爱、善解人意、知错就改。生活在英国18世纪南部的乡村，呼吸着新鲜的空气，踏着软绵绵的青草，聆听着百鸟的歌唱，欣赏着如诗如画的乡村风景，憧憬着心中的如意郎君。这不正是简·奥斯汀当年的生活情趣吗？悠闲平静，恬淡自然，纯朴而不失典雅。

与其说《傲慢与偏见》是写婚姻的，还不如说是写爱情的。因为爱情是轻松的，浪漫的，令人向往的；而婚姻是负重的，现实的，令人操持的。小说中班纳特太太的五个女儿，都找到了心中的如意郎君时，作者便收了笔。整篇小说轻松、自然、幽默、优美，如同一条清清的山间小溪，在自由地流淌，不紧不慢，从读者眼前潇洒而过。

小说开篇说，“凡是有财产的单身汉，必定需要娶一位太太，这已经成了一条举世公认的真理”。饱览全篇，我们可以调侃为“没有财产的姑娘，需要嫁一个有财产的丈夫”，这难道冲淡了爱情的浪漫了吗？游离于金钱之外的爱情，浪漫是暂时的，苦涩会不请自来，这在现实生活中，已被不少痴男情女所证明。门不当户不对，贵女下嫁苦男，虽然在中国的小说戏剧中屡见不鲜，而且被众口传颂为经典爱情，让不少青年男女羡慕不已，可是，稳重老练的奥斯汀仍然将她的小说中爱情故事定位在牢固实惠的经济基础之上。她自信地认为，纯洁的爱情与现实利益之间有互不可缺的关系。二者相依相从，犹如鲜花相依于土地。她以现实主义的笔法告诉读者，单纯地为了金钱结婚和根本不考虑金钱结婚都是不妥善的。所以在小说中，几位小姐寻找如意郎君，所走的路径有如下三条。一是为了钱财和地位，如夏绿蒂和柯林斯牧师的婚姻。二是为了美幻的浪漫激情，如韦翰与丽迪亚的私奔。三是为了恋人的美德、爱情和社会经济地位，如达西和伊丽莎白的结合，吉英和彬格莱的结合。那么，窈窕淑女究竟走哪一条爱情之路通向婚姻的殿堂，才是奥斯汀心目中向往的理想之路呢？这在小说中没有明确的答案，但从作者笔下一场又一场的家庭舞会上，一次又一次的串门喝茶中，一顿又一顿的家庭宴请中，一桌又一桌的纸牌玩耍中，一回又一回的闲聊散步中，可以体会到她流露于字里行间的见解与看法。

从小说的叙述看，18世纪的英国乡村社会，青年男女的婚姻已经是自由选择了。女子自由地出入公共的交际场合，已经是司空见惯的了。但是，婚姻需要一个良好的过程。从相见、钟情、传情、求婚、订婚，直到最后结婚，这个过程就像某种仪式，已是约定俗成，必须一步一步走过来。谁如果想急于求成，走终南捷径，就会被认为不体面，受到众人的嘲笑。比如，韦翰与丽迪亚的私奔，尽管丽迪亚本人感到很幸福很愉快，韦翰也心甘情愿，但是，亲人朋友都觉得丢人不体面。只有丽迪亚的母亲高兴得手舞足蹈，因为她终于嫁出去了一个女儿，尽管这个女儿才16岁。而心里最忐忑不安的是吉英和伊丽莎白姐妹俩，因为她们心目中的如意郎君彬格莱和达西都是有钱有地位的体面的上流社会的先生，而韦翰既没有钱财地位，又没有美德修养，只有英俊风流倜傥的相貌。一旦人们知道了韦翰与丽迪亚私奔的丑事，会用怎样的目光看两个姐姐的家庭教养呢？从因为性的燃烧喷射的激情而迅速结合到一起的韦翰与丽迪亚，婚后并不幸福美满，主要由于经济基础薄弱而生活困难。这在小说家的心目中显然不是理想的婚姻。

那么，柯林斯和夏绿蒂的婚姻是不是奥斯汀心目中理想的婚姻？这从柯林斯牧师的特殊身份和特别的言谈举止就可以体会到。18世纪的英国社会的妇女地位相对于男性是不高的，女子最好的出路是嫁个有地位有财产的丈夫，要么，就去当家庭教师，而当时家庭教师的地位是很低的。难怪班纳特太太得知彬格莱先生来到尼日斐花园的消息时喜不自禁地说："哦！是个单身汉，亲爱的！确确实实是个单身汉，一个有钱的单身汉。每年有四五千镑的收入，真是女儿们的福气！"根据英国当时的法律，班纳特太太的遗产，她的女儿无权继承，而有权继承这笔不薄的遗产的是他们的亲戚柯林斯牧师，所以，班纳特太太多么希望女儿伊丽莎白嫁给柯林斯牧师，那么，家产也就不会外流了。当柯林斯牧师春风得意地来到班纳特太太的家园时，伊丽莎白小姐的美貌深深地吸引了他，所以，他就冒昧地向伊丽莎白小姐求婚，结果被毫不犹豫地拒绝了，他显得怏怏不快，但却彬彬有礼，不失体面。当夏绿蒂小姐看中他的地位和财产冲他暗送秋波时，柯林斯牧师就愉快地接受了。而且主动向她求婚，又很快地结婚。后来，伊丽莎白到他的新家做客，他热情地接待，并时时不忘炫耀自己的幸福。但是，却丝毫引不起伊丽莎白的好感和羡慕。伊丽莎白不止一次地自问：夏绿蒂嫁给柯林斯牧师难道真的会幸福吗？对于像柯林斯牧师这样有身份有地位有钱财但少美德的先生，伊丽莎白毫无兴趣，当然，也燃不起她爱情的火焰。那么，由此我们可以认为，只为钱财和地位结婚的爱情是奥斯汀所不屑一顾的。

那么，窈窕淑女怎样去寻找如意郎君呢？达西和伊丽莎白的完美结合，阐释了奥斯汀的爱情婚姻观。

从小说的叙述看，达西和伊丽莎白的爱情之路是曲折的，并不是一帆风顺的。伊丽莎白从小就生活在18世纪英国南部的乡村田园村庄，恬静优美的田园风光陶冶了伊丽莎白的纯情优雅的内在气质，在这个生活有保障的中产阶级家庭里，她和她的姐姐吉英既有姣好的美貌，又有良好的教养，不像她们的妹妹，轻浮而放荡。彬格莱先生和达西先生的闯入，打破了她们宁静的田园生活。这些借英国北方工业革命而首先富起来的大款，带着一身的优越感，文质彬彬地走进尼日斐花园，绅士派头十足。尤其是彬格莱先生，既有财产又有地位，长得一表人才，待人彬彬有礼，怎么能不拨动吉英小姐的芳心？所以，吉英小姐在第一次舞会上就被这位曾两次盛情邀请她跳舞的彬格莱先生吸引住了，但是，为了体面，爱慕之情毫不流露，只是默默地待彬格莱先生向她求婚。苍天不负有情人，这个漂亮、善良、随和、温柔、害羞的吉英小姐，几经周折，赢得了彬格莱先生的爱慕，如愿以偿地实现了爱情之梦，这无疑是奥斯汀所称道的爱情典范，但还不是最理想的。只有达西和伊丽莎白的完美结合，才是奥斯汀的理想所至。达西和伊丽莎白并不是一见钟情，而是在第一次见面的舞会上，由于达西的傲慢，惹得伊丽莎白小姐对他十分讨厌，认为达西虽然有钱有地位有上好的相貌，但是素质不高，教养不够。所以，不要说对达西产生爱情，连好感也未产生。而达西因为目睹了伊丽莎白的妈妈和两个妹妹的言谈举止，心里有点儿不舒服，认为她们的气质风度有些不体面。在和伊丽莎白的初次见面中，二人不欢而散。后来，到了尼日斐花园，伊丽莎白悉心照料她生病姐姐吉英的一举一动，引起了达西先生的注意，他开始对这个漂亮的姑娘产生好感了。但是，好事多磨，这时的彬格莱小姐对达西在情感上发起了进攻，唯恐达西和伊丽莎白牵手坠入爱河，并不停地从中作梗，使达西和伊丽莎白难以见面。这时，韦翰出现了，他的出现，搅动了伊丽莎白平静的心湖。韦翰的风流倜傥、滔滔不绝、淋漓尽致的表演，一度让伊丽莎白小姐情窦初开，以致坠入爱河而变得愚蠢可笑，竟轻易地相信了韦翰诽谤达西的花言巧语。从韦翰口中说出的达西，是一个品行不端、劣迹斑斑、薄情寡义的纨绔子弟，由此，伊丽莎白对达西的偏见进一步加深。等到达西真心真意、和蔼谦恭地向她求婚时，她讨厌地拒绝了。使我们绝望地看不到他们爱情的希望，以为一对有情人就此告吹，真是“山重水复疑无路”了。可达西的一封真诚坦率的信，如一根火柴，点燃了两人爱情的火焰，拨开了笼罩在伊丽莎白心头的乌云。特别是韦翰带着丽迪雅私奔的消息骤然传来，无言的证明了韦翰的话全是谎言，而达西的话全部是真的，谁是谁非，“柳暗花明又一村”了。历经曲折误会，伊丽莎白对达西的偏见消除，达西的形象也在故事的发展中逐渐明朗清晰了。

他善良典雅，慷慨大方，有财产，有相貌，有修养，有品位，伊丽莎白还有什么不满意的呢？奥斯汀还有什么不满意的呢？窈窕淑女就这样寻找到了如意郎君。

2002年5月16日

向归有光的奶奶学习

学习归有光的《项脊轩志》，品味其中一段，令吾辈人民教师汗颜不已。

> 余自束发读书轩中，一日，大母过余曰："吾儿，久不见若影，何竟日默默在此？大类女郎也？"比去，以手阖门，自语曰："吾家读书久不效，儿之成，则可待乎！"顷之，持一象笏至，曰："此吾祖太常公宣德间执此以朝，他日汝当用之！"瞻顾遗迹，如在昨日，令人长号不自禁。

向"大母"学习，向归有光的奶奶学习。

吾辈新时代人类灵魂工程师为什么向500年前明朝的一个斗大的字不识一个的文盲老太太学习呢？学习她的什么呢？

"余自束发读书轩中"，归有光相信"书中自有千钟粟，书中自有黄金屋，书中自有颜如玉"，归有光相信"朝为田舍郎，暮登天子堂。将相本无种，男儿当自强"，归有光践行"修身，齐家，治国，平天下"，归有光践行"先天下之忧而忧，后天下之乐而乐"。世俗的目标和高尚的理想水乳交融，并行不悖。"束发读书"，其志向不在小，其意志不在弱也。

一日，大母过余曰："吾儿，久不见若影，何竟日默默于此，大类女郎也？"奶奶专程拐着一双三寸金莲来看望归有光，竟然不知道孙子默默于此束发读书？不，是假痴不癫、明知故问也。知道孙儿废寝忘食，苦读熬人，但巧妙维护孙子的男子汉尊严，心中藏爱，嘴里无情。无情才轻松。“好长时间不见你的影子啦，为什么天天在这儿悄悄地坐着，活像个大姑娘一样？”通俗的调侃中不乏朴素的幽默。幽默不是好玩的，幽默是重压下的潇洒啊！但是，归有光的奶奶玩得游刃有余。听，“大类女郎也”孙子不笑也要张张嘴。好，要的就是你龟孙子的抬头一笑。科举是了不得的，但是，身体是不得了的。

“比去，以手阖门。”好了，老婆子不打扰你了，“轻轻的我走了，正如我轻轻的来。”经常不来，来了就走，这叫稀罕，这叫有品位。天天黏在身边，“虽曰爱之，其实害之。虽曰忧之，其实仇之”。

自语曰：“吾家读书久不效，儿之成，则可待乎！”

难道真的是自言自语？不，是旁敲侧击，无心栽柳柳成荫。“吾家读书久不效”，先搞一点家族历史性忧患教育，激起年轻人的雄性斗志，尔后水到渠成，激励赞美，你能行！你真的能行！“儿之成，则可待乎！”归有光偷偷地听了，一定像大雪天遇上了火炉子，青春的胸膛热血沸腾，进士的桂冠在向他招手致意。

“顷之，持一象笏至。”多智慧的老太太啊！千说万说，不如看看实物。这教育那教育，不如情景教育。“象笏”！归家引以为自豪的陈年古董拿出来了。不是自恋，不是卖弄，是要继承先人的光荣传统。一个没有家族荣誉感的人很难希望他有社会荣誉感。小则光宗耀祖，大则为国为民，老太太深谙此朴素的道理。曰：“此吾祖太常公宣德年间执此以朝，他日汝当用之！”“江山代有才人出，各领风骚数百年。”归家这一代，就看你归有光了。此“象笏”，你先人能执此上朝，他日你归有光也可以用之啊！语言朴实无华，毫不哗众取宠。种瓜得瓜，种豆得豆。所以，“瞻顾遗物，如在昨日，令人长号不自禁。”向归有光的奶奶学习！

2012年11月5日

且何为阁子也

读震川先生归有光的经典美文《项脊轩志》，最能拨动我心弦的是“且何为阁子也？”这天真一问了。“那么什么是阁子呢”？几个深居密闺的少女对外面的世界多么好奇啊！尤其对读书人家的向往之情，溢于言表。是的，究竟什么是阁子呢？是宽敞明亮的大房子，还是窗明几净的大屋子？是藏书满架的书斋，还是仅有笔墨纸砚的陋室？是雕栏玉砌的楼阁还是古色古香的雅轩？看景不如听景，这从姐姐口中听来的风景太有诱惑性了，像一个未曾见面的如意郎君啮噬着少女羞涩的心灵。“吾妻归宁，述诸小妹语：闻姊家有阁子，且何为阁子也？”我的妻子回娘家省亲归来，转述小妹们的话：听说姐姐家有一个阁子，那么什么是阁子呢？真的是对一座特殊的建筑的好奇吗？还是对一种风雅的附庸？不，从她们几个小姑娘天真直率的口味中，洋溢的更多的是对脱俗高雅的追求，对书香门第的向往。遍及今世，还有多少小姑娘问出嫁的姐姐这样的问题？如果好奇，恐怕要问：且何为别墅也？且何为法拉利也？

那么，什么是阁子呢？“项脊轩，旧南阁子也。”噢！不过是归有光的一个书房而已，而且还是一个破旧的坐南朝北的小房子。中国人住房子，就住坐北朝南的房子，冬天暖夏天凉，春天秋天喜洋洋。南房子可不好受，阳光照不上，阴风穿透堂，一年四季见不上太阳。这就是少女们梦寐以求的“阁子”？是的，不仅如此，而且“室仅方丈，可容一人居。百年老屋，尘泥渗漉，雨泽下注；每移案，顾视无可置者”。这就是中国曾经的读书人坚守的阵地？归有光在坚守什么？坚守狭窄得无以转身？坚守破烂得雨泽下注？不，他在坚守一份宁静，他在坚守百年老屋，他在坚守一方心灵的家园。唯其如此，中华文明才灿烂辉煌。文化是宁静的孪生姐妹，奢侈浮躁孕育不出顶尖的文明。然而，深居简出于项脊轩的归有光也不是苦兮兮地像个乞丐，他仰天俯地，读书写字，其乐融融。“又杂植兰桂竹木于庭，旧时栏楯，亦遂增胜。”有兰有桂有竹相伴，再破旧的栏杆也别有风景啊！况且“借书满架，偃仰啸歌，冥然兀坐，万籁有声；而庭阶寂寂，小鸟时来啄食，人至不去。三五之夜，明月半墙，桂影斑驳，风影移动，珊珊可爱”。今天为了高考而“生命不息，冲锋不止”的莘莘学子，何曾有这样的享受啊？他们资料堆积如山，他们敢放歌长啸吗？他们静坐发呆，他们能聆听鸟歌虫鸣？他们独守书房，他们何曾与鸟对歌？他们彻夜奋战，他们欣赏过十五的月亮吗？至于“桂影斑驳，风影移动，珊珊可爱”，他们做梦都感觉不到。

“且何为阁子也？”这就是“阁子”啊！这是大自然给读书人的一份丰厚的眷顾啊！这样的意境，是会感染不读书的人的，“吾妻归来，时至轩中，从余问古事，或凭几学书。”一个时代不允许学习读书的女子，都忍不住缠绕在丈夫的身边问这问那，这是怎样的学习的地方啊！

“且何为阁子也？”“庭有枇杷树，吾妻死之年所手植也，今已亭亭如盖矣。”人走了，但是，树还在长。人无情？人多情？人无情而去，树多情如盖。

2012年11月5日

谢谢宋太祖赵匡胤

和学生一块评析一份试卷，觉得文言文阅读十分有趣，于是摘录其中片段如下。

> 太祖既得天下，召赵普问曰："自唐季以来，数十年间，帝王凡易十姓，兵革不断，其故何也？吾欲息天下之兵，为国家建长久计，其道如何？"普曰："镇节太重，君弱臣强而已。惟稍夺其权，制其钱谷，收其精兵，则天下自安矣。"语未毕，上曰："卿勿复言，吾已谕矣。"上因晚朝，与故人石守信、王审琦等饮，酒酣，上曰："人生如白驹过隙，所为富贵，不过多积金帛，厚自娱乐，使子孙无贫乏尔。汝曹何不释去兵权，择好田宅，重为子孙久远之业，多置歌儿舞女，日饮酒相欢，以终其天年。君臣之间，两无猜嫌，上下相安，不亦善乎？"皆再拜曰："陛下念臣及此，所谓生死骨肉也。"明日皆称疾，请解兵权。上许之，皆以散官就第。赐赉甚厚，诸功臣皆以善终。

尽管引文有点长，但高中文化水平之人皆可以看明白。不就是中国人耳熟能详的赵匡胤"杯酒释兵权"的故事嘛。1981年，我念初中时，中国历史说北宋王朝，开山之作便是这"杯酒释兵权"了。当时，历史老师就感激得双眼红润，盛赞赵匡胤英明睿智心慈手软，哪里像汉高祖刘邦，在西楚霸王项羽乌江自刎后，天下尽归汉王。一瞬间，皇帝姓刘，五湖四海诸侯王皆姓刘。于是，曾经鏖战沙场，出生入死的异姓兄弟一个个魂归天堂。杀韩信，逐卢绾，除英布，铲彭越，好一个鸟尽弓藏！好一个狐死狗烹！好一个卸磨杀驴！被汉高祖导演得淋漓尽致。还唱什么煽情的《大风歌》？“大风起兮云飞扬，威加海内兮归故乡，安得猛士兮守四方！”惊世骇俗的猛士都让皇帝诛杀完了，还喊什么喊？至于萧何曹参张良陈平等出谋划策的文臣，手无缚鸡之力，怕什么？但是仙气十足的张良还是急流勇退，遁隐山林，和山和水称兄道弟去了。和汉高祖刘邦比，宋太祖赵匡胤是多么的善良啊！

30多年来，带着历史老师的谆谆教诲，我一直心无杂念地认为，宋太祖赵匡胤是多么的英明睿智和善良啊！今天，和学生一起遇上了“杯酒释兵权”的源头，认真阅读，自由讨论。学生竟然意见相左，针锋相对，争论不休，吵得不可开交。反对派用诗的语言歌唱着他们对宋太祖赵匡胤的不屑一顾，“既然有鲲的能量，请给我辽阔的海洋，任凭我在大风大浪里潇洒地流浪；既然有鹏的能耐，请给我无垠的天空，任凭我在风雨交加中自由地翱翔。”有的学生甚至对赵匡胤深恶痛绝：“是谁羁绊了我们前进的双脚？是谁折杀了我们飞翔的翅膀？是谁淹死了我们梦想的婴儿？是雄鹰就不愿在林间安逸享乐，是猛虎就不愿在平原信步游荡。那个万恶的封建独裁，和亲爱的赵匡胤一起埋葬。”

哎呀！21世纪的年轻人啊！突然间使我的眼前一亮。

千百年来，独裁者就把臣民不当人，老是关在黑漆漆的铁屋子里，偶然间，出现了一个英明的独裁者，用高贵的手指头将铁屋子点个小洞洞，于是，一束吝啬的光射进来了；于是，臣民感动得痛哭流涕，似乎看到了红太阳，山呼万岁万岁万万岁，这山摇地动的感恩戴德之声，抚摸着独裁者的每一个毛孔，终于刺激到了兴奋点；于是，独裁者哈哈哈地畅笑。赵匡胤导演的“杯酒释兵权”不过就是将铁屋子点了一个小洞洞而已。所以，石守信等大将就三跪九拜，连呼万岁，啊！皇帝仁慈，对大臣如此顾念，真的使死者复生、白骨长肉啊！但是，这一番感激不尽的屁话说完之后会怎么样呢？佯称有病，交出兵权，每天酒足饭饱之后，心旷神怡地打着饱嗝儿，肆无忌惮地放着响屁，高兴了斜卧着看美女载歌载舞，不高兴了扇书童两个耳光子，任天上云卷云舒，看庭前花开花落。每一个人都有这一种境界吗？不，是狮子，就必须在草原上驰骋搏杀，你把它豢养在铁笼子里它有什么幸福可言？被杯酒释兵权的石守信等人，灰溜溜地回到他们的高级豪华的别墅里，良田千顷，珍馐如山，美女如云，享受着享受着，难免没意思。不然，大清王国之顺治朝多尔衮，康熙朝鳌拜，雍正朝年羹尧放着山珍海味不享受，放着温柔富贵不享受，为什么要“欲与天公试比高”呢？甚至鱼死网破，身首异处也在所不惜。看来，北宋王朝的石守信等大将军不过是卷在笼子里的一群富贵鸟而已，开心不开心，只有他们自己知道，说什么颐养天年，梦话也。但是，有什么办法呢？皇帝的继承人必须是姓赵的啊？连出类拔萃的亲弟弟赵光义继承了皇位都有些不天经地义，况且外姓乎？所以，封建独裁专制下的王国，功高震主的大臣之命运不外乎两种，要么圈养起来，沉默是金，颐养天年；要么踌躇满志，摩拳擦掌，飞蛾扑火。当然，还有一种，遇上个蹩脚的主子，冒天下之大不韪，弦绷紧了赌一把，说不上还可以赌个皇帝玩玩。你说，还有什么好办法？皇帝的卧榻之旁，岂容他人酣睡？不信？遇上朱元璋那厮，你就倒了八辈子霉了。

2013年1月9日

千古一恨谁之过

和学生欣赏选修课中国古代诗歌散文欣赏，开篇是白居易的《长恨歌》，师生共同思考一个问题：千古一恨谁之过？

学生众说纷纭，或曰都是贵妃惹的祸，或曰都是玄宗惹的祸，或曰都是杨国忠、安禄山、史思明惹的祸，或曰都是欲望惹的祸……丰富多彩，争论不休。似乎都有理，使我陷入深思。

这千古一恨是谁之过呢？于是，抽空听了两位老师对《长恨歌》的讲解鉴赏，虽形式设计不同，但思想惊人相似。那就是对李杨爱情的赞美，甚至推崇到了忠贞不渝的经典爱情。天下痴情男女尽可效仿之。爱江山更爱美人，人之常情；爱美人不爱江山，未尝不可。这使我心里颇不宁静，于是，试探着出了两道选择题。

1. 你欣赏的中学生是（ ）

A. 爱学习不爱美女（帅哥）

B. 爱美女（帅哥）不爱学习

C. 爱学习更爱美女（帅哥）

D. 不爱学习也不爱美女（帅哥）

此题不难，学生大部分选的是C. 爱学习更爱美女（帅哥）。

2. 你喜欢的父母是（ ）

A. 爱丈夫（妻子）不爱情人

B. 爱情人不爱丈夫（妻子）

C. 爱丈夫（妻子）亦爱情人

D. 不爱丈夫（妻子）也不爱情人

此题有点难为学生，但大部分学生还是选择了A. 爱丈夫（妻子）不爱情人。

由此透析，人皆有自恋自爱自私的天性，所以，人的群体生活必须有科学良性的相互依存相互制约的生存规则。否则，人性不良的一面就会滋生蔓延。

怎么将问题复杂化了？精练一下，分析两个问题：一、千古一恨谁之过？二、李杨爱情值得讴歌赞美的吗？

欲明白第一个问题，先应说清第二个问题。从《长恨歌》的原诗看，马嵬事变之后的李隆基和杨玉环的爱情的确动人心弦，有一种海枯石烂、天荒地老、痴心不变的慑人魅力。问今天，有多少人能将爱情进行到底？况且皇帝乎？“君王掩面救不得，回看血泪相和流。”三军不发，皇帝也无可奈何。爱妃只能魂归离恨天，明皇踉踉跄跄逃往四川。到了巴山蜀水，也是“蜀江水碧蜀山青，圣主朝朝暮暮情”，多么有情有义的男人。李隆基大难不死，儿子唐肃宗迎驾回长安，不免闲居怀旧。“芙蓉如面柳如眉，对此如何不泪垂。”“夕殿萤飞思悄然，孤灯挑尽未成眠。”俨然一个可可怜怜的弱者了，怎么不引起善良的人的同情呢？为什么“悠悠生死别经年，魂魄不曾来入梦”呢？贵妃啊贵妃，快走进玄宗的梦中吧！“忽闻海上有仙山，山在虚无缥缈间。”“中有一人字太真，雪肤花貌参差是。”“含情凝睇谢君王，一别音容两渺茫。”真是君有情，妃有义，痴情不改永相随。“在天愿作比翼鸟，在地愿为连理枝。”这样的爱情，世间男女，谁能不心动向往？“天长地久有时尽，此恨绵绵无绝期。”行文至此，李杨爱情，堪称忠贞不渝的经典爱情。比之梁山伯与祝英台、七仙女与董永之爱情，有过之无不及，值得大声赞美，高声讴歌。可惜，李隆基和杨玉环不是红尘平凡男女，而是大唐的皇帝和贵妃啊！二人之于大唐，犹如心脏之于身体。我等不能被这情真意切朝思暮想的爱情冲昏了头脑，洒一把同情的泪水。如是这样，谁为在八年的安史之乱中魂归西天的三千多万苍生鸣冤叫屈呢？要知道，战乱之前的唐王朝也不过五千多万人啊！

唐玄宗贵为天子，开创了开元盛世，将唐王朝推向了巅峰，也将中国封建社会推向了巅峰，但可惜晚节不保，功成名就之时，没有急流勇退，而是太留恋皇权，老了老了，养尊处优地一头倒进了温柔乡，沉醉于男欢女爱之中，置朝政于不顾，置天下苍生于不顾。难怪杨国忠要专横揽权，祸国殃民；安禄山怀有二心，判乱造反。“回眸一笑百媚生，六宫粉黛无颜色。”“春宵苦短日高起，从此君王不早朝。”杨贵妃妙用美色击败了后宫成千上万的佳丽，成功地色住了唐明皇的魂，朝朝暮暮温柔乡，早朝不早朝算个屁。“姊妹弟兄皆列土，可怜光彩生门户。”这才是小女子得宠的欲望。“遂令天下父母心，不重生男重生女。”这才是天下小民的流行时尚。发展到巅峰的大唐王朝，何去何从令人担忧。“渔阳鼙鼓动地来，惊破霓裳羽衣曲。”安史之乱爆发，帝国大厦摇摇欲坠。如同大家闺秀的唐王朝，从此身份陡落，沦落成了烟花女子。这是谁之过呢？是奸相杨国忠？不是。是叛臣安禄山？不是。是皇帝李隆基？不是。是贵妃杨玉环？不是。是人的欲望？不是。那是谁之过呢？是制约权力的制度。如果唐玄宗是克林顿，今天君王不上朝，明天君王就别上朝了。可惜，克林顿与秘书莱温斯基有染，媒体就可以肆无忌惮地弹劾，唐玄宗后宫佳丽近四万，却优哉游哉地享用，他把老百姓当回事儿才怪呢？所以，我们在被李杨爱情深深打动的同时，要谨慎地赞美，否则，谁来安抚安史之乱中命归黄泉的两千多万苍生的灵魂？

2007年8月9日

众女嫉余之娥眉兮

我不止一次地看到标新立异的学者的闲文，说屈原是一个美女，逗得我哑然失笑。如果这些吃饱了撑的学者恶心地求证是真的，屈原这位大美女真应该谢谢毕福剑毕姥爷了，是毕姥爷创意的《星光大道》，让天下能歌善舞的美女，过足了明眸善睐的瘾，闭了怀才不遇的嘴。“众女嫉余之娥眉兮，谣诼谓余以善淫。”不服气，是吧？来，上《星光大道》溜溜，是骡子是马，溜溜就知道了。不是毕姥爷说你行你就行，而是群众说你不行你就不行。

还有一次，看一杂志，说屈原严重的女性化，喜兰花，爱香草，好戴香包。所以，士大夫都见不得他，楚王只好疏远他。“既替余以蕙纕兮，又申之以揽茝。”既因为我用香蕙做佩带而贬黜我啊，又因为我采集白芷而给我加上罪名。屈原真是生不逢时，若在今天，毕福剑一定让他闪闪发光。你看李玉刚，一曲《新贵妃醉酒》，回眸一笑，千媚百婉，铁杆粉丝一坍一坍的，为他哭为他笑。屈大夫上《星光大道》，高歌一曲《离骚》，还不迷死钢镚千百万？

如此闲言碎语，若是屈大夫听见了，一定要“知我者谓我心忧兮，不知我者谓我何求兮”了。

两千多年过去了，聆听屈原的行吟，不理解就是不理解，况且当时的楚国人乎。屈原睿智，纵横捭阖，高瞻远瞩，内富民强国，外联齐抗秦，明治国之理，懂安邦之策。屈原糊涂，才华横溢，赤胆忠心，却不懂专制独裁的政坛就如妓院。如果老鸨英明，妓女美者美其美，丑者丑其丑，各司其职，各行其是，俊丑有别，泾渭分明；如果老鸨昏庸，“众女嫉余之娥眉兮，谣诼谓余以善淫。”越漂亮的妓女越受同伴嫉妒，不嫉妒心里不平衡啊。妆成每被秋娘妒，才高常叫庸夫恨，自然之理也。卖石灰的见不得卖面的，谁叫居高位的瞎了猪眼。

古今中外，生不逢时的人多的是，屈原是其一。

遥想楚庄王当年，不理朝政，长醉不醒。屈原如果遇上这爷们，天天不厌其烦地唠叨，“长太息以掩涕兮，哀民生之多艰。”“民生各有所乐兮，余独好修以为常。”“举世皆浊我独清，众人皆醉我独醒。”楚庄王一定会眯着一只眼哼哼“举世皆智我独愚，众人皆醒我独醉”。醉眼蒙眬，坏坏地一笑，屈大夫，屈才了，好，给你一把利剑，咱爷们不鸣则已，一鸣就得惊人，别像个娘们一样软呻吟。给你辽阔的草原，让你驰骋起来，开辟不出一片新天地，不要来见寡人。屈原如鱼得水，如虎啸林。不是埋怨怀才不遇，而是担心黔驴技穷啊。可惜，他没有遇上楚庄王，他遇上了楚怀王。楚怀王是个没水平的老鸨，屈原这样的美女是注定要倒霉的。“蝉翼为重，千钧为轻；黄钟毁弃，瓦釜雷鸣；谗人高张，贤人无名。”楚怀王的楚国就这样，屈原清清楚楚，却痴心不改。他想干什么？立功？手里没有权；立德？楚王嫌弃他；立言？唠叨没人听。那么，只好立名了。报国之心，皇天可鉴啊。《离骚》《天问》《九歌》《九章》《招魂》。屈原像一只流浪的母鸡，下着一个又一个苦涩的蛋。“知我者谓我心忧，不知我者谓我何求。”我不是一只流浪的母鸡，我不是楚怀王的一个可怜的弃妇，我是屈原，我是楚国的良心。“路曼曼其修远兮，吾将上下而求索。”“亦余心之所善兮，虽九死其犹未悔。”天地之大，竟没有我屈原的立足之地？“沧浪之水清兮，可以濯我缨；沧浪之水浊兮，可以濯我足。”沧浪之水可以濯我的缨，沧浪之水可以濯我的足，沧浪之水却濯清不了楚怀王的眼睛。屈原，为什么不放弃？放弃不是他的性格。他可以放弃小人，可以放弃佞臣，可以放弃怀王，但是，楚国的山，楚国的水，楚国的苍生，屈原放弃不了。这就是屈原的追求，这就是屈原的命，这就是“路漫漫其修远兮，吾将上下而求索”的屈原。难以污浊地活着，不如干净地死去。于是，他纵身一跳，楚国少了一个良臣，汨罗江多了一个屈死的好鬼，中国多了一个流传千古的节日——端午节。悠悠汨罗江，悠悠布衣情，又是一年五月五，我们去江边，戴着香草包，划着香木舟，撒一把粽子，撒一把香米，屈子与鱼同生，屈子与江水同在。屈原，你应该知足了，华夏五千年，良臣千千万，享此殊荣的，又有多少人？更叫人啼笑皆非的是，韩国人摩拳擦掌振振有词地准备申请端午节为大韩民国的非物质文化遗产，可惜，韩国的历史上好像没有一个楚国。即便申遗成功，韩国的端午节也只是韩国的端午节，和屈原是八杆子也打不上的。

2012年4月12日

有多少孩子被蜜蜂蜇过

学习美国20世纪生物学家刘易斯·托马斯的文章《作为生物的社会》，见一段话可爱。“蜜蜂同时过着几种生活：既是动物，又是动物的组织、细胞或细胞器。离窠外出寻找花蜜的单个蜜蜂，根据一个跳舞的小蜜蜂给它的指令：去南偏东南七百米，有苜蓿——注意根据太阳偏转调整方向。”于是就想起了自己和蜜蜂的恩怨情仇。随即提了一个搞笑的问题：“有多少同学被蜜蜂蜇过？”结果，只有3个。60个学生呢，只有3个被蜜蜂蜇过啊。他们对蜜蜂感性的认识有多少？今天的蜜蜂有多少？

童年的时候，家里一直养着好几窝蜜蜂，暖和了，它们在院里熙熙攘攘地嗡嗡嗡地到处飞。有一年，夏天的正午，有一窝蜜蜂特别的热闹，慢慢地就聚集成一团黑云，翻腾而去。父亲高高兴兴地提了个竹篾编制的罩儿，一溜风似的追了上去。我们紧紧地追着父亲，见那一团黑色的云流来流去。突然，就落到了一棵大柳树上，父亲笑呵呵地爬上了树，歌唱似的：“蜂王上罩，蜂王上罩。”不一会儿，那一团黑云就真的慢慢地上了罩，父亲下了树，开心地要走，突然，冒出了一个人，说落在了他们柳树上，就是他们的蜜蜂了。那个人不是别人，正是当时的生产队队长，牛逼得很。父亲是倔性子，理直气壮地将我们的蜜蜂拎回了家，家里又多了一窝新蜜蜂，多好的事啊。可时间不长，大队部传讯父亲，整整一下午，父亲才回来，说，我们家有“资本主义尾巴”，要割掉的，于是，我看见蜜蜂就不开心，觉得这小家伙不是好昆虫。

这种感觉与日俱增。有一次，我和邻居家的小伙伴一起看小菜园，其时，辣椒花开得正旺，见不少的蜜蜂嗡嗡嗡地在花上踩踏撕咬，我们就愤愤不平，用手给蜜蜂弹壳壳，一弹一飞，一弹一飞，弹不死，怎么办？改用指头捏，结果，猛地一捏，不好，被蜜蜂蜇了一箭，食指肿得粗壮，灼烧灼烧地隐隐地疼。至今还记得那种与众不同的疼的味道。灼烧灼烧，隐隐地疼，非常想将冰捣个窟窿把指头浸在里面凉一凉。这就是被蜜蜂蜇过的感觉，今天的孩子有多少有过？

更惊心动魄的一次，是我亲眼看着我的一个堂哥被一群蜜蜂狂蜇乱咬。那时我已经上三年级了，老师带我们去铲向日葵地里的杂草。为了鼓励我们，老师给每人发了一个水果糖，含在嘴里那个香甜啊，以后再没有尝到过。突然，听到一个男同学歇斯底里的哭叫，我们如一股旋风一样都想旋过去看个究竟。突然，老师几声断喝："滚远！快滚远！"我们远远地木在原地，我好奇地一望，啊，一群蜜蜂正在一男同学的头上翻腾，男同学哭叫不停。老师头上裹了一衬衫，手里提了一衬衫，往男同学头上裹，一边裹，一边往不远处的一水涝坝跑，那群蜜蜂紧追不舍，老师拽着男同学扑通扑通扑进了水涝坝，蜜蜂还怒气冲冲地旋了一会儿才恋恋不舍地离开。原来，那男同学是我堂哥，头已肿得软乎乎的，面目全非，眼睛都睁不开了。他嘴里噙着水果糖，跑到地头那边看人家养蜜蜂的，蜜蜂闻到了甜味儿，争先恐后地飞过来抢吃水果糖吧？老师的脸上，手上也蜇得不轻，脸上怪怪的，我们想笑，但是还不敢笑。那个场景，我多年后梦中还再现过。

我上四年级了，有一天，遇上了老师讲唐代的一个叫罗隐的诗人的一首诗，其中两句说"采得百花成蜜后，为谁辛苦为谁甜？"，隐隐约约地感觉，蜜蜂有点可怜，但谈不上喜欢。初一老师讲杨朔的散文《荔枝蜜》，城市的学生不理解"不小心被蜜蜂蜇了一下"是怎么回事，我一下子就明白是怎么回事。散文后面要求背诵的一段"多可爱的小生灵啊！对人无所求，给人的却是极好的东西……"我至今记忆犹新。蜜蜂给人的蜂蜜真的是极好的东西。在那个一贫如洗的年代，每年的八月十五中秋节，母亲都能为我们烙上甜甜的月饼，月饼瓤儿里面就糅合了我们家蜜蜂辛勤酿造的蜂蜜。现在，哪里能吃上那样纯绿色的蜂蜜呢？我进城这十来年，每年的中秋节，超市里都大张旗鼓地卖蜂蜜，但据说那不是纯蜂蜜，是掺了糖的。我吃过，真的不是纯蜂蜜，没有我童年吃的那个味道，沙沙的，甜甜的，黏黏的，偶尔还有死了的蜜蜂在蜂蜜里面。我也曾不止一次地遇见过乡下人模样的农夫进城卖蜂蜜，他们用扁担挑着蜜桶，蜂蜜上面盖着一大片碧绿碧绿的向日葵叶子，纯朴可怜地蹲在闹市的角落，提心吊胆地躲着城管，“不敢高声语，恐惊天上人。”那样的画面让我泪流满面。我情不自禁地会买几斤带回家，不是蒸月饼用，是有时候感冒了咳嗽得难受，蜂蜜和花椒混在一起熬一点喝，润肺止咳。但几次似乎都不灵。有一次，三姐夫说：“那有的不是养蜜蜂的乡下人，是小商贩装扮的，蜂蜜也不是真的，都掺了假的，不掺假也亏得卖不成，就看掺得多吗少。”三姐夫的话也许是真的，因为他家里是养了几窝蜜蜂的。大前年的夏天，我去吃西瓜，满园的油菜花灿烂美丽，蜜蜂嗡嗡嗡地游戏其间，一大池水清澈干净，映照蓝天。蜜蜂络绎不绝地来池边噙水。三姐夫说：“蜜蜂到远处噙了不干净的水，飞不回来就死了，我专门做了水池，蓄了干净的水，让蜜蜂噙。还有那油菜花，也是为蜜蜂种的，现在的花上都洒了农药，蜜蜂采了也不好。现在的蜂蜜价也好，尤其是窝里铲出来的真蜂蜜，要多少价都有人要；不过，人家要亲眼看着你铲蜜熬蜜的全过程，才高高兴兴、放放心心地掏高价钱。”于是，我要求他每年铲蜜时，留给我一点，他十分的高兴。今年，我的外甥女出嫁，我去了，满院不见一个蜜蜂，看蜜蜂窝时，颓废荒凉，毫无生机。三姐夫说：“养不成了，每天都有死的，一扫一大把，不忍心养了。蜜蜂太勤快了，多的要飞到远处采花噙水，死在外面的不知有多少。好几年都不分窝，不添财。”

马克思说：“蜜蜂建筑蜂房的本领使人间的许多建筑师感到惭愧。但是，最蹩脚的建筑师从一开始就比最灵巧的蜜蜂高明的地方，是他在运用蜂蜡建筑蜂房以前，已经在自己的头脑中把它建成了。劳动过程结束时得到的结果，在这个过程开始时就已经在劳动者的表象中存在着，即已经观念地存在着。”人是多么高明啊！人是多么厉害啊！蜜蜂算什么？蜜蜂喝的水污染了，蜜蜂采的花农药洒了，蜜蜂呼吸的空气废气超标了，蜜蜂走投无路了，蜜蜂只有知趣地去死。蜜蜂死了，人就高兴了，没有谁还能建造出比人还建造得好的蜂房了；蜜蜂死完了，人就高兴了，可以光光彩彩地做采花大盗，然后得意扬扬地回家喝西北风。请问，还有多少昆虫愿意为养活人类的庄稼传粉？

2012年4月24日

是“坐井观天”，还是“鹰击长空”

走进新课程，走进语文天地，学生是“坐井观天”，还是“鹰击长空”？是每一个语文教师必须直面的问题。平心而论，近些年的语文教学被应试教育拖入了窄浅冰冷的泥潭，学生无可奈何地“坐井观天”。

为了应试，信守大纲诺言，在课本所选的文质兼美的经典之作中摸爬滚打，死记硬背。哪些该精讲，哪些该自读，哪些只需走马观花地浏览浏览。于是，课本是嫡系，重点篇目是王牌，其他的好书好报好刊都成了“闲书”。有胆敢冒天下之大不韪拿出来看“闲书”的，老师家长就会立即冒出来“围剿”。唉！再辛勤的蜜蜂，盯在一朵鲜花上采撷，酿出的蜜也不会甜；再勤奋的学生，翻来覆去地只啃课本，文学素养也不会日益深厚。

大凡有孩子的家长，都有这样的尴尬：面对孩子明明选错的答案和回答不到位的问题，孩子却执拗地坚持：“这是我们老师说的，怎么会有问题？”老师成了学生心中最圣洁灿烂的一片蓝天，听老师话的学生考试才会得高分，标准答案才是学生思维的完美归宿。生活是丰富多彩的，文学的源泉是生活，语文怎么能和1+2=3似的简单而缺少色彩呢？变才是唯一的不变。一个语文老师的精神世界只是一片蓝天，再丰富多彩也是有限的。况且，有的老师学生也不喜欢，却强压三尺讲台而舍不得改变死板的教法，雄心勃勃地准备将学生训练成录音机，把自己的一言一语半句不落地录进学生头脑，不自觉地剥夺了学生独立思考消化吸收的权利。这是何等的遗憾！给学生一条通道，到无垠的蓝天下，呼吸新鲜的空气。

不知道先进发达地方的语文课有时会不会到教室外面上。西海固是贫穷落后的地区，日复一日，年复一年，六七十多个学生，挤在一个并不宽敞明亮的教室里，为了考学得高分而起早贪黑、摸爬滚打、汗流浃背。没有人肯说，里面的世界太无奈，外面的世界真精彩。没有人大胆地走出教室去上语文课。其实，老师带着一大群学生经常挤在教室里上课，就如同在一个不大的池塘里学习游泳一样，疲惫不堪，叫苦连天。工夫费了，技艺不高。为什么不走进图书馆畅读经典名著？为什么不走进阅览室阅读报纸杂志？为什么不在春暖花开时朗诵朱自清先生的《春》？为什么不在大雪纷飞时朗诵毛泽东同志的《沁园春·雪》？为什么不走进《焦点访谈》《人与自然》《开心词典》《梦想剧场》？

幸好新课程已向我们走来，走进新课程，是一次教学革命，尤其是教师思想观念的革命。对于学生，不能再让他们“坐井观天”，而应让他们“鹰击长空”了。尤其是要把学生看成活的生命，对人生，对生活，对自然，他们有自己独特的感受体验。老师要给学生以思维的自由，只有思维的自由，才有人格的独立，个性的凸显，生命的快乐。自由之意志，创新之精神，才会绽放出绚丽的火花。

好的文章，是用一种巧妙的形式把作者对生活独特的体验传达出来的，读者看了会感到愉悦。这就注定了语文课突出的特点是尊重学生独特的体验。一代人有一代人的生命感受。先哲的文章再经典，因时代之变迁，有的观点亦不合时宜，怎么能强迫学生全部接受？这无异于刻舟求剑。况且，有的文章寓意太深，孩子还没有相应的人生阅历和经验，理解不透彻，是很正常的，为什么偏要孩子摸透成人的心思而过早地失去童心？不如让学生多亲近自然，感性地认识事物。世事洞明皆学问，人情练达即文章。生活就是一本无字的书。行万里路，读万卷书。从无字句处去读书，不亦乐乎？古今中外，阅尽人间沧桑成大器者，何止一个高尔基？生活化的语文才趣味无穷，尊重学生的独特的体验，才有利于学生创新精神的培养。得法于课内，得益于课外。将课本当作钓鱼之法的演练场，引导学生走进生活，体验生命之珍贵，人生之丰富，自然之美丽，创造之快乐，才是语文教学的真谛。

对于前人的经验智慧，我们是要学习接受，可更重要的是要创新，而创新的前提是要敢于思考，思前人未所思，想他人未所想。走进新课程，再不能老师“一言堂”了，使学生始终处于“零思考”。如果老师的话句句是圣旨，那培养出来的不全是唯唯诺诺的奴才？在实际教学中，老师就是喜欢“听话”的学生，对于质问老师的学生反而不喜欢，这不是讳疾忌医吗？“教是为了不教”，学生肯动脑子把老师问得哑口无言有什么不好？这关键是个观念问题。在老师至上论的左右下，学生几乎不要思考，充其量只是老师的思想的录音机。一味地接受、接受、再接受。张口闭口，老师怎么怎么说。为什么不多出几个“我认为怎么怎么”的敢于认真大胆思考的学生？走进新课程，应鼓励学生敢于思考、善于思考。一节好的语文课，不是要上得没有问题，而是要上得问题越来越多，使学生从接受走向创新。

人化的自然，自然的人化，是每一个时代先哲的追求的最高境界，许多文学佳作都是天地人合一、心景物一体的结晶。语文课如果还局限于一座教室，一个教师，一块黑板，一支粉笔，了无情趣地摸爬滚打，那确实是闭门造车、盲人摸象、坐井观天。语文课应该从教室走向自然，从封闭走向开放。不要将语文课看得太大家闺秀，紧裹三寸金莲，大门不出，二门不迈，圈得细皮嫩肉，柔柳细腰，弱不禁风。语文应像个大大方方、雄姿英发的时代青年，走向生活，走向自然，走向世界，走向未来。教师要鼓励学生“风声，雨声，读书声，声声入耳；家事，国事，天下事，事事关心”。听《实话实说》，看《人与自然》，观《开心词典》，想《梦想剧场》。和三毛去撒哈拉沙漠流浪，和余秋雨去寻找古老文明的碎片，和易中天品《三国》，和于丹谈《论语》心得。在瑞雪飘飘的寒冬，赋词作曲；在竞选班长的节骨眼上，激情演讲；在针锋相对的辩论会上，语惊四座；在书法展览上，鹤立鸡群。语文是笑容，是泪水，是正义，是良知，是生活，是一首唱不完的歌，是一条流不尽的河。走进新课程，走进新天地，心似蓝天白云，意如清风流水，学生不再是井底孤蛙，学生应鱼翔大海、鹰击长空。

2008年9月13日

教育的歌谣

有一种教育叫“雪中送炭”

前进一名行吗

他是择校生，中考成绩305分。按这个城市高中录取潜规则，三流的高中也进不去，因为这样的高中录取线也要425分。但他却来到了录取线是538分的一流的重点高中，当然，保驾护航的是他父母的人民币。花钱享受优质的教育资源，已经是有了一定的资本积累的体面人的时尚。即使孩子是不争气的一滴浊水，滴进一潭清水的好班，怎么说也会澄清的。父母放放心心地做生意奔仕途好了。

他其实是班里入学成绩最低的，这个他不知道，我知道，同学也不知道。他确实是班里海拔最高的，都一米九了，好像还在长，大家有目共睹。他不迟到，不早退，不旷课。同学跑操他跑操，同学做课间操他做课间操，同学做眼保健操他做眼保健操。叫他拖地他拖地，叫他提水他提水，叫他交作业他交作业。考了三次试，他的理想是能不能考个倒数第二？他意识不到，倒数第一的荣幸是引起了任课老师的高度重视。凡学校考核的科目，老师皆不厌其烦地关注他，好像关心身体的某个器官害了病似的关心。尤其是数理化，他的令人瞠目结舌的成绩，使平均分大打折扣。在这个以分数挂帅的时代，我由衷地对该同学深表同情。

他为什么这么差呢？他为什么这么差呢？我像个外行似的自问。他不至于每次承包了当倒数第一啊？好歹动一下也好。

一个丝雨纷纷的课外活动，他和我漫步在湿润的400米跑道。

他不想和我平行，我侧身边走边聊："天气真好啊！"

"嗯，天气真好啊！"他急促地附和。

"你腿那么长，跑得一定很快。"

"嗯，老师说得对。"

"你作业好像一直在交。"

"老师，是一直在交，不是好像。"

"那考试怎么就不会了呢？"

"本来就不会，作业是抄的。"

"抄谁的？"

"资料书。"

"上课你一直在听啊！"

"不，老师，仅能听懂你的语文课。其他课我一直在熬。"

我仰头无语，望见细雨蒙蒙的天际，一群燕子欢叫着翱翔，眼前有一只蜻蜓，忽上忽下，忽前忽后，也自由快乐地滑翔。但快乐是蜻蜓的，他什么也没有。

又是一次考试后的例行排名，他执着地坚守着倒数第一。我无力阻挡排名的行动，我有意奖励学生的进步。郑重承诺，凡前进五名的，奖励我亲笔写的软笔书法作品一幅。如潮的掌声令我陶醉，惬意地倘佯于走道。走近他时，他忽地站起，低声问道："老师，前进一名行吗？"望着他的脸，由清晰渐近模糊，"行！"我重重地承诺。

光阴匆匆又考试，他脱掉了"倒数第一"的帽子，领奖时笑容灿烂。一次大选，他荣任体育委员，找到了他驰骋的草原。

有了还你八个元

高二开学，文理分科，尘埃落定，班里多了九张新面孔。来不及细细地阅读，有一天，主持分科的副校长随意地问："杨一鹏分到你班了，啊哦？""是的。"我糊里糊涂地应付，至于杨一鹏的底细，真的不清楚。

一天上午第一节课中间，王老师怒不可遏地扯着一个学生，来到我的办公桌前："哼！要上头了，要上头了，明明看见玩手机，要，不给；身上一摸，还抡胳膊打老师。"

"谁打你了？当众搜身，还不准人挡？"争辩的是一个虎背熊腰、横眉竖眼、脸上肌肉跳跃的男生。

"您消消气，先给其他学生上课。"送走了老师，我坐在椅子上一声不吭，想高兴的事儿。

"老师你说咋办？"这个男生的脸上肌肉平静了。

"你看着办？"我说。

他矗立在那儿不动。

"准备上下一节课！"我善意提醒。

他狐疑地走了。

"这就是杨一鹏。高一时在尖子班（3）班，高分考进来的，老打架，搅得（3）班鸡犬不宁。无可奈何花落去，沦落到了你们普通班，似诉此时不得志，愤青一个。"给（3）班代课的一个老师说。

哦，原来如此。我开始欣赏他了，

过了一天，王老师碰见我，笑笑说："杨一鹏道歉了。"

此后的好长一段时间，他没棱没角，默默无闻，不知不觉地淡出了我的视线。我遗憾这只大鹏飞进了云里雾里。他的生活没有了兴奋点，日子变得死水一潭。

运动会开了，他阳光灿烂，飞身一跃拿冠军，纵身一跳成亚军，接力赛上是黑旋风，回到班级，王者归来。

这块冰了的煤会燃烧起来吗?

冬天的一个凌晨，年级主任叫我，说杨一鹏把同学打了，还威胁被打同学的班主任。

进了主任的办公室，杨一鹏气势汹汹地矗立着，挨打的同学萎靡不振，他的母亲满脸怒气，被威胁的老师喋喋不休："还了得，等毕业了收拾老师。"

"我们儿子被打成脑震荡了，先到医院看病，看好了再收拾你们老师去。"家长不温不火地说。

咋办？我地上转了一圈。看，挨打的同学无大恙，想出气而已。我想，杨一鹏父母离异，杨一鹏由母亲带着，家境贫寒，医院不能进。但不进医院，生气的老师下不了台，愤怒的家长平静不下来，被打的同学委屈难受，打者杨一鹏得寸进尺。咋办？我地上转了一圈，掷地有声地说："我的学生就是我的孩子，走，跟我到医院去。"

走啊走啊，走到了医院，先和家长沟通了几句，谢天谢地，家长通情达理。

挂号啊，会诊啊，和大夫会意，大夫诊断后开玩笑说："打得好厉害啊！不过，笑一笑，握一握手就好了。"

"老师，花了多少钱？"

"八元。"

"我有了还你。"

"不用。"

"给我妈不说行吗？"

"我没想过说。中午买点水果去挨打的同学家看看。"

有一种教育叫锦上添花。孟子说，得天下英才而教育之，乃人生之一大乐事也。

有一种教育叫雪中送炭。雨果说，多办一所学校，就可少办一座监狱。

教育者慎思量。

2012年1月17日

经历高考

离7月7日不到两个月了，英语还什么也不会，数学也啥都不知道，咋办？同学都在试做高考模拟题，同桌一会儿就做了78分，好像是英语，又好像是数学。咋办？我语文、政治好啊，历史、地理也好啊。小麦地碧绿碧绿的，我在小麦地里背历史，齐腰的小麦缠得我动弹不了，我想走，走不了，想走，走不了……考不上咋办？咋办？儿子今年也考啊！他考上，我考不上，村里人咋说呢？我在小麦地里转着，就是转不出来。想喊，喊不出来。再喊，醒了。原来是南柯一梦。

这样的梦这两年一直做，醒了后使劲地摇摇头，掐一下腿，疼，哑然失笑。自己都教书23年了，还提心吊胆考不上大学？于是又踏实地酣睡了。

我是1987年高考的，那时高三才分科，我偏文，但人们瞧不起学文的，说学文的多是死狗烂娃，没几个好的，学理一窍不通，无可奈何才学文。我孤傲得不信邪，执拗地学了理。有一次，生物考了88分，物理考了85分，都是班里第二名。物理老师选了5个县级竞赛选手，我是其一。那几周天降大雪，天地一片光明，老师同学看我时，我觉着他们心里嘀咕“这家伙啥也能学”。不幸的是，有机化学开始了，分子式一个也记不住，尿素的分子式写在手背上，记了一个星期还是忘了，于是，我决定学文了。那个寒假很冷，学校补物理、化学和英语，同学报名的不少，我独自偷着乐。真是花钱找难受，想学还需要老师补？我的大事是找校长转科，校长笑嘻嘻地盯着我看了半天，问："你没睡醒吗？"丢一句"开学了再说。"就忙去了。我很兴奋，机会来了，置之死地而后生，背水一战嘛，回到家，赫然软笔书写一联："有志者，事竟成，破釜沉舟，百二秦关终属楚；苦心人，天不负，卧薪尝胆，三千越甲可吞吴。"就将六本历史书用线订在一起，六本地理书用线订在一起，掂了掂重量，还可以。欣赏了又欣赏，像猫捉住了老鼠玩弄似的。

战争一打响，我激动得彻夜难眠，边看边写，边写边看，知识嗖嗖嗖直往脑子里钻啊。一直坚持到高考前，写了几厚本。结婚了有了儿子，妻子撕扯了给儿子擦屁股，讥笑我："还说你多聪明多聪明，看看这些擦屁股的演抄纸，我有你一半的功夫，北大都进了。"前两年，儿子不用功，妻子又后悔，无不叹息："唉，可惜了那些演抄纸，保留下来让这懒家伙看看，他老子当年是怎么考上大学的。"那时家里贫穷，书房没有生火炉，就在地上转来转去地大声背，像疯子一样，有"气吞万里如虎"之豪壮。困了就到院子，找找月牙儿在哪儿，数数天上的星星有多少，听村里谁家的狗在叫，听西北风呼呼地吹。困得没办法了就上炕，看着看着睡着了，忘了拉灭灯。"你还没睡吗？天亮了再看。"窗外母亲的声音常常惊醒了我。拉灭灯，深深钻进被窝里，回忆看过的知识，听到母亲还往炕洞里捣柴火。

那年冬天真冷啊，但我心里却温暖如春。除夕夜，从城里回来的四姐硬拽我看春晚，我勉强去看了几眼，只记得一个个子高大、头发茂盛的俊朗小伙子扭着唱"你是冬天里的一把火，熊熊火焰温暖了我的心窝……"再别无印象。后来才知道那小伙子叫费翔。

历史、地理不担心，害怕学校不转科咋办？过了年，瑞雪飘然而降，绵延不断啊。冒着大雪去了学校，站在班主任家的地上，一会儿地湿了一大片，布鞋被雪水湿透，衣服也湿了，头发梢直掉雪水。班主任问："历史、地理，你看得过来吗？""我已看了一遍了。""那我给你问问。"我鞠躬谢了他，就走了。高兴得边走边唱边打滚，博大的洁白的厚厚的雪的世界包容了一个狂妄的年轻人。

开学了，去找文科班主任，"你真是胡整呢！好吧，当个学习委员。"老师真瞧得起我啊。进了文科班，整整一个月，认识的同学老好奇地看我。关系好的无不关心地问："来得及吗？"来得及，我有全盘计划。坐在教室，老师的讲课一句也不听，端坐如钟，貌似专心，老师高兴。我神游在自己设计好的学习之路，领略沿途美丽的风景，品味咀嚼，好不兴奋，会心一笑。有时，老师还以为他的话感染了我，有心旷神怡、把酒临风的骄傲。课堂上，很多同学也不听，不明智地捣乱。我享受着在不学的环境中学习的快感，进步神速啊。有一次考试，历史老师说："理科班过来的张政军，才学了一个月，啥都知道呢，原因就是上课认真听讲啊！"英语老师也把我确定为重点培养对象，每节课都叫我，但我每次站起来都不会，她就遗憾得再不叫了。我至今都觉得欠了她一份情。那时我科学决策，放弃英语。因为学得再好，高考也不过50分，到时候我抓阄，运气好，考个30分没问题，果然，高考英语26分，万岁！

春天，走在羊肠小路上，我背历史，夕阳洒在身上；夏天，走在茂密的青草上，我背地理，麻雀飞过头顶。快高考了，母亲老叫我去放五只羊，羊悠闲地吃草，我悠闲地读书。一次，羊偷吃了豆子，一村妇笑话我："读那么多书有啥用？"7月5日，吃了两个荷包蛋，带了10元钱，背了几本书，进城高考。乘车7角，运气好是专车。7月7日开考，兴奋，夜不能寐；8日，高兴，考罢数学，在一楼和一女同学说笑，二楼吐下一口浓度大的痰，估计是憎恶高考的王八蛋所为。女同学以手掩口笑，我恪守"小不忍而乱大谋"原则。9日，幸福，考结束了，天降大雨，和一漂亮女生说高考，口是心非，连说"不行不行"，心里志在必得。

一月后揭榜，榜上有名，语文88，地理88，政治79，历史69，数学36，英语26。超录取分数线58分。班里打架高手"黑旋风"叫我，走进一树林，一声不吭。他喜欢打架，厌恶学习，憎恶高考，我怕修理我，双手抱了头，等着。"真是你狗日的考的？""真是的！""没有日鬼？""没有！""狗日的我服了你了，一学期捞了个铁饭碗，狗日的高考！"

狗日的高考！我成了村民眼中吃皇粮的了。不用像驴一样套进架子车里一车又一车地拉土粪，不用三折子窝在地里像鸭子挪步一样一趟又一趟地割麦子，不用跟在牛屁股后面没完没了地犁贫瘠的黄土地。往后好些年，我都热情地讴歌高考。一次又一次地激励学生"朝为田舍郎，暮登天子堂。将相本无种，男儿当自强”。

近些年，面对高考，讨伐声此起彼伏。高考纵使有一千个不对，请问，今天的中国，还有什么更好的选拔人才的方式？禅让？世袭？举孝廉？科举？推荐上大学？还是高考最公平。虽然高考扼制了一些聪明的偏才怪才鬼才奇才，但它愧对不了大多数苦才人才英才，也抬举不了懒才庸才蠢才坏才。从我23年教的学生看，有志者，高考不负；苦心人，高考不负。高考亏欠的是那些太聪明的逍遥者，他们的聪明宠得他们对三番五次摸爬滚打在题海里煎熬不屑一顾，而对庄子的“扶摇直上九万里”情有独钟，梦想快刀斩乱麻逍遥一游，耐不住高考前的翻来覆去地打磨。因为这种人天赋有余喜新厌旧，而高考前的漫长复习是地地道道翻来覆去地热剩饭。至于有人感慨，有的人高考落榜了，但是，走向社会腰缠万贯了，飞黄腾达了。这说明人家兴趣能力就在那一方面。

令人担忧的是，并轨以后，大学生毕业双向选择，“海阔凭鱼跃，天高任鸟飞。”好是好，但这种美好的竞争机制，在中国这个人情的海洋，某地某时会是天方夜谭。

2012年2月9日

教莫大于教有脸

深秋了，天高云淡，下午的阳光煞是灿烂。没有风，精致的旗杆高高地耸立在校院的正中间，五星红旗自然地下垂，一点也不见动。距离旗台两步远，笔直地站立着五位同学，四个男生，一个女生，高二的，面朝教师的办公楼，背对学校的大门。其时，正值下班，教师零零星星地走出办公楼，扑入眼帘的正是这五位同学。同学的眼睛自然不敢和老师对视，一个个低下了头，双手下吊，笔直地立着。阳光洒到身上，不见青春的风采，但见萎靡的神态。猜想这也许是班主任的良苦用心，面对神圣的国旗好好反省，面对一个一个迎面而来的老师羞得无地自容。从此良心发现，痛改前非。这种刺激教育法，会立竿见影吗？这种刺激教育法，会妙手回春吗？是的，有的学生的病已经病入膏肓，需要下猛药医治，但是，得病之前，老师为什么没有防患于未然？得病之初，老师为什么没有对症下药？病入膏肓了，一剂猛药，真的会药到病除？有没有适得其反的可能呢？积累了教育经验的都心知肚明。当然，阶级斗争可以这么搞，革命不是请客吃饭，不必斯斯文文，不是东风压倒西风，就是西风压倒东风，不要说斯文扫地，即便是置于死地也很快乐。但这是恶劣的政治游戏，不是教育，教育是文明的同化，教育是思想的认可，教育是动脑筋拨动受教育者心中最敏感最脆弱的那根弦，教育是“随风潜入夜，润物细无声”，教育之灵魂莫大于教受教育者有脸。受教育者的脸皮撕破了，不要脸了，一切教育的灵丹妙药都是徒劳都是枉费心机。辛苦地努力，结果是学生被逼上梁山，落草为寇。回想大宋律法，何苦非要给“违法犯罪”者的金贵的脸上精心地雕刻“美丽的图案”？如果不这样处心积虑地羞辱，梁山上要少多少叱咤风云的英雄豪杰。

明朝的宰相张廷相，有一次上朝，坐于轿子中，觉得轿子颠来颠去，掀开轿帘一看，噢，天下雨了，地面凸凹不平，干湿不均，一个轿夫穿着一双崭新的布鞋，怕鞋湿了脏了，所以拣高地走呢。宰相不忍心数落，那可能是轿夫的母亲或者妻子一针一线做出来的鞋啊。放下轿帘，继续颠着走。突然，轿子平平稳稳，不颠了。掀帘再看，雨下大了，轿夫泥里雨里随便走了。宰相慨叹，养民育民何尝不是如此？小心翼翼呵护不要让湿了脏了，一不小心湿了脏了，谁又在乎湿了脏了呢？一错是错，十错也是错，正是人性最脆弱之所在。破罐子破摔，民间的智慧何曾了得。教育学生何尝不是如此？常常听见老师气急败坏：“啥学生吗？没皮没脸的！”是的，人活脸，树活皮，墙上活着一锨泥。人不要脸了，鬼都害怕呢。那么，请问，是谁揭了他们的脸皮呢？

我常常目睹老师苦口婆心地教育学生，那哪里是教育学生？那场面，我俨然觉得，学生是一个洋葱，被敬爱的老师一层一层当着那么多人善良地剥得精光。

办公室洒满阳光，五六个老师坐在各自的办公桌前各干各的事儿，一个女学生，站在一个女老师的桌前。女学生立眼横眉，女老师横眉立眼。

“你染指甲干什么？你染头发干什么？你打耳钉干什么？你带手机干什么？”老师咄咄逼人。学生无动于衷。

“我忍够了，你蹬着鼻子就上头呢。拿你手机给你家长打电话，反了天了。”老师怒不可遏。学生依然无动于衷。

“给，快打电话！”

“给谁？”

“家长！”

“哪个家长？”

“叫你爸来！”

“我爸不来。”

“叫你妈来！”

“我妈不在。”学生出乎异常的冷静。

“喂，你是李良父亲吗？麻烦到学校来一趟。”老师似乎搬来了救星，长出了一口气，软软地卧在坐椅里。

一个男人不一会儿就来了，像一只没有了眼睛的蚂蚱，满地转着。学生淡定自如，说：“老师，不麻烦你了，我不念了，我没有脸了，我父亲还有脸。谢谢！”说完，留下了一个青春阳光的背影，傲然离去。教莫大于教有脸，问学生“为什么不要脸？”已经迟了。学生还知道脸红的时候，为什么不对症下药？

班主任木然，家长木然。办公桌上的一盆月季花含苞待放。

2012年10月19日

错莫过于怕犯错

晚上九点四十几了，接到一老师电话，说马良打了马强，提着小凳子打在了马强的大腿上，幸亏没有打在头上。接着是马强的声音，说马良嫌他牙大，所以要教训教训他。叫了外班的几个铁哥儿们，没有进得教室。于是，马良就单挑他。问马良现在人在何方，说吓得跑了。跑了就好，挨打的马上回宿舍休息，为明天上课养精蓄锐。

清晨六点四十，我跟早操，一老师笑嘻嘻地瞅着我来了："恭喜你出名了，高一高二时各班都打，你们班风平浪静，高三各班都不打了，你们班马良大打出手，一夜成名。好家伙，打了人还扬言有的是钱，凳子刀子都能上。校长都说不下，是谁介绍进来的补习生？"

"是我班老师的一个亲戚娃。"

"那也不能因为一个人影响一个班的来之不易的好名声。"

"是的，但老师有言在先，说这马良实在调皮，高考仅仅考了200来分，没有学可上，所以补习，拜托我多操心，能补个三本的分数就烧高香了。"我似乎觉得既然接受了这个学生，就意味着要不断地淘气。就好像医生接受了一个病人一样，望闻问切，望闻问切，观察思考，观察思考，对症下药，照病开刀。现在马良打人，我暗自高兴，他的骨头终于痒痒了，装不住了，毛病出来了，正好提刀做手术，让他健康一些。

"补习生还打架？200来分还打架？影响恶劣，不想补了，去打工吧，打什么架？"一老师在一边敲着边鼓。

这学生实在不争气，叫我进退有难。进班以来，零星迟到，偶尔上课睡觉。有时还不来，在家里和父母怄气，父母也束手无策。这次数学考试又没有考。没有一个补习生应有的卧薪尝胆的精神风貌，难怪几位任课老师早早地记住了他的名字。这次又大打出手，打得轰轰烈烈，打得满园风雨。他是生活得寂寞了吧？知识链接不上，宁静致远又舍不得浮躁的学习习惯。高考没有希望，又不愿在沉默中消磨自己的青春。羡慕多彩世界，还没有毅然作别校园留下一个潇洒背影的勇气，不甘心混成班里有没有他别人都是那么学习生活的角色，于是就想张扬浑身的波涛汹涌的肌肉了。前两天运动会，他驰骋沙场，金戈铁马，气吞万里如虎。女生的尖叫，男生的嫉妒，让他着实过了一把瘾。运动会落幕，中国的校园，谁还注目运动员？吃香的是学习遥遥领先的风流人物。高考金榜题名，不仅可以让老师名扬杏坛，还可以让老师得到实惠。中国的老师，想不喜欢这些学习尖子都不行，想喜欢运动员都喜欢不起来。马良是不想运动会上白天鹅似的风光之后回到教室灰姑娘一样无人问津，所以瞄准了卫生委员马强，说同学不敢说之言，行同学不敢行之事，索性擦出火花请同学欣赏欣赏，玩玩卫生委员这把大火，落得个仗义英雄的美名。因为，懒于劳动的同学早就对卫生委员的执着敢怒不敢言了。这倒好，他成了英雄，我被烤了羊肉串。留他，有放任自流、姑息养奸之嫌；不留，老师不舒服，我还于心不忍。他毕竟是个学生，不过犯了错嘛。没有一劳永逸的教育。教育者之大错，就是害怕学生犯错。学生保证不犯错，还到学校有什么价值？学生之进学校犹如病人之进医院，老师和医生之别，不过一个治疗心理疾病一个治疗生理疾病罢了。但是，教育的功利性流行之际，谁又眷顾“雪中送炭”的教育，大家都争先恐后地轰轰烈烈地发展“锦上添花”的教育了。因为追求高分心太切，这些年制造的令人心酸的教育事件还少吗？

雨果说：“多办一所学校，就可少建一座监狱。”教育的底线当是受教育者慢慢地成长为一个好人，而不是急功近利地苛求每一个受教育者华丽转身为学习上的高分英雄。把人才变成英才固然令万众仰目，把人变成人才一定也受人崇敬，但是，把“鬼”变成人，才是“积善成德，而神明自得，圣心备焉”。

走在门厅处，学校的保安又凑了上来，说：“你们班马良，昨晚提着凳子打同学，还说，打倒了要人有人，要钱有钱。你还敢要？”我望着他为我着想的诚意，笑笑，什么也没有说。但我真的不想放弃这个学生，不是因为碍于老师的面子，而是因为我执信的一个不敢广而告之的教育理念——没有不好的学生，只有不好的教育。

2012年10月12日

监 考

高二（11）班教室的一窗风景甚是惬意怡人。在这个教室里，每一次考试考6场，我常常监考4场。两个小时要熬下来，非淡定无以坚持到最后一秒钟。所以，考场的风景看累了，常常移目望窗外的风景。时值盛夏，鲜花瘦萎，绿叶肥嫩，芳草萋萋，青果累累。燕子凌空嬉逐，亢奋得肆无忌惮地嘶叫。黄鹂按捺不住热恋的煽情，在郁郁苍苍的柏树间上下翻飞、打情骂俏。麻雀一会儿飞上树，呼朋引伴，梳理羽毛；一会儿飞下树，兴高采烈，啄水觅食。蜜蜂钻进瘦萎的花心，搜寻着最后的宝藏。蜻蜓妙立草茎，卖弄着轻盈的舞姿。还有渺小的蚂蚁，可惜，我看不到它们在干什么。但我坚信，它们都很快乐。

收目回考场，依然死气沉沉。我不可能激情得任意发挥，做振奋人心的演讲。考场如沙场，枕戈待旦，秣马厉兵，冷面厮杀，鹿死谁手，问天下谁是真正英雄。中国之考场是没有硝烟的沙场。学生是赴汤蹈火的战士，老师家长是运筹帷幄的将帅。沙场不相信眼泪，沙场只相信胜利；沙场不问素质，沙场只问成绩。想到这些，我尴尬得无以抬头。因为，我监守的是35个乏兵软将。幸亏我带的兵只有两个，慑于我的杀伤力，他们还冲锋陷阵，精神抖擞，赴汤蹈火，在所不辞。但是，我胸有成竹，他俩是程咬金的三板斧，呼呼呼地抡完以后，剩下的大把大把的时间是白忙活。考试成绩和其他班33个死气沉沉的考生不相上下。因为，这35个学生加起来都合并不成一个诸葛亮，谈笑间，把一份试卷拿下。所以，可以想象，集中在一个考场里，组合成的画面，有点大煞风景。数学、物理、化学、生物、英语，每一场都是前30分钟抓耳挠腮，冥思苦想，奋笔疾书。中间80分钟，如坐针毡，打怵发呆，长吁短叹。其中有七八个独领风骚，闭目养神，昏昏欲睡，涎水涟涟。后10分钟，有几个精神焕发，神采奕奕，眼睛好像鹞子的眼睛一样，机敏地到处搜寻。监了这两年了，我是庖丁解牛，目无全牛，官止神行，游刃有余，踌躇满志，赏心悦目。严要求，不嗔怪；真理解，不生气。兵来将挡，水来土掩。前30分钟，慈眉善眼，和颜悦色，不监。中间80分钟，悄无声息地转转，小睡的轻敲脑壳，酣眠的重弹脑门，随便监监。后10分钟，高高地独立讲台，如雄鹰矗立悬崖，盯视着机敏的鹞子，严监。

记得两年前，初出茅庐，见此沙场，眼忙脚乱，顾此失彼，忧心忡忡，大发雷霆，堂堂本城重点高中，却牧养着这么多乏羊馋羊。一同事诡秘地笑道："把我脸上的唾沫雨擦擦，你不眼忙脚乱，我怎么会高枕无忧呢？24个考场，800多学生，按分数从第一名到最后一名一字儿排开，按次序从第1考场到第24考场一股脑儿分别装进去，你是23考场，应该祝贺，最厉害的35个还在24考场和我并肩战斗呢。"这样的创意新颖，后面的学生可识庐山真面目？

有一种教育叫锦上添花，有一种教育叫雪中送炭。

有的学生不是翱翔蓝天的雄鹰，只是扑腾于杂草间的麻雀，但他们有飞翔的梦想和快乐的自由。没有麻雀，哪里有雄鹰？雨果说："多办一所学校，就可少建一座监狱。"如果单纯地热爱分数，偏执地热衷功利，含蓄地歧视弱者，弱者一旦如梦方醒，身上的泥点子多了不擦怎么办？象牙塔想法子糊弄出去了，融入社会一意孤行怎么办？反正大家把我当个菜粉蝶嘛。

再说，当初进重点高中，也不是这些学生的错。高高在上的重点高中同情中考的弱势群体，开恩给他们一个共享优质教育资源的机会，以为少数菜粉蝶飞进翩翩起舞的蝴蝶群里，三年后也会翩翩起舞。于是，失落的家长激动不已，踌躇满志，赞助费就赞助费，掏。摇曳多姿的蝴蝶分数线是550分，灰头土脸的菜粉蝶380分不到，拉着拽着会飞起来？即使不能翩翩起舞，也会变成一只好看的蝴蝶。良好的愿望改变不了客观的教育规律。学习是一个“积土成山，积水成渊”的漫长过程，梦想一蹴而就，只能尴尬不已。如果请这些学生的家长来亲自监考，看到这样的画面，他们会泪流满面。早知如此，何必当初。

上过高中的人都记忆犹新，高中的知识不同于初中的知识。“纸上得来终觉浅，绝知此事要躬行。”除了感性的阅读记忆，理性的实践思考显得尤为重要。特别是数理化，380分的和550分的同在一片蓝天下接受雨露，多少人欢喜，多少人忧愁？只有老师清楚。自然科学是无情的，有严密的知识体系，有隐含的科学规律，知识断了层，规律摸不着，“上穷碧落下黄泉，两处茫茫皆不见。”时间一长，望而生畏，索然无趣。于是，无所事事，灰心丧气，惹是生非。应试教育，形势逼人，分数是硬道理。喂也先必须喂饱前面的，一味地“雪中送炭”，领先的一定要揭竿而起。有多少观众愿意把目光盯住跑在后面的运动员？

朱熹说：“问渠那得清如许，为有源头活水来。”这是一个真正的学者的睿智。那么，在今天校园里，要欣赏到鹰击长空、鱼翔浅底、万山红遍、层林尽染、万类霜天竞自由的怡人画面，教育的源头必须得有一股活水，源源不断地流淌。践行素质教育，分数有高低，尊严无贵贱；学校规模有大小，育人无等级。可惜，我们的教育已经搭上了一列没有刹车的火车，雄赳赳、气昂昂地阔步跑向升学率，无暇顾及那些掉了队的孩子。

每当看到有人无奈地挥起锄头清除杂草时，我望着大地追问：种上什么庄稼？

2012年7月8日

关于100%

本次课堂问卷民主评议调查显示，36%的老师获得了100%的优秀率，所有的老师获得了100%的满意率，充分证明高中学生的眼睛是雪亮的，他们是有鉴别力和判断力的，只要老师教学态度端正，教学能力强，学生给你的回报是丰厚的。

本次班主任问卷民主评议调查显示，40%的班主任获得了100%的优秀率，所有的班主任获得了100%的满意率，充分证明班主任队伍是一支优秀的队伍，每一个高中生的心中都有一杆秤，公道就在学生的心中。

这是中期考试后的总结会，会后查了一下我的情况，班主任优秀率91.38%，课堂教学优秀率98.58%。我窃喜，大家都这样；我汗颜，我哪里有这么优秀。多亏调查前我没有给学生做启发性或恐吓性的教育，否则，我就喜获双料的100%了。走上圣坛并不难，难的是坐在圣坛上干什么。是享受老师在讲台上辛辛苦苦地唾沫飘飞，学生在下面昏昏欲睡？是饱受老师批评了一句，学生眼睛一翻，白多黑少，以牙还牙？是难受学生议论纷纷，老师的课堂就是他们的梦游地？是生气今天这个迟到，明天那个旷课，屡说不听，老师闷闷不语？是愤怒今天这个抽烟，明天那个打架，屡禁不止，老师郁郁不欢？是无奈某个学生“不是个东西”，请来家长，上交给校方处理？如果真的100%了，上课如行云流水，学生如浴春风，如饮美酒，心旷神怡，把酒临风，其喜洋洋者也。如果是被100%了，你说，不平无处鸣，有气无处撒，不逗老师玩逗谁玩？水开了就要冒气，壶盖密封不透气，不顶飞才怪。岩浆激烈了就要喷发，地壳坚硬不许，不火山喷发才不符合地理。如果真的100%了，班里晴空万里，阳光灿烂，鹰击长空，雀跃绿地，大树林立，小草惬意。如果是被100%了，沉默呵！沉默！不在沉默中暴发，就在沉默中灭亡。王侯将相，宁有种乎？哪里有压迫，哪里就有反抗。这些经典术语学生能白学吗？白学了也太对不起老师的谆谆教诲了。

我有一次也100%了，但是，我的大脑像是从冰箱里出来的一样，冰冷冰冷，毫不发烧。因为，我提前启发学生："金无足赤，人无完人。我坚信每一个任课老师都不是完美的，但人家100%了，难道证明我们的老师就不行吗？"民意太容易被温柔地强暴了，结果我是100%，学生被100%了。我一学期都像做了贼似的，形象在学生的面前猥琐了许多，看着他们还没有成熟的脸，在强权面前变得世故，我有时不由自主地汗浸满面。一个人好得绝对不可能100%，如果100%了，就好像空气里没有了尘埃，水里面没有了细滓，鸟活不了，鱼也活不了；就好像房屋没有了窗户和门，人住在里面黑不死也要急死。完美是人的美好的憧憬，100%是人的美好的向往，生活因为追求而幸福。真的完美了，真的100%了，那你就进坟墓吧。不然，你活在世上还干什么？祭祀在神坛上让芸芸众生山呼万岁万岁万万岁？

一直以来，我对中国"大跃进"时期的浮夸风百思不得其解，小麦亩产过万斤，不可怕；一头猪需要一辆东风牌大卡车才拉得动，不可怕；玉米棒子搭起高高的梯架才可以掰下来，不可怕。可怕的是怎么可以登在大报的头版头条呢？现在，我若有所悟，原来权力顶端的人喜欢。喜欢算什么？喜欢就是一切。原来大家都这样的话，这样就是真理。

我们有时也和学生一样，民主评议身边的人民公仆，主持活动的人振振有词：请大家行使你的民主权力，客观公正地评议，交一份你们神圣的评卷。于是一人一张表，太多的公民奋笔疾书地画对号，对号是画给哪个人的？不要紧。要紧的是画错号就是多事；对号是画给哪个人哪个方面的？没关系！有关系的你画错号也是白画。于是，有的人民公仆年年100%，一夜之间被双规了，逮捕了，坐牢了，和人民永远地再见了。怎么了？怎么了？是人民一次又一次地画对号把一个好端端的人画上了不归路。无可奈何的时候，人民是有意的淳朴加无意的狡猾。正如吴国的年轻人陆逊，孜孜不倦地赞美关羽好厉害啊好厉害啊！好厉害得关羽走了麦城，高傲的头颅和钢铁的身躯离了异。长期以来，我们无权评价媒体上的人民公仆，眼睁睁地看着他们一步一个脚印地高升，眼睁睁地看着媒体突然报道，他们吃拿卡要，营私舞弊，贪污受贿，身败名裂，甚至自决于人民。可惜了一个人民哺育了多年的人民公仆！

法兰西共和国竞选总统，奥朗德猛冲猛攻，一路领先，萨科齐坚守城堡，不让风头。狭路相逢，电视上面对面三个小时的唇枪舌剑，针锋相对地激烈辩论，让浪漫的法国人大饱眼福。不几天，落下帷幕，奥朗德获胜，萨科齐承认竞选失败，潇洒退出。原来奥朗德才比萨科齐的民意选举多了一点几个百分点，只有百分之五十一点几。这使我想起了美国大兵打伊拉克那一年，美国声讨萨达姆独裁，萨达姆潇洒地朝天鸣枪，说他没有独裁，他的国家才叫民主，全国大选，他的总统得票率100%。我以为萨达姆领导的伊拉克，官民团结如一人，试看世界谁能敌？中国的一些军事专家也饶有趣味地评论，巴格达将有你死我活的巷战，伊拉克军民将誓死保卫伊拉克，誓死保卫萨达姆。美国大兵进了巴格达，我不忍再看电视报道，不忍看近距离的厮杀，结果，久久不闻枪炮声，我睁开眼一看，美国大兵畅通无阻，伊拉克军民一夜之间就蒸发了，中国的军事专家很不好意思，在厕所里满地找牙。当萨达姆的巍峨巨大的铜像轰然倒下的时候，他会不会后悔100%？当萨达姆从地窖里被美国大兵拽出来的时候，他会不会愤怒他的官员统计的100%不够精确？因为给美国打小报告说他藏在地窖的的的确确是一个伊拉克人。

2012年5月8日

丰富的贫穷

清风爽朗的夜晚，我常常走进梦乡，走进童年的故乡。

童年的故乡一贫如洗，上学的孩子一无所有。没有雪白的馒头，没有好看的衣服，没有锃亮的皮鞋，没有精致的钢笔，没有精美的作业本，没有崭新的自行车，没有用不完的零花钱。

饿了吃煮熟的土豆，香脆的胡萝卜，还有那甜嫩的“红根子”和流着乳汁的蒲公英。五颜六色的碎布片拼成了绚丽多彩的花书包，三分钱一支的铅笔屁股上带着点甜甜的橡皮，收拾种糜子的时候上树摘塞鼻子的酸杏儿。

走在上学的小路上，补了又补的衣服穿在身上，舒舒服服的布鞋蹬在脚上，阳光轻洒，清风送爽，芨芨草哈腰，苦苦菜含羞，蜻蜓滑翔，菜粉蝶翩翩起舞，蜜蜂嗡嗡地歌唱，一只惊恐的兔子闪电似的飞奔，一群不知天高地厚的孩子响雷似的呐喊，有几个光着脚的臭小子为什么健步如飞？每一年每一月每一天，上学回家，回家上学，风雨无阻，寒暑无畏。不知道零花钱为何物，一分两分的硬币不过是开心的玩具，五六个挤在一起，玩只有我们自己才懂的游戏，输了就在额头上弹“壳壳”。

那时候，魂好像丢在学校里，一个劲地往去跑。不是因为校园太漂亮，也不是因为爱听老师讲课，只是因为学校太有意思了。土房子土桌子土凳子土眉土眼的土老师，更让人魂牵梦绕的是一架单杠，半个篮球场，一群麻雀，一群狗，一堆牛吃的草，一条小河，一片杏树林，一片桃树林。

校园的西北角有几棵大榆树，相邻的两棵树的身上各钻一个洞，洞里穿过去一根铁棒，就是吸引人翻越的单杠。不上课的时候，单杠上爬满了孩子，远远望去，好像一根有蜜的钢丝上沾满了大大小小的蚂蚁。

半个篮球场离单杠不远，篮板钉在两根柳树桩上，刚栽的树桩光秃秃地像两个和尚，一年后竟偷偷地冒出了新芽，两年后柳条蓬蓬勃勃，万条垂下绿丝绦，活脱脱一双碧绿的大伞，篮球玩热了常常在“伞”下乘凉。

教室的东面连着牛圈。有好几次，正上课时一头牛就大摇大摆地走进来了，悠闲地甩着长尾巴，从容自如地环顾四周，从不为进错门尴尬道歉。牛圈门上常有一堆铡好的绿莹莹的高粱草，牛吃叶子，麻雀啄米粒，我们嚼秆秆。正当我们趴在草堆上嚼得起劲时，老师发现教室里空荡荡的便满校园地大喊：“人都到哪里去了？”于是，我们只好和那群麻雀一样一哄而散，装模作样地蹲在地上用细硬的杨树棍棍写生字。写着写着，不由自主地就走神了，眼巴巴地瞅着一群麻雀自由自在地高高兴兴地在草堆上刨着吃，老师便悄悄地溜到身后，轻轻地在屁股上踹一脚，道：“去！去！连牛一样吃草去！”背着手就走了。

深秋的树叶飘零在校园的上空，地上落了一层又一层，悄然而降的轻霜不请自来，野花杂草像笼着一层薄薄的白纱。忧伤的大雁总不肯乱了队列，恋恋不舍地迁徙南方。但忧伤是它们的，我们照样跳着乐。看一群狗紧紧跟着一只狗满校园地转来转去，蓦地，那一只狗若无其事地蹲着，一群狗却莫名其妙地大动干戈，怒不可遏地撕咬在一起，咬飞的狗毛像柳絮似的在空中飘来飘去。

学校的西面流淌着一条小河，清清的水可以照镜子洗脸，渴了用双手掬着喝，淘米洗菜自不用说，这都是大人们的事儿。小孩子最高兴的莫过于衣服脏了在河里随随便便一摇三摆就干干净净。体育课上，夏天去戏水，冬天去滑冰，得意地抽打着木陀螺欢欢地在冰上转啊转。

学校的北面有一片柳树林，南面有一片桃树林，我们常去树林捉蚂蚱，捏死以后喂蚂蚁。用弹弓打麻雀，打死以后烧着吃。那时候的麻雀，成群成群地飞。老师发现了就装样子背书，老师走了就接着玩，玩累了就躺在树下松软的草地上，躺着躺着就睡着了。松鼠会大摇大摆从脸上走过，忽地惊醒了，一个就骂一个：“睡得像死猪一样！”真后悔到手的松鼠怎么就跑了呢？杏花烂漫的日子，麻雀是不易打着的，可蜜蜂却抓了不少，也常常因此被蜇得鼻青脸肿，手肥得像馒头一样。

贫穷的童年就这样在丰富的大自然中渐渐远去，逝去的是童年的岁月，留下的是抹不去的记忆。童年的阳光、清风、苦菜花、芨芨草、清水河、柳树林、一架单杠、半个篮球场、一群狗、一群麻雀、一头从从容容站在教室地上的牛……所有这一切，无不让人感到天人合一、回归大自然的美。自然界的知识就这样悄无声息地印在了童年的记忆里。

今天的学校是很洋气，闪闪发光的瓷砖，整齐划一的草坪，高贵娇媚的盆景，碧绿挺拔的松柏，而这一切都显得雕琢有余而自然不足。今天的孩子是很富有，统一漂亮的校服，可口美味的佳肴，丰富多样的玩具，用之不竭的零花钱，可他们的童年却远离自然，苍白而了无情趣。他们每天被淹没在作业堆里，挣扎在分数的大海里。除了作业，就是分数；除了水泥路，就是瓷砖墙。这有碍于孩子个性的发展，有碍于孩子对大自然的认识，有碍于孩子创新精神的培养。

2004年4月6日

当“演员”，还是做“导演”

实施素质教育，当“演员”，还是做“导演”，这是一个绕不开的话题。

一些教师的声音无不抑扬顿挫，举止无不自然大方，板书无不流畅美观，演讲无不滔滔不绝，感觉无不良好满意。学生却如坐针毡，心神不宁，交头接耳，心不在焉。原因何在？

一些教师对学生，尤其是对小学生，注重“演”而忽视“导”，想求得如意效果，无异于缘木求鱼。说得不客气点，辛辛苦苦教学，辛辛苦苦害人。

这也难怪我们部分教师留恋“演”的自我欣赏陶醉。多少年了，我们习惯了自我感觉良好的表演，我们想在学生面前塑造完美的形象，我们恨不能把学生的头盖骨打开，将所有的知识装进去，我们恨不能将学生克隆成老师。多少年了，我们总是对听话教育情有独钟。老师说好就好，老师说不好就不好；老师说对就对，老师说不对就不对；老师说是什么就是什么，老师说不是什么就不是什么，老师是权威是真理是心中的太阳。

做个假设。一个老师正讲得兴致勃勃，手舞足蹈，神采飞扬，突然，一个大胆的学生忽地站起来，对老师一脸真诚地说：“老师，您是讲美了，可惜我听得一头雾水。”霎时，教室里鸦雀无声。您是怒发冲冠，驱逐学生出教室？还是微笑着走下讲台，向学生说：“对不起！”然后表扬学生勇气可嘉？您是斥责学生目中无人，不知天高地厚？还是向学生坦言相告：“我喜欢向老师发难的学生！”

试想，学生为什么要强打精神，故作愉快，装出一副听得津津有味的样子呢？一味地表演，强迫性地灌输知识，缺乏科学精神和人文精神地教育，缺乏怀疑精神和创新精神地培养，这样的教育只能造就有知识但无头脑的人。

过分地强化“演”，教师就成了主角，学生连配角也沾不上，只好做规规矩矩聚精会神的观众。演员戏演砸了，观众可以愤然离席，扬长而去。教师的课讲砸了，乏味得如白开水一样，学生能状若鸟雀儿自由飞散？显然，我们的学生很懂礼貌，照顾老师的情绪，给老师足够的面子。有时，实在忍不住了，打个哈呵欠，做个小动作，都算胆大放肆的了。学生如此宽容牵就，其实是太大的自我牺牲。只有学生的存在才是教学的前提和出发点，没有学生就无所谓教学。学生是教学过程中的主体，教师的一切都是为学生服务的，学生有权保持自己独立自主的个体地位，不能成为教师的附庸陪衬。如果我们恰好希望学生是忠实的录音机，那可是教育的悲哀，因为再好的录音机也没有自己的见解和主张、思考和创造。人类没有创造，就谈不上发展，社会也难以向前进步。

目前的素质教育，人人都在喊，谁不喊谁就不时髦，不先进。可实际呢？部分学校还不是新瓶装老酒，照样是应试教育。优秀教师还不是其所教学生考试成绩领先的教师？三好学生还不是听话好、书本知识好、考试成绩好的学生？有多少人把目光盯在学生创新能力强动手能力强演说能力强上呢？有人理直气壮地辩解，考名牌大学不需要这“三强”，好大学青睐的是高分考生。升学考试是灵敏度极高的指挥棒。我们的学生在小学胡言乱语，初中少言寡语，高中不言不语，大学疯言疯语。这种教学模式最大的弊端就是压抑了学生的自主性、创造性，忽视了学生的个性发展，因而我们就难以培养出世界一流的人才。泱泱大国，十几亿人，诺贝尔奖老是和我们擦肩而过，这不能不引起我们的深思。

听听我们的教学经验总结：师傅领进门，修行在个人。学习全靠自用心，老师不过是个领路人。给人鱼不如授人以渔。教是为了不教……哪一句不是在反对“演”而肯定“导”呢？可是，在实践中却难以言行一致。然而，我们已经习惯了继承，习惯了抗拒改变，不愿意承认改变是生活的一部分，这通常是因为害怕失败而过分怀念以往。

韩愈说：“师者，所以传道受业解惑也。”这一关于老师的经典诠释，人们信奉了千年也不质疑。时至今日，如果站在学生一边发问，所传之道学生有没有兴趣？喜欢不喜欢接受？所授术业学生会不会学？学习方法好不好？老师解什么惑？学生无疑不问何谈解惑？如此问下去，“师”的诠释还经典吗？孔子云：“不愤不启，不悱不发。”一语道破教学的奥秘啊！在今天看来，为人师者，必须动脑筋想办法使学生爱学、会学、爱疑、会疑。这动脑筋想办法说透了就是老师要善于“导”。孔子说：“知之者不如好之者，好之者不如乐之者。”乐学才是学好的前提，会学是学好的保证。那么，激发学生的学习兴趣，指导科学的学习方法，当是目前教师双管齐下，必须“导”好的重头戏。教师善于“启疑”则比坐待“解惑”更引人注目。没有提问，就没有回答。一个好的提问比一个好的回答更有价值。世界原本就是被许多好的“为什么”推动前进的。说得耸人听闻点，谁扼杀了好的“为什么”，谁就扼杀了学生的好奇心、创造性，谁就阻碍了科技发明，社会进步。

“导”的内容，无大小巨细。科学精神、人文精神，怀疑意识、创新意识，多向思维、反向思维，学习方法、学习兴趣、学习习惯等。“导”的过程，民主科学，平等友好。教师的绝对权威和监工形象消失了，代之成了学生学习的帮助者指导者。教师的角色定位是学生的大朋友，是教者也是学者。“导”的目的，变应试教育的强制性为素质教育的民主性，变强迫学生成听话的工具为引导学生成有头脑有创造性有独立精神有自由意志的人。

2001年12月1日

“施教”须着眼于“受教”的多样性

在平常的素质教育中，我们常遇到这样的现象：对有的学生，教师一见面就从心里喜欢；而对有的学生，教师却莫名其妙地讨厌，以至于在以后长期交往中不能善待这样的学生。这显然不符合一个教师的胸怀，可又不能违心地假装喜欢，这是什么原因呢？这是因为人与人之间这种说不清道不明的相互喜欢和讨厌是由于气质的差异性所造成的。教师的气质因人而异，学生的气质也因人而异，相同的气质容易引起注意且萌生好感，不同的气质则容易看不惯甚至引起讨厌。气质因人而异自不必说，那么，气质是否有优劣好坏之分呢？没有。气质尽管有不同的类型，但不能说哪一种好就喜欢，哪一种不好就讨厌。我们先探析一下不同的气质类型及其特征，看到底有无好坏优劣之分。

通常把气质分为胆汁质、多血质、黏液质、抑郁质四种类型。从日常生活中我们观察到不同学生气质的不同特征，各具特色，互有长短，真可谓“梅须逊雪三分白，雪却输梅一段香”了。

胆汁质的特征：具有迅速而突发的色彩，思维灵活，精力旺盛，但理解问题有粗枝大叶不求甚解的倾向。在情绪方面，无论是高兴或是忧愁都表现得非常强烈，并且很急，如暴风雨似的凶猛，但能很快地平息下来。在行动上总是生气勃勃，学习工作表现得顽强有力，但易粗暴蛮横。

多血质的特征：活泼好动，反应迅速，思维敏捷，但理解问题往往是肤浅的。情绪敏感容易外露，也容易变化，变化无常的心理状态时时刻刻地从他们的眼神和面部表情中显露出来。遇有不顺心的事很易哭泣，但稍加安慰，又可以破涕为笑。敏捷好动，喜欢参加各种活动，表现得匆匆忙忙，显得毛毛躁躁。有朝气，善于适应变化的学习生活环境，但情绪体验不深。

黏液质的特征：思维的灵活性较低，但考虑问题细致，能够沉着而坚定地执行已采取的决定，但不容易改变旧习惯而适应新的环境。情绪兴奋性比较微弱，经常心平气和，很难出现波动的情绪状态，面部表情微弱，姿态举止缓慢而镇静。稳定踏实，但有些死板；忍耐沉着，但生气不足。

抑郁质的特征：他们的情感生活比较单调，但他们对生活中遇到的挫折容易产生强烈的体验，并经久不息。对事物的反应有较高的敏感性，能觉察和深刻体验一般人觉察不出来的细小事情。他们在任何活动中极少表现自己，尽量摆脱出头露面的工作，但做起工作来却十分认真细致，如果没有做好工作，会感到很大痛苦。不喜欢交际，显得很孤僻。行动稳定踏实持久，但怯懦迟疑；外表温柔，但倾向于缄默孤独。

从以上的观察分析容易看出，气质确无好坏优劣之分，每一种气质类型的学生身上，都有其积极的一面，也有其消极的一面，问题的核心在于老师宜分别对待，循循善诱，对症下药，扬长避短，塑造学生优良的个性，以防止个性品质向消极的方面发展。

对胆汁质类型的学生，要着重培养其豪放、爽朗，勇于进取的个性品质，防止粗暴任性高傲等不良品质的发生。进行教育时，宜用具有说服力的严厉批评，既要触动他们的思想，又不要轻易地激怒他们，以防止过激反应。让他们学会坚韧自制，习惯于平稳而镇定地学习生活。

对多血质类型的学生，要着重培养其朝气蓬勃、满腔热情、足智多谋等个性品质，防止朝三暮四、虎头蛇尾、粗心大意等不良品质的产生。在教育方法上，在激起他们的多方面兴趣的同时，要培养中心兴趣；在给予参加多种活动机会的同时，要强调工作中的稳定性；在严格要求组织纪律的同时，要以热情的态度对待他们。

对待黏液质类型的学生，要着重培养其以诚待人、工作踏实、顽强努力等优良品质，要防止墨守成规、谨小慎微、执拗固执等不良品质。在教育方法上，让他们担负稳定而持久的工作，但要引导他们积极探索新问题；多给予参加学校、班级体活动的机会，引导他们主动活泼、机敏地完成任务。

对抑郁质类型的学生，要着重培养敏感机智、认真细致、有自尊心和自信心等个性品质，防止怯懦、多疑、孤独等消极品质的产生。在教育方法方面，要给予同情和关怀，要给以具体的帮助，避免在公开场合指责他们，引导他们多参加集体活动，在交往中消除疑虑，安排从事有一定困难的工作，鼓励他们前进的勇气。

当然，每一个学生都是一个活生生的生命，我们千万不可用四种气质类型去生搬硬套。好些学生的气质都具有兼容多样性，教师应施以灵活多样的教育方法，使他们扬长避短，健康成长。当然，“江山易改，禀性难易”，气质又带有天赋性，教师万不敢削足适履，弄巧成拙，伤害学生。在素质教育过程中教师应在培养学生良好个性品质的同时，不断地完善自我个性品质，使自己独特诱人的气质成为学生积极模仿的对象。

2011年8月16日

“吹”有分寸“呵”有度

生活现象告诉人们，吹上去是凉的，呵上去是热的。联想到教育学生，批评他们是烦恼的，表扬他们是高兴的。随着素质教育的深入发展，随着新课程的启动推进，欣赏教育、愉悦教育、个性教育、浪漫教育迅速成为时尚。教育者奔走相告，争相效仿，而且有不少人达成共识，多“呵”少“吹”，有利于学生的成人成才。事实果真如此吗？未必，笔者以为，“吹”有分寸“呵”有度，才符合教育规律，也符合自然规律。不是吗？诸君别忘了，三伏天“呵”使人厌烦，三九天“吹”令人憎恶。所以，无论是“吹”是“呵”，应从三方面着眼：一看时间，二看地点，三看原因。

青少年毕竟是青少年，没有成人那么城府深，宠辱不惊，看花开花落，任云卷云舒。学生思想单纯、幼稚，热了容易发高烧，冷了喜欢抽筋。不是有“春风得意马蹄疾，一日看尽长安花”的喜不自禁吗？然而，也有“人生失意霜打花，三日不思饭和茶”的心灰意冷。成人尚如此，孩子岂能例外？取得一点成绩就沾沾自喜，飘飘然不知天高地厚，夸夸其谈的不乏其人。受到一点挫折就闷闷不乐、郁郁不欢、心灰意冷、垂头丧气的也不少。关键是老师应细心观察，认真思考，把握住火候。孩子骄傲狂妄时，想办法让他们冷静谦虚，再接再厉，稳步向前；孩子失落受挫时，动脑子使他们自尊自信，充满活力，昂首挺胸，勇往直前。这就叫“吹”有分寸“呵”有度，如同冷了加件衣服，热了脱件衣服。这种关心叫恰到好处，被关心的人才会发自内心地感谢。

“人活脸，树活皮，墙上活了一锨泥。”说的是人面值千金。麻雀也有指甲大的脸，何况一大活人乎？必须坚信，这世上没有不要脸面的人。不用说，青少年更要面子，尤其是异性在场时。因此，表扬批评还是应当讲艺术性。学生有了进步，干了好事，应在人多处表扬。他会以为你是伯乐，发现了千里马，引你为知己。士为知己者死，还怕他不追随你？学生犯了错，尤其是青春期的中学生，批评应选一个幽静的地方。凉风冷雨，扑面而去，也不打紧。师视生如子女，生视师为父母，何隙之有？如果老师当着许多同学的面，提名道姓地大加训斥，甚至骂个狗血喷头，那有可能会适得其反，挨骂的学生会破罐子破摔，“就这样了，你能把我怎么样？”反正不是好东西吗！索性就坏到底。所以，如果要当面批评，还是含蓄委婉地旁敲侧击为好。学生聪明得很，不点名，他也明白。既敲响了警钟，又留了面子，何乐而不为？

不论家庭环境、校园环境，还是社会环境，如今都千姿百态，纷繁复杂。学生生活其中，不受影响是不可能的。既有真善美的熏陶，又有假丑恶的感染，所以，学生的言谈举止也注定多种多样，优劣不一。由于他们的人生经验不足，认识水平不高，判断能力不强，因此，荣辱不分，是非不明，也是常有的。师之职责，就是为学生的思想洗澡，洗涤他们思想的污渍，培育他们健康地成长。在这一点上，过去的教师的确有些太严厉，学生不如师意，轻则训骂，重则拳脚相加。更有甚者，棒棍伺候。三天不打，上房揭瓦。耳光一响，分数就涨。应试教育下的法宝，到了素质教育下自然淘汰不能用了。于是，教师和颜悦色多了，表扬赞美多了，激励喝彩多了。但正面的鼓励如果不能恰到好处，过分了，负面效应也随之而来，极有可能春分得意，马失前蹄。试看今日，淹没在一片赞美声中的学生还少吗？未成年的学生毕竟是难把握自己，谁不喜欢听赞美之词呢？“呵”过来是热的，“吹”过来是凉的。不错，但面对学生，须“吹”有分寸“呵”有度，该“吹”就“吹”，该“呵”就“呵”，不能因为讨一时的高兴，该“吹”却“呵”，到后来妨碍了他们健康得成长。俗语说：“忠言逆耳利于行，良药苦口利于病。”不会错的。

2006年12月11日

最坚强的人

高二第六次统一考试尘埃落定，花落谁家，鹿死谁手，红红的光荣榜上一清二楚。9个理科班，600多名学生，榜示360名，前200名有望高中毕业挺进二本高校的大门，剩下的400名，经济条件好的花钱上三本，无可奈何花落去的进高职学习一门技术将来养家糊口。老师、学生、家长，心知肚明，考上二本才算考上。学校、社会，心照不宣，学校办得好不好，看看二本以上考多少。

形势逼人。一学年考8次，每考必榜示，这是第六次，以分数为参考，学校要表彰奖励。学习优秀生3名，优秀生3名，优秀班干部1名，特长生1名，学习进步生2名。班会上选举，3名学习优秀生，3名优秀生，2名进步生，学生异口同声地说，按成绩单上的名次依次取，剩下1名优秀班干部，1名特长生，民主投票。我望着学生一张张对分数顶礼膜拜的脸，黯然遐想，我们的教育，分数的背后应该还有什么？于是，我增设了2个奖项，以班级的名义奖励。1个好人，1个强人。好人者，善良而乐于助人也。我以为，教育的底线是让每一个学生成长为一个好人，尽管他们的学习成绩不尽如人意。雨果说，多办一所学校，就可少建一座监狱，足见教育的真谛不是急功近利地瞄中高分。强人者，身处困难而坚强不屈也。教育的高境界应该着力培养这样的人，因为自然真理造就人的一生很难一帆风顺，难免磕磕碰碰，身处逆境，心态至关重要。学生中的坚强不屈的人更难能可贵，因为，他们毕竟是未成年人。其实，我突发其想设

“强人”奖项，是意有所图。近一时期，有两个学生令我无比的欣赏。一个叫王权，他母亲打来电话，说他父亲突然脑梗，人事不省，张口难言，卧床不起。本来瞒着王权，不想一亲戚给说了，母亲担心如此会影响儿子的学习，希望我给以疏通鼓励。听到她电话上哽咽的声音，我可以想象她的泪眼婆娑。自此，我再看见王权满是笑意的脸心里就不由自主地溢满了对这个学生的敬意。他依然那么勤奋，依然那么默默向上。其实，孩子有时比大人坚强得多，我还能说什么呢？我只有握着他的手说：“你父亲的事情我也知道。”我最好的鼓励是：“你是我们心中坚强的男子汉！”

还有一个叫马福，他突如其来地偏头痛。据说是痛起来要命地痛，还要坚持上课。我正告他，健康第一，生命是一切的载体，必须尊重生命。他和父亲去医院了，本市最好的医院。得到的结论是，神经性的偏头痛，吃药治疗，别无他法。建议去西京医院彻底检查。于是，我见他的书桌上多了一杯白开水，多了一些记不住名字的花花绿绿的精美的西药盒。有时，我走到他桌前，耳语：“好些了吗？”“药吃上就不痛了，药停了就痛开了。”他似乎幸福地笑语，“我爸说，过两天坐火车去西京医院。”过两天是几天呢？去西京医院，山里的农民他要凑钱啊！我似乎觉得，去西京医院只是他们父子一个美好的向往而已。在这个美好的向往中，他的偏头痛会减轻吗？没有，但他还坚持上课。我于是想让他碰一碰运气，去找本市小西湖公园后门斜对面一个叫樊鼎的老中医看看。

对于这个老中医，我不是相信他的医术，而是相信他的人品。我曾经带着妻子、儿子、父亲、母亲去看过病，不为别的，是因为我第一次慕名去看病。对于我这个好几个医院的大夫潇洒地开票，叮嘱我进行一系列的现代化的机器彻底检查后，众口一词地说是大病的病人，他竟然望闻问切后，淡然一笑：“不要紧，不要紧，开一点药，调理调理就好了。”六服草药提到手要付钱，他算盘慢悠悠地一拨，166元。啊！这么点钱。之前，我已花了不少冤枉钱了。付钱时，已见他白发苍苍，正襟危坐，提着毛笔练颜真卿的字呢。我本没有抱多大的希望，药到病除，想都没有想过。结果，药熬着喝完，身体竟然慢慢地恢复了。惊喜和感激油然而生。儿子吃了他的草药，嘴皮不烂了。妻子吃了他的草药，胃舒服了。母亲吃了他的草药，头不晕了。父亲吃了他的草药，腿不痛了。我有几次和妻子说，不知道樊鼎收不收我这个徒弟，有一天，我不教书了，退休了，白发苍苍，正襟端坐，望闻问切，拨着算盘，练着毛笔字，闻着墨香，闻着草药的香，乃人生一大幸福啊！

我的学生马福就真的去了，老中医给开了九服药，才198元，谢天谢地！他的头，药未吃完就不痛了，真的不痛了。如果不再重犯，这是一个多么好的老中医啊！老中医，长寿，长寿。

最坚强的人，选票统计出来了，不是父亲脑梗瘫痪在床，还勤学上进的王权，也不是偏头痛还坚持上课的马福，而是吴浩然，得63票，而班里只有66人。吴浩然，是一个什么样的学生呢？高二分科以来，六次考试，雷打不动地倒数第一。海拔不高，白白净净，浓墨样的八字胡须，高挺的鼻梁架一高度近视眼镜，老是笑眯眯的样子。留给我最深的印象，是他提着毛巾一丝不苟地擦窗户玻璃，擦一擦，离远一点看一看，一直擦到看不见玻璃了还擦。

高二（11）班，最坚强的人是吴浩然，对，是吴浩然，我可爱的学生。高一进班时，他中考成绩就很低，但一直坚忍不拔地努力着，努力着。高二想学文科，可惜成绩太低未能如愿。于是，在理科班，他依然笑嘻嘻地学习，笑嘻嘻地坚持，尽管没有一个人当倒数第一，把他换一下，让他长出一口气。

我坚强的学生，老师别无选择，成绩单再残酷，我也要发下去，我也明白真正的教育不是这样搞的，但学校要的是成绩，成绩，成绩。

2012年5月22日

咱也抄出几个诺贝尔奖玩玩

这是一个大学的教室，掩映于青松翠柏之中，映阶碧草炫春色，隔叶黄鹂鸣好音。微风拂来，考场鸦雀无声。主监站在前，面无表情。副监立于后，满面春风。考生在静静地书写自己的学识智慧。巡考悄无声息地走进考场，唯恐打破这神圣的宁静。转了一圈，悄无声息地走了。纸条摸出来了，如雨后春笋；手机摸出来了，脉脉含情。蓦地，一款手机掉在了地上，好像“小男孩”掉到了广岛，“要善于保护自己啊……”主监意味深长。一月后，考友重逢：“青云兄，幸会，幸会，顺利竣工，省党校的研究生门槛就是高啊！”“腾达兄，你不是开玩笑吧？我还挂了一门呢。”“没关系，青云兄，革命尚未成功，同志还需努力。”

这是一所中学的教室，屋后一排钻天杨，门前几棵弯弯柳，燕子回时，考生满西楼。男主考冷若冰霜，靠在一边；女副考笑语盈盈：“对不起，例行公事，电子扫描仪扫一下。手机装进信封里，谢谢配合，谢谢配合。”清风徐来，水波不兴。一个个考生奋笔疾书，只听笔行纸上沙沙声，不见鬼鬼祟祟作弊形。时未过半，江郎才尽，卷子空白一片。风吹着杨柳唰啦啦啦啦啦，谁家的考生他悄悄地拉起了“手风琴”啊？拉开一米长，合了手心藏。生旦净末丑，真是百宝箱。主考面若冰霜，伸出右手欲收缴“手风琴”，对峙对峙……风姿绰约的少妇开口三笑百媚生。主考右手游了过去，突然，“倏”的一下，小小的手风琴钻进了伊人的裙子下，销声匿迹。主考只有尴尬作罢。一个月后，考友重逢：“哈，本科终于到手了！工资终于可以涨了！”“他妈的，又挂了一门。自考就是难产，好进难出。看人家函授，虽然进的时候难受，进去了，一生一个，一生一个，两年就OK了。”

这是一个小学的教室。碧草连校园，鲜花散其间。黄鹂深树鸣，麻雀闹屋檐。走进考场，黑板上天真幼稚地跳跃着几个字：“祝叔叔阿姨英语考试都能赢！”三层楼，一层一个巡考，从这一头到那一头一百米，从那一头到这一头一百米。转过来，转过去；转过去，转过来。校门口，一辆电子雷达警报车，整装待发，虎视眈眈。考场上，没有手机的探头探脑，没有“手风琴”的悄悄游动，没有交头接耳，没有左顾右盼。“各位考生请注意，离考试结束还有三十分钟。”考场的音箱传出了悦耳甜美的提醒，像“胖子”丢进了长崎，唏嘘声，惋惜声，叹息声此起彼伏。“请保持安静！”主考义正词严，考场万籁俱寂。蓦地，一阵窸窸窣窣声过后，两三个风华正茂的考生迈着轻盈的脚步飘出了考场，继续鏖战的考生胸有成竹，潇潇洒洒地涂大篇大篇的选择题。一个月后，考友重逢：“毛主席万岁！English，赢了！职称终于可以评了。”提前飘出考场的风华正茂的其中一个朗笑：“没问题吧？咱这职业枪手，百发百中，明修栈道，暗度陈仓，引渡三四个还是蛮顺利的。为人民服务！”

依然是小学的一个教室，有男的，有女的，有老的，有少的；有悠闲地抽烟的，有津津有味地嚼口香糖的；有谈笑风生的，有窃窃私语的。坐在讲台上的一个中年妇女，慈眉善眼，慢腾腾地道：“判断题是对对错错错对错错对。第一个简答题在98页……”“好人啊！”“好人耶！”下面埋头写字的人纷纷赞扬。“笨蛋！论述题还不好做？字写大一点，写得满满的，保证合格。”“好，好，你有经验，你厉害。”调侃声此起彼伏。外面下起了毛毛细雨，人陆陆续续地走了，丢下两个小男生，急急忙忙地抄。一个说：“老师的继续教育原来这么考？老师就是经验丰富，抄得那么快。”一个说：“你还以为怎么考？我都给老师帮了几次忙了，再考几次我比老师还快。”

一高中生教室，白瓷砖贴着的墙壁洁白如雪，铝合金精制的窗户推拉自如，纯木头制作的桌凳结实耐用，悬挂的吊灯精美雅观，飘逸的窗帘摇曳多姿，时尚的多媒体教学设备一应俱全。学生认认真真地做作业，没有“山重水复疑无路”的思考，只有“飞流直下三千尺”的抄袭。泰然抄之，坦然待之，安然处之。我们抄，我们抄，谁叫资料堆积如山？谁叫市场经济一切为了消费者，只要有钱，没有弄不到的答案。寒窗十二年，我们都是听话的录音机，我们想播音，可惜机会少之又少。高考很好啊！公平，严肃，没有人敢抄。不管你高，不管你低，不管你贵，不管你贱。高考面前，人人平等。高考是中国最公平的游戏。只要你录音录得多，考卷铺开，“沙场秋点兵”，一扫描，“似曾相识燕归来”，十几年的心血，往上泼洒就是了。遭遇“昨夜西风凋碧树，独上高楼，望尽天涯路”，怎么办？没关系，平时都没有享受“衣带渐宽终不悔，为伊消得人憔悴”嘛，何必苛求“众里寻他千百度，蓦然回首，那人却在灯火阑珊处”的喜出望外？高三鏖战急，都在热剩饭。谈什么新鲜，谈什么兴趣，谈什么创意，谈什么“柳暗花明又一村”的惊喜。

有一天下午，艳阳似火，教室里有如蒸笼，检查一学生背诵《春江花月夜》，学生背三句，看一句，背三句，看一句，面若桃花，神态自若，毫无尴尬之情，而多得意之色。《春江花月夜》啊！“位我上者，灿烂星空。道德律令，在我心中。”我的心凉透了脊背，学生有一点点羞愧多好啊！可惜没有看到。我不怪他，我要教育他。

我们这个古老的民族离诺贝尔奖还有多远？近就在眼前，杨振宁、丁肇中、李远哲、李政道、朱棣文、崔琦、高行健、高锟，还有钱三强的侄子钱永健。远也许在天边，如果能抄出几个诺贝尔奖，春风吹，战鼓擂，如今世界谁怕谁？咱也鼓足抄劲，力争上游，多快好省地抄出几个诺贝尔奖玩玩。

2012年4月21日

终于有地地道道的中国人问鼎诺贝尔文学奖了

莫言问鼎2012年的诺贝尔文学奖伊始，依然有不屑一顾的丝丝凉风，牙缝里酸酸地挤出几个字：“不过向西方献媚耳。”依然有嗤之以鼻的丝丝寒风，鼻孔里哼哼地喷出几个字：“不过向欧美邀宠矣。”依然有自愧运气不佳的丝丝怨风，心里默默地念叨：“还不是因为电影《红高粱》，向白种人出卖中国人的贫穷。”也难怪狡黠的莫言面对纷至沓来的记者追问：“你幸福吗？你幸福吗？”丑陋圆胖的脸上洋溢着憨厚的笑容，木讷道：“我不知道。”这样一来，羡慕嫉妒恨的同志就好像踩在了厚厚的棉花上，踏也不舒服，跳也不舒服。是的，一个人的幸福是一种享受，天下人的幸福才是幸福。那么多的中国人还在为住房看病上学奔波犯愁，公众人物莫言怎么敢轻言幸福呢？这不是小人得志吗？“先天下之忧而忧，后天下之乐而乐”方是英雄本色。750万元的奖金，是一笔不薄的财产，但是，蛇壮窟窿壮，莫言依然是贫穷的富有者。仇富心理蔓延的中国，说不上还有贼念叨呢？不过，大多数中国人还是睿智的，他们分得清什么是仁义之财，什么是不义之财？劫就劫不义之财，逮住了也问心无愧，“杀富济贫”，不也是梁山好汉吗？老百姓不恨，“为富不仁者”恨，不是挺光荣的吗？所以，莫言先生尽管挨着枕头就酣然入梦，不怕贼偷，也不怕贼念叨。因为他是一个字一个字写出来的，他不富裕，喝的是水，挤出来的是牛奶是血，又不是“为富不仁者”，怕什么？中国哪个奥运会金牌得主被贼偷了，被劫匪抢了？不过，贪官被偷被敲诈被勒索的报道倒不鲜闻。

正值网络东风西风还飘忽不定之际，央视一片祝贺之声。政治局常委李长春给莫言发了贺电。于是，外交部祝贺莫言；于是，中国作协热烈祝贺莫言；于是，中国文联衷心祝贺莫言；于是，悄声蜷伏在大江南北的作家一个接一个地真心祝贺莫言。诺贝尔文学奖的这趟国际列车还是要搭乘上的，谁不搭乘谁就不够档次。于是，各省的作协主席没有一个装得住的，纷纷措辞造句祝贺；于是，有名气的作家也个个激情上阵，祝贺祝贺热烈祝贺；于是，比莫言还砝码的著名作家也淡定不住了，个个真心实意，表扬莫言获奖是实至名归，真的是实至名归。中国作家，谁心里没有一个诺贝尔文学奖的情结呢？路遥当年就“磨刀霍霍向猪羊”，可惜一部《平凡的世界》以后就“出师未捷身先死，长使英雄泪满襟”了。从此，中国的作家都本分多了，没有了诺贝尔那份妄想，老老实实地奋斗茅盾文学奖。陈忠实《白鹿原》之后，说年过七十古来稀，老了，写不动了。贾平凹嘿嘿一笑，说写作是为了受活。得奖？给了拿上；不给了，算了。瑞典皇家学院是欧美人的天下，对咱中国人有偏见，咱也不吃那个力，不讨那个嫌。鲁迅当年提名了，发奖的时候有鲁迅吗？老舍的奖都准备好了，结果一打听，跳了未名湖了，于是发给日本的川端康成，反正都是黄种亚洲人。沈从文的颁奖词都写好了，一打听，也去见马克思了，就悄悄取了。林语堂太洒脱，张爱玲太高傲，提提名可以，发奖金还是要三思而后行。反正就是中国的文学家再厉害，诺贝尔文学奖还是想发懒得发，谁叫你意识形态和人家不接轨呢？

你看，不是歧视你们中国人，高行健不是戴过诺贝尔文学奖的桂冠吗？和平奖达赖拿过，刘晓波也拿过，只是你们不高兴啊。自然科学领域就更多了。物理、化学、生理医学，哪个领域没拿过？就剩后来增设的经济奖了。杨振宁、李远哲、李政道、丁肇中、朱棣文、崔琦、钱永健、高锟，哪一个不是黑头发黑眼睛黄皮肤？还少吗？就是没有美国多罢了。

但是，中国人也不都是坐井观天、孤陋寡闻之辈。高行健生于法国，长于法国，成名于法国。杨振宁、李远哲、李政道、丁肇中、朱棣文、崔琦、钱永健，不提则已，一提难免叫人想起橘生淮南淮北之语。高锟，乃香港高校知名教授。达赖、刘晓波，都是弃祖国母亲跑到美国怀抱的谁提谁头疼的“风云人物”。中国人说他们搞分裂，瑞典皇家学院说他们为和平，中国人能不表示强烈谴责吗？哪一个是地地道道的中国人呢？2012年诺贝尔文学奖花落谁家？花落中国，花落莫言。啊！莫言，莫言，这可是地地道道的中国人啊！土生土长的山东汉子。丑，胖，头发稀稀疏疏向后散着，海拔不怎么高的山东胖汉。终于有地地道道的中国人问鼎诺贝尔奖了，可喜可获，开天辟地。虽然前无古人，但愿后有来者。

“莫言，莫言，不要说话，不要说话。这一不小心，把话说大了，说到全世界了。”

“莫言，莫言，不鸣则已，一鸣惊人。”

“拿诺贝尔文学奖的竟然是一个不想说话的人。看来咬人的狗，真的不张声。”

“就是嘛，满瓶水不响，半瓶水咣当。”

“莫言，莫言，中国百家姓，姓什么不好？偏偏姓莫，啥姓嘛。好多人都沾不上一点光。”

“哈哈，文盲，笔名，懂吗？人家真名叫管谟业。”

“还是怪怪的，为什么不姓王？中国作家就是，都怪怪的。作家作家，就是作假作假。”

“人家莫言可不作假，全写人家山东老百姓的事儿。《红高粱》看过吗？高粱地里滚蛋蛋呢，酒缸里尿尿呢，还假？”

“好像说诺贝尔文学奖不喜欢太实在的作品，喜欢浪漫主义的。”

“莫言写的就是魔幻加现实的。谁见过高粱地里滚蛋蛋？谁见过往酒缸里尿尿？不就是现实加梦幻嘛。”

“听说还写过咱农村计划生育，叫什么《蛙》，获茅盾文学奖了。咱也买一本看看。看诺贝尔文学奖得主究竟啥颜色？”

“还不如看《丰乳肥臀》，就是过瘾。想拿诺贝尔奖吗？那就写写女人的丰乳肥臀。”

“750万，那也美着呢，连中彩票一样。”

“比上贪官几千万几千万的贪，还远着呢。”

“啥话吗？这750万多干净，多气派。”

“这可让中国人扬眉吐气了。听说差一点让日本的一个什么村上春树竞争去了。松树也不行，还椿树呢。”

“这一下莫言就当中国作家头儿了。”

“不，当不了。头儿是一个女的，年轻着呢，叫什么铁凝，和文化部铁得很。”

“贾平凹咋拿不上诺贝尔奖呢？不是说写得厉害得了不得吗？盗版的盗他的小说，盗着盗着都盗得不好意思了。偷偷的把钱往贾平凹门缝里捣。”

“贾平凹还诺贝尔奖呢，差一点茅盾文学奖都沾不上了。为了照顾读者的情绪，把《秦腔》给算了个茅盾文学奖，全写了些农村鸡零狗碎的闲事儿，没有《浮躁》《废都》写得好。”

“宁夏的张贤亮也不得了，诺贝尔怎么没有提名？”

“张贤亮不是写女人，就是写男人的一半是女人的，还穷得熬不住，进镇北堡赚钱去了。”

“韩寒不是又有钱，又能写吗？为什么不得奖？”

“韩寒狗嘴里不吐象牙，能拿上奖？不过，网上点击率高得惊人。”

在街头，在巷尾，在学校，在书店，在超市，在办公室，听着莫言被说得这么热热闹闹，我不觉有了羞涩之感了。我也是一个文学爱好者，我也是一个博览群书的人，我也是一个关心时事的人。在人们的热烈交谈中，我不能恰到好处地插上几句，多没有面子啊！于是，我一遍又一遍地在我的书架上搜寻，可是却羞涩得难以启齿，没有，真的没有莫言的一本书。哪怕有一本也好啊！一万多本的文学藏书，怎么会没有一本莫言同志的书呢？我隐隐约约地记得，驴年马月买过一本厚厚的《丰乳肥臀》，翻了几页觉得语言虽然炮炮的，但是没有感觉，就束之高阁了。但为什么找不到呢？也许书的名字诱惑性太大，被谁顺手牵羊而去。如今倒好，追风还追不上。于是，我去了席殊书屋，没有；新秀书店，没有；新华书店，还没有。早几天就一抢而空了。为什么不进货呢？全国出版社都断货。耐心等待，耐心等待，市场经济，没有做不到的，只有想不到的。于是，我去了学校图书室，早就洗劫一空。啊！多么喜欢阅读的人们啊！听着大家热火朝天地谈莫言，我真的莫言了。我不敢信口雌黄，因为我没有认真地阅读过莫言。不，我纯粹没有读过。我仅仅知道莫言的小说的名字而已，比如，《蛙》《丰乳肥臀》《檀香刑》《酒国》《四十一炮》《红高梁系列》。当然，还有中国人都看过的电影《红高粱》。这些并不可以证明我不学无术，也不可以证明我孤陋寡闻，更不可以证明我不喜欢阅读。阅读慢慢成了我的一种病。一天不阅读，就好像丢了什么一样心里发慌。我向往阅读一本书，就好像憧憬去约会一个心仪的红颜知己似的，心里溢满了蜜一样的感觉。比如现当代的中国作家，鲁迅、周作人、钱钟书、林语堂、古华、阿来、贾平凹、陈忠实、路遥、张贤亮、余华、王跃文、刘亮程、霍达、池莉、韩寒、王小波、孔庆东、余杰、易中天、鲍鹏山等的书，我都品味过。他们的文字，我之所以喜欢，是因为人家的文字就是人家的文字，阅读其中，能闻到特殊的味道，而且有质感，要么叫人聪明睿智，要么叫人悲天悯人。我想，文学之于人，有此作用就知足矣。莫言的文字有没有这样的味道和作用呢？我一定要读一读。他是地地道道的第一个中国问鼎诺贝尔奖的风流人物啊。可惜，这两天还买不到书，但愿他的书不要涨价。莫言的这一开天辟地，不知有多少中国作家在通往斯德哥尔摩的大道上又要摩拳擦掌前赴后继？中国作家的确有这样的潜力和实力。至于自然科学，我不敢奢望，因为，我做了二十几年的教师，我们一直在辛辛苦苦地挫伤着孩子的好奇心和创造心。我不敢想象，一个孩子18岁以前的好奇心和创造心被老师为了分数善意地消磨殆尽，18岁以后还能有惊动诺贝尔的发明创造吗？

2012年10月19日

与其“清除杂草”，还不如“种上庄稼”

当过班主任的老师都有同感，看着学习好的，懂事的学生，眉开眼笑，心旷神怡，爱意油然而生；看着学习差的，惹事的学生，愁眉苦脸，忧心忡忡，头一下子就大了。这也不能说老师的师德不高尚，品质不优秀。人嘛，毕竟是感情动物，七情六欲难免时时刻刻地纠缠。这就像农民种庄稼一样，看着茁壮成长的庄稼就高兴，看着偷偷丛生的杂草就生气。

其实，教育学生也不是高雅得不食人间烟火、风度翩翩、昂首挺胸、目不下视。有时，应该谦虚的向农民学习。教育学生和种庄稼有相通的地方，没有见过哪一个农民因为地里长了杂草而愁得夜不能眠。当然，教师也不必因为班里多了几个惹是生非的“捣蛋鬼”而生气伤身。将心放宽一毫米，眼前就会晴空万里。

说一个农民种地的故事。一家有四个儿子，有一块荒地，父亲分给四个儿子各一块。一年后谁将杂草清除得干净谁就是家里掌柜的。老大勤劳，用镰刀一把一把地割了。老二等到冬天，放一把大火，将杂草烧成了灰。老三用犁寸土不留地犁了。老四不惜血本地用白灰覆盖了。第二年的秋天，父亲去验收，四块地惊人的相似，杂草丛生，满目荒芜。家里自然父亲继续当家，因为，当四兄弟到父亲种的土地时，扑入眼帘的，是欢快地生长着的绿油油的庄稼。父亲说，地里有了庄稼，杂草就不好生长，心里有了善，恶就不易滋生。

土地说，我长庄稼，也长杂草；森林说，林子大了，什么鸟都有；

牧羊人说，一群羊中一定有几只馋羊；捣蛋的学生说，不是我太捣蛋，而是我太闲。孩子的“闲”就是土地的“荒芜”，荒芜的土地不种庄稼就长杂草，闲着的孩子不学好就学坏。面对一班学生，与其变着法子折“刺儿头”，还不如动脑子多多培育“美丽的鲜花”。“美丽的鲜花”多了，“刺儿头”就相形见绌，自惭形秽。对于“刺儿头”，与其唠叨惊愕他们不学好，还不如研究引导他们学什么好。一个班，浩然正气养成了，邪气又哪有游动的空间？一个班，如果是一池清水，几滴浊水又能浊几日呢？面对孩子荒芜的心田，到底种上什么庄稼呢？目前的实际情况，的确有“种瓜得豆”的尴尬——进行的是无私奉献的教育，看到的是自私自利的行为。这太值得反思了。

普通的班主任，不妨从小事入手。比如，学生阿蛮，脚起球飞，“咣啷”一声，玻璃碎了。老师踏着铃声正健步走进教室，学生的目光聚焦破烂的窗户，冷飕飕的寒风夹着雪花往教室钻，靠边的几个学生冷得瑟瑟发抖……咋办？

办法一：训斥一顿，责令阿蛮出去买新玻璃回来立即安装好。足球没收。

办法二：打手机呼来阿蛮的家长，“汝子不可教也，领回去好好反省。”

办法三：拒阿蛮于门外，抱着足球思过。班会上读检查。

办法四：听课可以，麻烦阿蛮站着。损坏公物要赔，足球没收。

四种办法皆可用，收效如何，用过的自然知道。但有一法不妨一试。喜欢踢足球是好的，射错门会惹人笑话。打碎了玻璃，寒风吹进来是多么冷啊！不信，阿蛮站在窗前感受感受，有5分钟足够了，再长就感冒了，不好，“己所不欲，勿施于人。”当然寒风吹吹是小事，大事是影响了师生的情绪。一个人5分钟，50个人就是250分钟啊！整整5节课，了不得了。阿蛮听了不会无动于衷的，除非阿蛮是白痴。

2006年9月10日

阴风和浊雨，无声胜有声

时尚语说，没有不好的学生，只有不好的教育。教师能包治百病，教人心潮澎湃。

陶行知说，捧着一颗心来，不带半根草去。乃佛家的心境，孝庄师范学校是教育和道德的结晶。

雨果说，多建一所学校，就可少建一座监狱。话是实话，学校是社会环境的净化器。

李商隐说，春蚕到死丝方尽，蜡炬成灰泪始干。为人师者，倾其所学，丝尽蚕死，皆能做到；猫授虎艺，留一绝招，少之又少。至于像蜡一样，成灰泪干，又何苦呢？诚如斯言，师范院校，几人愿上？其实，这两句诗是写痴情男子的相思之苦的，说是比喻老师，难免牵强附会。

有时不停地想，学校教育的纯洁无比，一尘不染，似乎是一个乌邦托式的美梦。哲学暗示，水清则无鱼，气清则无雨。如果要刻意地向往，或许男耕女织、二牛拉犁式的农耕田园文明才有可能。遥想那个人类的青春时代，碧空如洗，阳光灿烂。水青草绿，风清月明。鸡鸣犬吠，鸟唱虫和。童坐牛背，笛声悠扬。皇天后土，民风淳朴。身处其中，耳听之耳净，目视之目净，鼻闻之鼻净，口食之口净，心焉能不净？心净则好育之，好育之则易成才。生活在这样的环境中，如鸟翔蓝天，鱼游溪水。沐于风，浴于雨，神清气爽，心旷神怡，把酒临风，不亦悦乎！畅言“没有不好的学生，只有不好的教育”，少有人嗔怪。

遍观目下生活的环境，力尽安逸享乐之能事，不足忧患奋斗之磨炼。走进温馨的家里，没有风吹日晒，没有雨淋霜冻。夏如春，秋如春，冬如春，四季如春。难望鹰击长空，罕见豹骋草原。至于虎啸山林，鱼翔浅底，不过卧在温柔的沙发里在电视上看看而已。宠着谄谄的小狗，亲着甜甜的小猫，逗着笼中的小鸟，哼着周杰伦的“我的地盘我说了算……”饿了吃汉堡包，渴了喝可口可乐，困了躺在沙发上，捏着遥控器，津津有味的欣赏着打情骂俏的肥皂剧。看着看着，便“梦游天姥”去了。家庭环境如此舒适，引无数凡人竞慵懒，于是知足而止、不思进取了。

老师谆谆教诲十句，不如电视上的一个镜头。

夕阳的余晖倾诉着黄昏的悠闲，五光十色的夜灯炫耀着城市的繁华热闹，麻将的搓打声此起彼伏，迪厅的音乐摇摆着路边的柳树疯狂地舞动，网吧的游戏像大磁铁吸着铁屑一样吸引着那些沉迷其中不能自拔的孩子，一对对帅男靓女谈笑风生地从百乐门相拥而入，吃饱了喝足了的醉汉在大街上的松树边夸张地打着酒嗝儿肆意地撒尿。社区环境如此惬意，何不潇洒乐一回？

生活在恰似石头森林的城市，天不再蓝，水不再清，高楼大厦讴歌着城市的繁荣，网吧歌厅诉说着城市的文明。阳光下，小偷在惬意地窃摸；路灯下，盗贼在肆意地抢夺；夜空里，卡拉Ok的声音在声嘶力竭地像驴一样地嚎叫；网吧里，网迷在废寝忘食地打着魂牵梦绕的游戏；还有那叫春的鸟儿，站在路边眼珠不停地滚动。这样的环境，孩子能视而不见？孩子能“出淤泥而不染”？

学校和风细雨沐浴一个月，不如街头阴风浊雨吹淋一分钟。

阴风和浊雨，无声胜有声。师之教诲语，皆当耳边风。

一个清冷的早晨，十字街口人稀车少。一个母亲拉着一个八九岁的孩子，匆匆忙忙地往学校赶。突然，红灯亮了，孩子自觉地停下了匆匆的脚步。可是，母亲硬拽着往前走。孩子说：“老师说，红灯亮了要停！”“老师在哪儿？孬种！赶紧走！”母亲理直气壮地训斥儿子。

一个初二的男同学辍学了，他的家在偏远贫穷的山区。班主任不辞辛苦，翻山越岭走进他家，结果目瞪口呆。扑入眼帘的是，一座破旧的房子里，电视机前围坐着祖孙三代人，聚精会神地观看毛片。我曾经不止一次地怀疑此事的真实度，再三考证，结果还是相信了它。

课堂上老师的娓娓道来，还不如毛片的一个镜头。

面对曲折不平的人生道路，人皆欲潇洒走一回。况且，“人生得意须尽欢，莫使金樽空对月”的及时行乐思想已深入人心。当安逸享乐成了许多人追求的目标时，学校的教育就有了不少的困难。其实，教育说透了就是培养一种良好的学习生活习惯，良好的习惯的核心就是吃苦耐劳，积极向上，奋发有为，自强不息。但是，如今的家庭和社会，有太多的及时行乐的音符在跳跃。对好奇的青少年，的确是“随风潜入夜，润物细无声”啊！有时，我甚至偏激地想，干脆教学生如何安逸享乐好了。然而，人性的放纵，不教也会，无师自通。迟到、早退、抽烟、喝酒、上网、早恋、骂架、作弊……谁又讲了几节课呢？

上坡路难走，终点是风光无限；下坡路好走，结果是堕落暗淡。

在一次家长座谈会上，我曾坦言：“一个孩子的成长，学校教育影响占50%，家庭占30%，社区占20%。我为50%而负责，你们为30%而负责，剩下的20%，我们都无能为力。”

我曾眼睁睁地看着我的学生在学校门外的小卖部里抽房东准备好的散梗子烟，却不敢说房东半句；我亦曾气哼哼地看着我的学生从品味低下的三流书屋里租借盗版的小说，却无权关了人家的门。我不曾目睹饭馆的服务员将脏水泼在学校大门口的马路上，我亦不曾目睹晚上有人偷偷地在校门口的大松树下撒尿拉屎。但是，白天上班的时候，那股臊臭的味道，实在让人恶心呕吐，然而，又去责备谁呢？目前，人们的公共道德需要自律，更需要法律。不良的社会环境，对于成年人不打紧，可是，对于孩子呢？他们是一张白纸啊！

在我的班里，有60个学生，城乡各占一半。单就学习成绩来看，有一个惊人的现象，前15名全是乡村的，后15名全是城市的。我无意贬低城市的孩子，但是，乡村孩子的出类拔萃，着实深深地打动了我，我常常默默地为他们加油，因为，我太清楚中国农民生活的艰难辛苦。供孩子念书的家庭是村子里最穷的家庭，但是，他们却执着而倔强地劳作拼搏，坚忍不拔，无怨无悔。若干年后，他们的孩子会成为堂堂正正的城里人。难道这就是人类生存的自然法则——生于忧患，死于安乐？近几年来，我一直想探究明白那些家庭条件优越，自己又出类拔萃的孩子的成长奥秘，可惜没有观察研究的实体。单从我的学生分析，跳不出“忧劳可以兴国，逸豫可以亡身”这个怪圈。何以言之？同在一个班，难道老师给乡村孩子付出的多？不！其实，我给几个城市孩子付出的太多太多。因为，他们太调皮。学习成绩不尽人意，行为习惯不如人意。原因何在？家庭环境和社会环境对他们潜移默化的影响是不可忽视的。独生子女，唯我独尊。衣来伸手，饭来张口。我行我素，不知感恩。时尚摩登，赶着追求。有人迁就，有人奉承。吃喝玩乐，何言忧愁？是优裕的环境悄无声息地腐蚀了他们。那么，乡村的孩子为什么优秀呢？因为他们身处环境艰苦的农村，只有勤劳苦干才能谋得生存；而能得念书求学，实属不易，所以他们会倍加珍惜，不懈努力，冀望凭此跳出农门进入城市。他们的父母日出而作，日落而息，饱受风吹日晒，雨淋霜冻，脸如鞋帮，手如松皮。他们看在眼里，记在心上，怎能无动于衷？是艰苦的环境悄无声息地教育了他们。在我的班里，有几个乡村的孩子，真的是太优秀了，他们不仅不用我操心教育，还以他们的实际行动感化着身边的同学，我真的感谢他们。在他们的身上，我既看到了他们家庭兴旺的希望，也看到了一个民族的脊梁。

阳光灿烂的日子，也会有阴风的吹扰；丰收在望的金秋，也会有浊雨的淋损。学生的成长，不可能不受家庭社会环境的影响，尽管有时我们无可奈何，但是，只要我们心中有爱，心中有艺术，心中有丘壑，我们还是要执着地追求“没有不好的学生，只有不好的教育”，不求人人成才，但求人人成人。

呜呼！天地塑造人，竟是如此的鬼斧神工！

2008年7月28日

因为个别，所以多余

一年一度的高考中考又如期而至，太多的老师心里不由自主地发毛。这倒不是因为害怕学生考得不好，那不过是毕业班老师的烦心事，其他的老师是锥子剜大腿——离心远着呢。发毛的病症是害怕监考。为什么？一怕烈日炎炎，酷暑难熬；二怕一不小心出了问题，吃不了兜着走；三怕可可怜怜的监考费，心里不平，嘴里难鸣；四怕领导振振有词，监考是老师神圣的责任。五怕安保巡视的比监考的多。这也怕，那也怕，对不起，考还是要监的。因为，这是一场没有硝烟的反间谍战。兵来将挡，水来土掩。作弊手段再花样翻新，层出不穷，但大家坚信邪不胜正，为了高考的公平，魔高一尺，道高一丈。

发电车开进了校园，电子信息屏蔽车开进了校园，警车开进了校园，巡视领导的高级小车开进了校园。校门口出租车往来穿梭，私家车如蚂蚁一样踯躅。考生如潮涌动，家长如影相随，两相意气风发、磨刀霍霍向高考。校园的监控探头，楼道的监控探头，教室的监控探头，瞋目而视，严阵以待。提前45分钟，老师直奔考场，横在门口，手持金属探测器，在每一个考生的身上认真仔细地扫描探测。考生双手高高地举过头顶，活像战败的降兵，任凭金属探测器尽情地抚摸，认真地搜寻手机手表等作弊仪器。准考证要细心查，身份证要细心查，考生的脸面要仔细地端详……好不容易查完了，考试开始，还有漫长的150分钟，谁知道半路上会不会杀出一个什么样的程咬金？

突然，一股凉风吹过来，吹干了浑身的臭汗，不觉神清气爽，放眼望蓝天，白云飘逸，自由自在。飞燕滑翔，忽上忽下，忽左忽右，自由翻飞。吾辈还不如一只燕子啊。“叽”的一声，真有一只燕子从门前一闪就骄傲地离去。望着它慢慢地消失在远空，我不禁妄自猜测，燕子的讥笑之语是：“人都疯了！”

是的，人的确有点疯了。因为个别的窃贼，所以发明创造了太多太多的锁子，自己给自己找麻烦，自己跟自己过不去。如果经济的快速发展冲毁了我们的道德底线，那我们宁愿放慢一点经济发展的快速度，修补修补一下我们的道德堤坝，使人的卑鄙的欲望不至于泛滥成灾。

我是1987年参加高考的，我至今能闻到当时纯朴简便诚信潇洒甘甜迷人的气息，那是我人生一段温暖如春的记忆。有时回味起来，生命就忍不住地激动。那时高考在7月份的6号、7号、8号三天。5号的下午，我还在家乡的清清的小河边放牧着15只羊，父母都很忙，抢着收割小麦。到太阳偏西了，凉一点了，我才挎了一个草绿色帆布书包（上面七个毛体红色大字“红军不怕远征难”），里面装了一酒瓶子纯胡麻清油（是在城里表哥家借住三天的人情补偿），运气好得坐了一辆军用的小面包车，只拉了我一个人。乐极生烦恼，不小心把清油倒了一半，解放军叔叔笑笑说：“考大学没问题，提前把油加上了。”

考试了，仅仅提前5分钟，只拿一张准考证就潇潇洒洒地进了考场。校门口零零星星几个家长，只是远远地站着张望，贴得太近了，子女觉得很没有面子的。校园里也不见什么巡视的、安保的，除了考生，就是春风满面的监考老师。一个花匠漫不经心地修剪着远处的花草，我现在还记得他的背有点驼，修剪的是一团热情似火的红花，后来我在大学的校园里证实，那种花就是红玫瑰。

监考老师一男一女，女的不漂亮，但很素雅，印象不深。男的寸头，隶体“一”字墨黑胡须，有鲁迅的味道，十分养眼。考语文时，我偶尔抬头，见他悠闲地抽着烟，很潇洒的样子，给了我不少的兴奋。我上大学开始抽烟，与神往他的抽烟的神态不无关系。过了20年，在人来人往的大街上，我还见过他一面，其时，他已经须发花白，但风度翩翩。当时，我突然想起来了毛泽东的一句诗：“天若有情天亦老”。

我不知道，我们今天这样监考，考生20年后偶尔头脑中闪过的，会是一副什么形象？是良师，是益友，是善良，是诚信，是偶像，是人生的憧憬？还是警察，是侦探，是敌人，是军统，是锦衣卫，是反间谍者？我们无需窃喜考生对我们美好的印象，因为那是我们应该的形象；我们也无需愤懑考生对我们龌龊的印象，因为那是我们不必要的形象。我们仅仅因为个别考生的不诚信不善良，而大动干戈，草木皆兵，采用了多余的防贼措施无言地伤害了诚信考生善良考生的高贵的自尊心。高考是两天，人生是千千万万个天啊。带着老是被人提防的心走向社会，那我们还奢望什么美好的发展？难怪我们走在车水马龙的闹市上，迎面扑来的全是一张张拒人千里的冷漠的面孔。我常常为在那么多的人群中，竟然看不到一张温暖的面孔而泪湿衣衫。我不止一次地问自己，我们究竟在匆匆忙忙地追逐什么？

我们的聪明智慧老是浪费在创造各种各样的多余的锁子上，尽管我们清清楚楚，锁子是锁君子的，再了不起的锁子，对小人也形同虚设，他要破，总会破的。但我们还是乐意孜孜不倦地研究怎么创造锁子。这是当前最大的错觉，以至于错觉慢慢地演变成了最好的办法，大家见怪不怪，习以为常。想想我们身边的形形色色的锁子，已经锁得我们喘不过气来。这个代价未免太昂贵了，犹如穿了一件雪白的漂亮的衬衫，因为溅了一点肮脏的污水，剪掉不可能，只好顺理成章地整体清洗一遍了。那为什么不想想，尽最大的可能不要让污水点溅到衬衫上呢？从源头将其最大限度地扼制，锁子不是就可以少创造一些了吗？

记得有一次看书，是说新加坡和德国的事儿的。当时，我惊诧于新加坡人的吹毛求疵，惊诧于德国人的古板不通融。掩卷沉思，他们是为了大爱，不得不舍弃小爱。新加坡的大街干净整洁，清洁工影子罕见，你喜欢吐痰吗？那你试着享受一下吧。曾经吐过痰的运气来了，神不知鬼不觉地一把逮着你，谢谢你，穿上羞愧的黄马甲，这一片天地的清洁如洗、赏心悦目就拜托你了。你是大学生，爱书如命，是吧？借一本杜拉斯的《情人》，爱不释手，不还了，独自慢慢享受。毕业了，图书室的管理员怎么这么粗心，竟然得了健忘症，不要了？谢谢。一体面的大公司招聘，你过关斩将，一路春风，OK了！对不起，你解聘了。为什么？不为什么，查查你大学的档案。很清白啊？很清白？借了一本杜拉斯的《情人》到毕业都没有归还。诚信危机，还说清白。德国人更古板。你失业了，“山重水复疑无路，柳暗花明又一村”，一家不起眼的小公司招聘了你，你踌躇满志地去上班，对不起，你被辞退了。为什么？据网上人肉搜索，12年前，你中学二年级一次数学考试作弊。我的上帝啊！你这小公司这么古板怎么发展壮大？不这么一丝不苟怎么发展成大公司？这些不是童话故事吧？不是。

我们怀疑，是因为我们习惯了到处上锁，到处设墙，到处装红绿灯，到处用安检仪，而忽视了从源头铲除作恶的侥幸心理。不诚信为什么风生水起，因为源头有活水。“问渠那得清如许，为有源头活水来。”此语用在坏事上也成立。只要源头有活水，硬堵是堵不住的。不信，你试试。美国那么了不起，因为“9·11”事件，一朝被蛇咬，十年怕井绳，大刀阔斧地拉网全球导弹防卫系统，布下了天罗地网，单捉飞来将，但是，捉了多少？能捉完吗？美国自己也不知道。还不如把冰冷的拉网硬堵的数不清的钱提出一点点，变成甘霖浇一浇伊斯兰兄弟愤怒的熊熊火焰。

2012年7月5日

也说“清水澄浊水”

学习成绩令人忧、行为习惯令人愁的学生，没有几个班主任由衷地喜欢。这也难怪，当过班主任的都有这样的体会，为这些学生要耗去大量的时间和心血，甚至比给品学兼优的学生付出得还多。但这又有什么可抱怨的呢？教育的对象是各种各样的学生，又不是清一色的令人心生欢喜的好学生。从某种意义上说，教育好一个有问题的学生比教育好一个优秀的学生更有价值。这就如同医生，看好一个病人，比使一个健康人更强壮更加有意义。然而，在平时的教育过程中，面对班里个别学习一塌糊涂、行为习惯又令人不愉快的“困难”生，有的班主任是完美主义者，看着他们总不是个滋味，认为他们是害群之马，对于班集体是一个老鼠害了一锅汤。学生如果接二连三地犯错，惹得班主任又气又烦，就欲去之而后安心。这怎么可以呢？水清则无鱼啊！空气中没有尘埃，就没有雨滴的降临。光芒灿烂的太阳也有黑子呢。况且一个正在成长中的有血有肉的活生生的生命乎？没有不好的学生，只有不好的教育，这一种境界对于普通的教育者而言要求有点高了，但是，蓬生麻则直、橘生淮南淮北的古训还是言犹在耳。根据自然界事物相对存在的规律，好差优劣都是比较出来的，害群之马是除不了的，苛求完美，只剩下一个学生也不见得如愿以偿。今天看着张三不顺眼，打发走了，明天李四又不顺眼，再打发走了，后天王麻子又不顺眼了，怎么办呢？这不成了恶性传染了吗？如此下去，班主任在学生中的威信就大打折扣。总不至于将所有的学生全打发了，自己变成光杆司令吧？当然，这样说并不是说对有问题的学生不闻不问，放任自流。而是要以平和而科学的心态对待，因材施教，对症下药，不求立竿见影，一鸣惊人，只求天天向上，有所进步。都考上重点大学是不现实的，分层次教育，努力挖掘学生的潜力就行了。不成英才，则成人才；不成人才，则成人吗。这也是教育的科学目的。

那么，如何达到这一科学目的呢？一个行之有效的方法就是“清水澄浊水”。洞察自然界的江河湖海的客观现象，如果主流是清澈的，浑浊的支流流进去也是慢慢会澄清的；如果主流是浑浊的，清澈的支流流进去也会变浑浊的。所以，问题的关键是看主流，而不是支流如何如何。班级环境对学生的成长可是至关重要的，“木受绳则直，金就砺则厉”，“蓬生麻则直，麻生蓬则弯”，可是客观事实啊！因此，班主任的主要心思应放在如何构建健康向上、温馨和谐、团结活泼的怡人环境，而不是天天抓阶级敌人。“君子坦荡荡，小人长戚戚。”人和比什么都重要。“得道者多助，失道者寡助。寡助之至，亲戚畔之。多助之至，天下顺之。”古人的话是金玉之言啊！如果班级里升腾着一团浩然正气，一点邪气又能成了什么气候？不是成了过街老鼠人人喊打了吗？况且，为人师者，应当有宽广的胸怀，山不厌高，海不厌深，虚怀若谷，教书育人。怎么能嫌弃那些有缺点的孩子？“上善若水，厚德载物。”教师的工作是多么特殊而又崇高啊？孩子毕竟是孩子，好玩、单纯、幼稚、简单，千万不能把他们游离在集体的边缘地带，更不能把他们排除在一个团体圈子的外面，使他们可怜兮兮的，甚至破罐子破摔，孤注一掷，铤而走险，未出校门，错已铸成，一失足成千古恨。作为班主任又于心何忍？

那么，清水如何澄浊水呢？首先，清水要清要多，班级是一碗清水的话，几滴浊水还怕澄不清？如何才能又清又多呢？当然，班主任是关键。王好细腰，民多饿死；王好打斗，民多伤疤。上行下效的现象是多么生动。班主任正气浩然，清气宜人，对于学生是有潜移默化作用的。尤其是班干部，是班主任和学生之间的桥梁，铺架好这一桥梁，班里的优良风尚会蔚然成风，清水四溢，浊水自清。其次，不能固执地认为浊水就是浊水，给有问题的学生溅脏水。比如，下雨天穿一双新布鞋，人们往往拣着干燥的地方走，一不小心几滴污水弄脏了鞋子，就有一种已经脏了还怕再脏的堕落心理。面对有问题的学生，一定要给他们多喝清水，把体内的浊水排泄出来。任何人的体内都有两根心弦，高明的弹奏家会弹出悦耳动听的音乐，笨拙的弹奏者则弹出刺耳烦躁的音乐。作为班主任，应多学习，多思考，多观察，多实践，争取拨动孩子善良的心弦，弹奏出美妙动人的音乐。

2007年6月15日

学校运动会中习以为常了的

运动会中，学生愤慨的余火被国庆四天的短假秋雨似的淋灭，接着三天的高三第一次模拟考试，如霜冻似的冰封了学生执着体育公平精神的梦想。我却闲来无事，对前几天开过的运动会多此一忆，其间的几个小插曲嚼之还别有一番风味。

喊什么口号呢

各班的运动员走过主席台时要求喊一个有特色的口号，喊什么好呢？班长和几个同学提议喊如下的口号带劲：“团结协作，努力拼搏。赛出风格，赛出水平。”同学都异口同声地试着喊了好几遍了，突然，一个女同学举手有事儿。我走近倾听，她出示了一张纸片，上面工工整整书写了四个词：“团结一致，抵制日货。爱我中华，还我钓鱼。”她低声说，是她们好几个同学要求喊的口号。我思考再三，微笑着轻轻摇了摇头。她一脸的不解，我说：“这是运动会。”

钓鱼岛是中国的

开幕式雄赳赳、气昂昂地开始了，一个班一个班的同学从主席台前精神抖擞地走过，突然，掌声雷动，噢，原来是一个班打着“钓鱼岛是中国的”的横幅过来了，鲜红的底色洁白的字，阳光下熠熠生辉，激动人心，大家的爱国心因为横幅而顷刻间发生了共鸣。爱国的真情荡漾在绿色的操场，弥漫在每一个人的心间，也闪现在操场的角角落落，更表现在同学们的青春阳光的身上。每一个班都有慧心巧制的垃圾箱，上面跳跃着醒目的标语：“抵制日货，还我钓鱼岛”，“将抗日进行到底”，“将日本踢出太平洋”，“发展体育运动，争做体育强国”。有的班级的学生脸上，贴着巴掌大的小国旗，嫩白的脸，红艳艳的红旗，金灿灿的五角星，灿烂的阳光下，煞是好看。个别学生的屁股上贴着小小的白天红太阳，一看就明白了是什么意思。

刘扬没有来怎么办

天高云淡，秋高气爽，嘹亮的运动员进行曲响彻操场，一个个运动员拼搏沙场，比赛进行得如火如荼。

“刘扬没有来咋办？”体育委员非常焦急，“跳高的喊了三遍检录了。”

“没有来，那只好自动弃权啊。”我坦然语之。

“那怎么行？有的班人来了都拿厉害的顶替呢。”体育委员分辨。

“那不公平，算了。”我断然拒绝。

体育委员失望地走了，并排几个同学争着和他窃窃私语，我估计表达着对我的固执的不平。

要是杨鹏在多好啊

运动会在热火朝天中匆匆忙忙过了一天，看着同学们玩得酣畅淋漓，我不禁想，中国的高考真的太熬人了。熬得一半的学生戴上了近视眼镜，身体孱弱不已，可又有几个考上二本的呢？我们这里人的意识，考上二本才算考上，因为学校考核老师，上了二本线才算数儿。家长要有体面，那必须得考上二本的。

“报告老师，昨天一天，我们努力拼搏，挣得纯分2分。”班长一本正经，我哑然失笑，说："没关系，要是杨鹏在就好了。"杨鹏者，何许人也？杨鹏者，一个皮肤黝黑的超级优秀运动员也。他是我去年的学生，运动素质特好，能跑能跳，浑号"追死兔"。有他，4×100米，4×400米，我睡着都拿奖。可惜他辍学了。

"报告老师，说曹操曹操到。杨鹏他真的来了，刚才还和我打招呼。您一句话，我召之即来。"班长激动不已。

"不，那不公平。"我谢绝。

下午，4×400米的跑道上，一声枪响，激烈的角逐上演了。一棒，第三；二棒，第三；三棒，第三；四棒，不好！后面的一个运动员风驰电掣般的冲了上来，将我班的四棒无情地抛到身后，箭一样地冲向终点。啊，运动会的魅力就在这里，好像稳操胜券，其实瞬息万变。但是，谁都毫无怨言，因为公平竞争。

"你知道那个超咱班四棒的黑旋风是谁吗？"一个学生愤愤不平。

"谁？"

"杨鹏。（6）班请的外援。"

要不要外援

4×100米开始检录。

"老师，有个外校的羚羊，要跑第一棒，我初中的同学。"运动员李金辉说。

我无言，但坚定地摇了摇头。说："你们好好玩，好好拼，即使拼个倒数第一，也是咱们班的，也是问心无愧的。"

"可人家班的尖子运动员跑了100跑200，跑了400跑800，规定一个运动员最多报两项啊。为什么竟然又跑又跳七八项？"有学生议论纷纷。

"都那样，没有人管。"有学生释然淡定。

4×100米比赛结果，倒数第一。有的学生不高兴，可能觉得老师平时课堂上讲的公平公正含有水分的；有的学生面无表情，可能觉得"都那样"，没有什么大惊小怪的。我高兴，因为那是我们的"倒数第一"，我担心，越来越多的学生会觉得"都那样"，不必大惊小怪。

看着飞动的垃圾

三天的运动会闭幕了，天上乌云飞动，秋风吹过，树叶簌簌地飘舞，在空中画着各种各样美丽的弧线。地上的纸片、塑料袋也不甘寂寞，争先恐后地跳跃飞动。垃圾箱里满是垃圾。“钓鱼岛是中国的”的横幅迎风飘动。高音喇叭里一遍又一遍地广播：“请各班清扫本班的区域，带走你的垃圾，留下你的美丽。”学生都没有了拾垃圾的热情，因为他们急着回家好好复习文化科学知识，备战第一次模拟考试，拿高分才是硬道理。看着飞动的垃圾，我突然想起来了曾经看过的一篇文章，觉得那有可能报道失实。说广岛和长崎联合举办的那届亚洲运动会上，几个好事的记者打赌要在闭幕场地找一篇纸片，结果硬是没有找到。可怕的日本人，谁相信呢？

2012年10月9日

想起了上学的那条小路

我去固原二中要经过城关六小的大门，寒来暑往，上学放学，校门外车如流水人如蚁，鸣号声此起彼伏，吵闹声接连不断，小摊贩遍地开花，塑料袋风起飞扬。没有繁华的喜悦，只要拥挤的烦恼。尤其看到有些一、二年级的小学生，牢牢地被爷爷奶奶外公外婆拽在手里。老的战战兢兢，如履薄冰；少的吵吵闹闹，哭哭啼啼。想和同伴边走边玩边说边笑，却挣脱不了亲人担心而又关心的手，犹如被绳子系住的小鸟，一副可怜兮兮的样子。这不由得使我想起了我童年上学的那条小路。

那是一条绿色的小路。绿草如茵，踩也踩不死；野花烂漫，摘也摘不完。小路两边，有无边的碧绿麦田，无垠的青翠菜园，热风吹过，掀起沁人心脾的丝丝凉意。油菜花开，蝴蝶翩跹，荞麦花开，蜜蜂飞旋，弥漫着缕缕清香，令人心旷神怡。路边的垂柳，风起枝摇，婀娜多姿；挺拔的白杨，干直叶青，伟岸朴实，枝叶相连，形成天然的遮阳荫屏。天真的孩子，在树下快乐的你追我赶，笑语连连……

那是一条快乐的小路。厚重纯朴的黄土，经过行人千万次的踩踏，平整而干净，硬强而富有弹性。蹦啊，跳啊，劈叉，摔跤，斗鸡，翻跟头，打弹豆，滚铁环，放风筝，尽情玩耍，无所顾忌。一本连环画，几个人稀罕地挤在一起，边走边看，看着看着，入迷了便走进了路边的庄稼地。蒙了眼睛，老鹰抓小鸡，抓着抓着，抱住了一棵大柳树。倒退着走也没事儿，大不了一个仰面朝天，翻起来继续走。有时，拿着一个土豆，哄着一只狗，从家里哄到学校，喊一声“滚！”，狗也就羞答答地掉头走了。有时，追着一只野兔，追着追着，一个“狗吃屎”，没人理睬，爬起来再追。更有趣的是雨快来了看蚂蚁匆匆忙忙地搬家，大热天听麻雀在树上吵闹骂架，秋凉了数蓝天上南归的大雁到底有多少只。阳光明媚的日子，追蓝天偶尔飞过的飞机，满以为会追上，追啊追啊，无路可追了，怅然地望着……那是多么快乐的童年呵。

那是一条平安的小路。没有货车，没有小车，没有摩托车，连自行车也少有，有时骑过来一辆，几个孩子会紧追不舍，跑得气喘吁吁也不肯罢休，骑车的人回过头来笑嘻嘻地鼓励：“加油啊！加油啊！”斗鸡斗得激烈，斗得人仰马翻，把黄土地打个坑，爬起来拍拍身上的土，也安然无恙。要疯了丢了书包跑回家，记起来了折回去找，还好好地躺在那儿。三伏天的太阳火热火热，玩困了一不小心酣睡在像热炕一样的路上，母亲找来了，还睡得香甜得流口水，一只麻雀正高兴地在书包口觅食呢。那是一个多么美好的童年啊！快乐而去，欢乐而回，结伴而行，互不分离，不是担心害怕什么，而是图个快乐。家长是从来不陪送的，更不要说拽着走了。

就是这条童年的绿色快乐平安的上学小路，陪着我度过了五年的小学生活，当时，并没有觉得它的可贵，只是在以后的读书工作生活中，才慢慢咀嚼出它的不同寻常的味道：绿色环保，天然和谐。那条平常的上学的小路，包含了多少自然的人文的活生生的知识啊！这是今天的深居城市的孩子很难学到的。写作此文，我无意于冲着人类向城市化发展的步伐发难，我只是渴望我们在追求城市化的同时，能否多考虑一些田园牧歌式的宁静和绿色、欢乐和美丽，多一片蓝天，多一朵流云，多一块绿地，多一只小鸟，奉献给儿童、老人和所有的人。我也渴望家长不要过分地束缚孩子的手脚，给他们自由的空间，让他们学会自由地飞翔，体验生命的欢乐。

2007年6月27日

我等你举右手

他是出了名的笨小孩，一年级时，数学老师问："1乘以0等于几？"他高兴地回答："还是1！"老师长叹："朽木不可雕也。"于是，同学都叫他："石头。"他笑嘻嘻地享用了。

一年容易又秋风，橘黄的落叶在风中画着美妙的弧线，他的教室走进了一个新数学老师，脸上写满了问号和感叹号。老师上课爱提问，还喜欢偶尔说一声"OK！"

清晨，秋雨淅淅沥沥地下着，教室里有些昏暗。他坐在后面的角落，OK！老师几乎看不清，尽管他胆怯地举起了右手。突然，老师清脆的声音叫到了他，他急忙站起来，同学的眼光刷地盯在了他身上，他脑子里一片空白，哑口无言。老师笑着说："他太紧张了，请坐下继续思考，勇气可嘉！勇气可嘉！"他不好意思地坐下，觉得教室里明亮温暖。

阴云密布的早上，燕子在校园欢快地滑翔，他又举起了右手，害怕老师叫他，头埋在怀里。老师高兴地叫到了他，他羞涩地起立，掰弄着手指头，一言不发。老师笑着说："他太激动了，心里知道嘴里说不出来，没关系，没关系。"他脸红了，有细细的汗珠沁出来，可是，他觉得教室的每一个角落都洒满了灿烂的阳光。

又是一个清晨，凉意满教室，南归的大雁的鸣叫，诉说着秋天的尾声。同学们一个个将手举得高高，他也一如既往地举起了右手，他想，老师一定不会再叫他了。突然，老师又叫到了他。他的脑瓜膨胀了，双唇紧闭，浑身冒汗，无地自容。老师又笑着说：“不要紧，记起了再说吗。”

下课了，老师叫他到办公室，问：“你怎么三次都不回答？是胆子太小吗？还是……”

“不！老师，我什么也不会。”他不想骗老师。

“不会怎么一直举手？”老师平和地问。

“同学们都举了，我……”他讪讪地欲言又止。

“好啊！”老师突然兴奋了，“那咱们来个秘密约定，你不会就举左手，会了就举右手。我等你举右手。OK！”

一天，他举的是左手，老师望他笑笑，不叫。

一周，他举的是左手，老师望他笑笑，不叫。

一月，他举的是左手，老师望他笑笑，不叫。

突然，有一天他自豪地举起了右手，老师笑眯眯地叫起了他，他的回答博得了经久不息的掌声。

他是谁？他是《百家讲坛》中重庆大学教授曾国平老师讲的一个故事里的笨小孩。我再一次拙劣地讲述，绝无炫弄之意，只是一次又一次地被那个老师深深地打动，想再一次说出来，让更多的人知道这个“我等你举右手”的故事。面对那些“顽笨的石头”，永存智慧的耐心，梦想石头终会开花。

2007年6月16日

微笑无价

躲避已来不及，我不由得停住脚步，迎接她的微笑。

她也许是给我身后的她的朋友或熟人报以微笑的。可是，身后只有我三岁的儿子拽着我的衣角闹。她怎么还记得我？相别15年了，我蓄了胡子，长高了个子，今天又戴了变色镜。

没有寒暄，只有真心的微笑。

有人说，人情薄如纸，亲戚朋友见面，佯装不见，冷面擦肩而过，又未尝不可？有人说，见面报以微笑，对方会以为你有求于人家，巴结奉迎，是利用的信号。在这喧闹的街市上，她是怎么了？

她是我小学三、四、五年级的班主任。长了一脸的麻子，臃肿的身材，算得上丑陋了。她那时二十几岁，没有结婚，常挂一脸真实的微笑。捣蛋的几个男同学偷偷地叫她“刘大麻子老师”，说她找不上男朋友。

我上三年级时正九岁。我八岁便口吃，愁坏了父母，小朋友叫我“结巴蛋”，上课老不敢举手回答问题。

有一次，刘老师请我回答问题，我一结巴，同学们哄堂大笑。我连羞带急，脸红到了脖根儿，头低低地埋在怀里。刘老师立刻严肃制止道：“请不要笑！”教室里一刹时安静下来。我偷偷地抬头看老师，她正在专注地望着我，甜甜地微笑着，她的一张并不漂亮的脸变得无比的美丽。这使我好像三伏天喝到了雪水一样，浑身不再焦渴，无比的舒服。她又微笑着鼓励我重新回答问题，我再度回答，竟不那么结巴了。

以后的日子里，伴随老师真诚的微笑，我的结巴出奇地好了。五年级毕业，老师特意让我面对全校同学发言留念，我竟然一点儿结巴也没有，流畅的发言像山间的哗哗哗的小溪，悦耳动听。离别时，我们守在她身边，久久不肯离去，她像一个天使似的美丽。

光阴如梭，十五年弹指一挥。岁月无情地给她脸上雕刻了许多皱纹，可微笑的脸美丽依然。

这时，她微笑着向我走来，我没有理由拒绝一张微笑的脸。她用手抚摸我儿子的头，说："太快了！太快了！看！这小家伙的嘴，多像他爸爸的！哈哈哈……"因为我口吃，老师记住了我的嘴。因为我结巴，我留在了老师的记忆深处。

"爸爸！她是谁？"儿在问。

"她是爸爸的老师。"我忙摘下变色镜说。

"我叫什么？"

"你叫阿婆！"

刘老师笑了，我的心灵在她的微笑中战栗，忏悔责备自己对真情的冷漠和无视。

微笑真好，微笑无价！

正是她的微笑，增添了我说话的勇气和信心，由此与结巴分离。在以后的生活中，体验到了生命的欢乐。我必须将这份感激，化作同样的微笑，送给生命中和自己一样、想在他人心中存在的人，使受伤的心、自卑的心，享受微笑，自信快乐。

1996年12月2日

填报高考志愿

一个女同事随便问及给她女儿填报高考志愿的事。虽然她算不上炫人的妩媚，虽然她的女儿刚刚越过一本线，但我还是饶有兴趣地高谈阔论起来，因为我更多的是想抛砖引玉，窥视同事的洞察秋毫及高瞻远瞩。争论的结果使我淡化了谈话的兴奋，由暴风骤雨到和风细雨以至于无声无息。因为听到的是太多的一溜风似的人云亦云，听不到凌空杀出的惊世骇俗之见。我只是默默地遗憾，一个未来的服装设计师的胚胎又温情脉脉地被打胎药化为乌有。想着那个高高地翘着羊角辫的瞅人都不正眼瞅的傲然出世的高中女生，我曾经惊叹，此乃谪仙人，活脱脱一只特立独行的鸟步独舞的丹顶鹤，竟然没有被应试教育的洪水猛流湍洗得“泯然众人矣”。怎么关键时刻，她的“服装设计”志愿她说了不算呢？漠然地迁就于她母亲广泛察纳雅言后断然决定的能发财的金融财会专业和能升官的行政管理专业呢？林黛玉秦雯一样的女子，能遨游商海？能驰骋官场？

喜欢盲从的同胞，看看地球上生活得风情万种的人民，我们为什么还抱着“学而优则仕”紧紧不放呢？难道我们真的被官老爷的盛气凌人、颐指气使、耀武扬威、翻手为云覆手为雨戏弄怕了，为了不让下一代再受那奴役苦，一不做二不休，弄他个一官半职当当再说，反正“见官比民强”。君不见，人人都说当官好，成亿的精子淹没在官欲的精液中争先恐后地冲向一个卵子，得到卵子拥抱的又有几个精子？是什么纠结着中国人的“官本位”的情结？有的人至死不化。

2007年，我的一个学生高中毕业了，他是班里师生人人叹服的“聪明一休”，能跳一套令人如幻如梦的“动漫舞”而扬名校园。那一年，他也跨过了一本线，他笑嘻嘻地用梦幻的肢体语言给我演示，他要飞进西安的一所二本院校的“动漫设计”系了。当时弄得我一头的雾水，大学还有这么一个怪怪的专业？是干什么的？他给我形象地比划了半天，我这个现代科盲还是莫名其妙。“喜欢就是成功的一半”，我表示了学究式的赞同。等到他拿着通知书向我道别时，是江西财经大学的“社会经济”系，他依然笑嘻嘻地憧憬着这个他父母斟酌了又斟酌之后给他选定的实实在在的专业。大四的时候他的应聘书激情澎湃地撒向大江南北，一封一封地“潮打空城寂寞回”。他开始怀念起“动漫设计”了，因为，去年以来“动漫设计”是皇帝的女儿不愁嫁啊，况且他又是那么情有独钟。唉，男怕选错行。但这有什么办法呢？中国人的一溜风是有光荣的传统的，邯郸学步，东施效颦，鹦鹉学舌，人云亦云，南山的猴子，一只手淫大家都手淫，一只不手淫，吃亏了被同类耻笑成“另类”怎么办？

2005年的春天，我故乡的农民突然家家户户种植辣椒，地膜种子都是政府投资的，一些已经种上了小麦的也被下村的干部拍着胸脯用热烈的嘴唇鼓动得拆了青苗种上了保种保销的辣椒。秋天来了，辣椒红了，看万川红遍，辣椒树尽染，但是，红艳艳的辣椒价便宜得连叫人摘的工钱都赶不出来，看着一个个灰头土脸的农民狗一样地蹲在地头上抽着抽不完的老旱烟，那个深秋我又无言又怜惜又伤叹。

今年春天，我故乡的老百姓又成片成片地挥汗如雨地挖掉了枸杞树，堆在田间地头，“楚人一炬，可怜焦土。”回想起去年电视上热火朝天报道我故乡打造万亩枸杞生态园的宏伟致富壮举，我迷惑不解，这个叫市场经济的魔鬼真的是风云莫测残酷无情？一年之间，红红的枸杞每斤暴跌人民币十几元。不，以我童年牧羊的经验，一群羊，跟着走的羊是盲目的是没有思考没有方向的，领头羊不得了，牧羊人了不得，他们不能不运筹帷幄之中，决胜千里之外。否则，供着他们养着他们干什么？

这半年，我遇到了一个忘年交。他28岁了，2008年天津商业大学工商管理系毕业，是我的老校长介绍的。半年前他考取了交通部门招考的公务员，名列第三。快面试了，听说我巧舌如簧，就慕名而来，借光借光，梦想不鸣则已，一鸣惊人。其时，他就坐在我的面前，双眼斜吊着，浑身木讷，秀发漆黑茂盛，面白肉嫩。我惊诧于他如此毫无激情的身子何以生长出这么白嫩的脸和茂盛的黑发？我双目聚光寻求对视，岂知他目中无人，眼睛像老鼠的眼睛一样游移不定，在我的房里搜寻着什么。突然，像孩子一样天真地嬉笑着，双眼紧紧地盯上了我的一件物什。顺着他的贪婪的目光看去，噢！原来是我的一副砚台，老古董，我曾祖父留下来的。一个破旧的砚台，竟然击中了他的兴奋点，顿时，手之舞之，足之蹈之，话飞顿作倾盆雨。让我这个还算有些老古董味儿的老朽直面他的唾沫星子，只有招架之功而无还手之力。他淋漓尽致地挥洒够了，才切入正题，古今中外，天南海北，交通规则，高管运作，乱七八糟地神侃了几个小时。夜深人静的时候，握手道别，等待他面试过关斩将喜传佳音。其实，我隐隐约约地觉得，他败北无疑。就他平时那副春秋战国古墓里挖出来的死气沉沉的样子，还想和那些青春阳光唇枪舌剑的竞争对手打擂台？做梦去吧。除非评委手里提着一口新出土的战国编钟，两秒内激起他的快感和灵感，看能不能妙语生花，征服评委，顺利过关。不出所料，再一次见到他，他似乎有些颓废了，光脚踹在又脏又丑的皮鞋里，一说话就不由自主地张着大嘴打呵欠。像祥林嫂一样，不停地自言自语："他妈的，要是当初我上文物鉴定专业，那多好啊！他妈的，文物鉴定，多好的工作啊！他妈的，看看《鉴宝》栏目上那些老家伙，太牛逼了，太牛逼了！我玩上十几年，比他们牛逼。"

他的一个"玩"字，让我想起了曾经听来的一个故事。在一个建筑工地上，有三个砖工正在干活，一个好事者走过来，闲着没事地问，你们在干什么？甲说，我在砌砖；乙说，我在砌墙；丙说，我在玩建筑。十年后，甲是个砖工，乙是个砖匠，丙成了闻名遐迩的建筑设计师。我不知道编这个故事的人是什么意思。但是，我以一个教师的思维联想到了高考填报志愿。生活经验丰富的成年人，老是以涉世太深居高临下地指导着涉世未深的高中生："爱好算什么，毕业了有钱可赚，有官可混才算硬专业好专业实实在在的专业。玩专业？能玩出来名堂？十年寒窗苦，学习都不可以玩的，将来工作能开开心心地边玩边工作？贻笑大方！"

如果谁说学习是苦的，工作也是苦的，我宁愿沉默，也绝对不可能举手。人生的追求就是为了愉快幸福，为什么非要义无反顾地选择痛苦呢？

但是，我们的中小学生确实是苦的，起早贪黑，栉风沐雨，顶雪踏霜，寒来暑往，无怨无悔。读不完的课本，听不完的课，写不完的作业，做不完的资料，辅导不完的奥数，考不完的试，阳痿不了的家教，脑梗塞不了的晚自习，脑溢血不了的排名，心肌梗塞不了的垫军（指倒数第一名）。背驼了，头发白了，眼睛近视了，神经衰弱了，离家出走了，男生嗲声嗲气了，女生歇斯底里了，看着课本恶心作呕了。为了什么？为了“十年寒窗无人问，一举成名天下知”；为了什么？为了学校今年高考成绩再创历史新高，一本上线多少多少人，二本上线多少多少人。高考人数指标是硬道理，一切的一切都像对待蜘蛛网一样，轻轻地抹掉。一路赶来，中小学生不苦才不正常，但大学是轻松的，工作了不读书也是没有关系的，只会制造不善于创造也是没有必要尴尬的。一辈子的阅读计划就在这十年寒窗超负荷地提前完成了，焉能不苦？

人民群众的工作也是苦的。上世纪60年代70年代，我的故乡的人民心甘情愿地劳苦在二牛抬杠式的农耕文明的劳作方式中，但是，天天不忘记高喊“农业现代化”。

那时候，在烈日下割麦子，鸭子挪步式地收割，实在挪不动了，我就坐在树荫下，幻想有一台收割机开进了一望无际的麦田，嚓嚓嚓嚓地收割。因此受了不少的奚落，说洋学生做梦娶皇帝的女儿——尽想美事儿。

于是，我悄无声息地努力念书了，不为别的，只为那梦想中的收割机。但我的兴奋点不在缘于理科的收割机，高中三年的最后一学期，我毅然决然地从理科班转到了文科班学习，老师和同学都莫名其妙，说我脑子进水了。高考成绩揭晓了，我的文科班主任莫名惊诧：“你怎么一学期就能考上大学？谢谢你，给我完成了一个梦想不到的指标。”心软的同学都不约而同地同情我学得太苦了，我忍俊不禁，那半年是我最开心的半年，历史和地理知识嗖嗖嗖地直往我脑子里钻，想挡都挡不住。有时候，看到凌晨两点，睡意荡然无存，书拿在手里，看着看着，不知不觉走进了梦乡。偶尔惊醒，灯还亮着，顺手一拉，一翻身又酣然入梦。古人说，秀色可餐。我深有体会，书香可醉。当然，这必须是你喜欢的书。

因为教书，一晃已经23年了。教书育人之苦，早有人呻吟得没有新鲜感了。“春蚕到死丝方尽，蜡炬成灰泪始干”，燃烧了自己，照亮了别人，何其悲苦？这说明你不喜欢这个工作，如果喜欢，怎么会这样？吐丝是应该的，燃烧是自愿的，那么煽情干什么？你受不了，换个喜欢的干嘛。

李商隐的这句诗，如果形容热恋的情人，我是举手赞成的，因为热恋中的年轻人都是发了高烧的。山盟海誓不见得身体力行，誓发了，风吹了，也挺潇洒的。人生有多少青春浪漫可以这样挥洒？

我从来没有以“教书育人”的神圣自恋，更不敢以“人类灵魂的工程师”的高尚自居。既然这么神圣高尚，今天的高中优秀毕业生为什么一提到师范大学，就如见了臭狗屎一样，不停地摇头，当面驳老师的面子呢？只有那些家境贫寒的高分学生才不心甘情愿地嫁给了不收一分钱的几所中国名牌的师范大学，一副鲜花插在了牛粪上的委屈无奈样。听说日本和芬兰的人民教师多少人想当都当不上，不知道这两个弹丸之国用什么锦囊妙计把教师玩得这么大？

我曾经的梦想，是想当个像鲁迅一样的文学家。现在大家都十分清楚这个梦想只是我自己的一种意淫而已，但我从来没有后悔年轻时候的不知天高地厚，因为，在这二十几年的教育教学工作中，能开开心心地和学生面对古今中外的文学家的文章说三道四，使学生越来越聪明，而那些文学家连一个都不可能从坟墓里跑出来唾我们一口浓痰，这岂不是把酒临风、心旷神怡的美事？

2012年6月24日

提前交卷视为作弊

高中生的考试频繁，已经习以为常了。一学期四次，每一次必须排名，非常正常。如果中期考一次，期末考一次，不排座次，就极不正常。分数是硬道理，人民群众的眼睛盯的就是高考的二本以上的升学率。形势逼人，一个月不考一次行吗？不排名行吗？数字化时代，数字化管理。数字化管理，就是精细化管理。比如，考试规则精细到有一条明确规定：考试结束铃声响了以后，方可交卷。提前交卷，视为作弊。为什么？培养做事情善始善终的好习惯，培养细心检查的好习惯，培养耐心。杜绝提前交卷往考场以短信的方式发答案，杜绝上街到处溜达。由此看来，不管是"三个培养"，还是"两个杜绝"，都是用心良苦，愿望美好。为了谁？为了弱势学生。考试少细心少耐心不能善始善终，提前交卷为了作弊为了到处溜达。这样的学生一般考试成绩不会好的。问题学生就是弱势学生，应该关心。雨果说："多办一所学校，就可少建一座监狱。"但是，这让我想到了体育竞赛中的赛跑，能不能出台一个规则，跑在前面的，视为作弊。相信这个规则一发明，奥运会就没有人看了。体育竞赛的魅力是向上看齐。不可以提前交卷是向下看齐了。是向上看齐，还是向下看齐？这在我们的生活中的确是一个问题。

就说一个木桶吧，有一页板折了，实实在在不好接补，但是，还要装水，怎么办？倒水的时候，水到那一页折了的板就好了吧。如果为了美观，那好，把其他的板锯掉，向那一页折板看齐。这样的行为，大家也觉得没有什么不妥啊。

我上大学的时候，暑假常常犁地。到现在我都怀念我家养的那一头黑色的骟驴，因为被阉割了，没有了骚轻的激情，所以攒了一把拉犁的好力气。可惜，和骟驴合作的一头母牛不较劲。那头牛是九叔家的，吃草慢条斯理，犁地蔫不啦叽。和驴一起犁地，显然占了便宜。但我父亲是默许的，我只能心里愤愤不平几句。我最不能忍受的是犁地的时候，驴拉牛不扯。因为，这种情况使我非常的吃力，要特别费劲地握住犁把，还犁不好地。一会儿左拐，一会儿右拐，气死你。我不止一次地想改变这种情况，于是，常常扬起皮鞭狠狠地抽向蔫牛的屁股，收效不大，倒霉的是有一次被我九叔看见了，他心疼地说："反正牛不会说话，好好打。"我担心我父亲知道了训斥我，就再也不敢扬起皮鞭抽向牛屁股了。但是，地还是要犁的，怎么办？我好几次给我家的驴求情，抚摸着它的脸说："拉慢点，拉慢点。"驴善解我意，高高地扬起驴头，拉得飞快。原来驴听不懂我的话，只是感谢我抚摸它的情谊。勤快的有力气的驴啊！我只有对不起你了。合作的情况是牛在左拉，驴在右拉。为了解决驴拉得太快的难题，把驴拉的铁钩往左移了一个眼，这样，驴出十分的力气，牛出六七分的力气，挂铁钩的杠杆也是平衡的，犁地就轻松多了。但是，精通力学原理的人很清楚，牛轻松了，人轻松了，驴非常不轻松，可惜驴还不知道，所以，我到现在还觉得过意不去，尽管那不过是一头驴。

有时，想起那头勤快的驴，心里也很平衡，那不过是一头驴嘛。你看看那些反映皇宫生活的长长的电视连续剧，进皇宫的正常男人不是向皇帝看齐，而是向太监看齐。向皇帝看齐，皇帝睡不好觉，向太监看齐皇帝才可以酣然入梦。一个活生生的男人向下看齐，最好的裁决就是果敢地裁决了生殖器。当年赌红了眼的魏忠贤就上演了这样一出壮举，感动得皇帝老儿将他信到了脑子里面挖不出来，但是，没有了生殖器的魏忠贤还是没有阉割完向上看齐的心芽。娶不了女人，他玩女人；不是个男人，他杀男人；生不了儿子，他满世界地认干儿子；活着不像个男人，到处建祠堂做圣人；当不了万岁，他当九千岁。阉割了的男人都滋生雄起的心芽，而且茁壮成长，如饥似渴地要长成参天大树，何况常人乎？看来，男人向太监看齐不是皇宫龙种纯洁的办法，也不是皇帝高枕无忧的灵丹妙药。人心都是向上的，给人一把向上的科学的公平的梯子，“可上九天揽月”就让他上去揽好了，大不了龙椅皇帝不坐了，谁了不起，谁来坐吧。总比占着美女不浪漫，占着金银无处花，占着茅坑不拉屎，把大家逼急了揭竿而起，如影相随，“舍得一身剐，敢把皇帝拉下马”好得多。

写到这儿，我突然想起来了我小学考试的事儿。

我小时候是个顽劣不化的孩子。老师常常训斥我“四肢发达，头脑简单”。我为什么要头脑发达呢？我四哥头脑发达，我七哥头脑也很发达，读高中读得风生水起，是我们大队出了名的“秀才”。但是，对不起，高中毕业了，上大学，没门儿。为什么？不为什么，因为阶级成分是地主。地主的儿子怎么能向贫下中农看齐上大学？地主的儿子就应该向地主父母看齐，回家种地，接受贫下中农再教育。看着两位兄长一人领了一个雪白的洋瓷缸子回来，我就滋生了一个顽固的信念，没有必要好好念书。今天，我都记忆犹新，雪白的洋瓷缸子上书写着鲜红的楷书大字，一个上面是“抓革命，促生产”，一个上面是“一颗红心，两种准备”。当时真的想不通，既然地主不好，是下里巴人，为什么要向地主父母看齐？

直到1979年夏天，我割了一天的麦子，躺在院子里的一堆苜蓿草上，数天上的星星，突然，生产队的喇叭上播音：“以后，广大农村地主富农的子女和贫下中农的子女一样，拥有同等的机会参加高考上大学。”当时，我就“呼”的一声跳起来了，母亲问：“咋了？”我说：“毛主席万岁！”从此以后，我读书比捉麻雀还快乐。上学放学的路上，我头上的天是蓝蓝的天，我每天望着都喜欢。遇到考试，每一次都争取提前一二十分钟第一个交卷，享受着同学羡慕嫉妒我的眼光，尤其漂亮的女同学，我更喜欢她们羡慕的眼光和我对接。老师常常笑吟吟地目送我走出教室，因为我的成绩经常遥遥领先。当时，我描绘不出那种感觉，后来学习了庄子的《庖丁解牛》，恍然大悟，那就是游刃有余的解牛表演后，“提刀而立，为之四顾，为之踌躇满志”的快感成就感和幸福感，这一种美妙的感觉是比较出来的。正如奥运会上刘翔百米跨栏赛后，披着五星红旗满场子奔跑。正如世界杯问鼎大力神杯后，11个四肢发达的男子汉肆无忌惮地狂欢。试想，如果不许跑到前面，不许提前破门，那赛跑和踢球还有什么意思？

所以，我常常想，同情心是人类很高尚的情感，但不可以因为同情而向下看齐，这有悖于“水往低处流，人往高处走”的自然规律。生命如歌，歌从何来？歌从向往高处的智慧而来。

于是，下面的想法引起了我的警惕：因为是乌鸦，所以听不惯百灵的千鸣百啭；因为是海鸥，所以看不惯海燕像黑色的闪电；因为是麻雀，所以嫌弃雄鹰凌空翱翔高傲无比；因为是鸡，所以嘲笑凤凰非梧桐树不栖；因为是蜗牛，所以看不惯黄鹂一跃飞上了树枝头；因为是猫，所以听不得虎啸山林；因为是猪，所以见不得大象的牙；因为是狗，所以盼望狼也吃屎去；因为是骡子，所以就说驴的武器不是个好东西；因为是东施，所以说西施活像狐狸精；因为是潘长江，所以嘀咕姚明的海拔太高了；因为是中国足球，所以唠叨巴西的足球太桑巴了；因为是去不了瑞典皇家学院，所以微词诺贝尔奖没意思；因为是独裁，所以讥笑自由不是什么好东西；因为是专制，所以挖苦民主也不是什么好东西。

2012年7月4日

逃学的小女孩

我去学校要经过一片草地，今年雨水好，草长得绿莹莹的，走在上面很惬意。

一天大清早，走过草地时，看见一个小女孩枕着大书包睡在草地上。我好奇地走过去问她："你怎么不去上学？"

"作业没做完，老师要打板子呢！"小女孩稚嫩的声音里满是逃学的理由。

听了她天真的回答，我的心慢慢沉重起来，初为人师时那个叫我头痛的逃学的小女孩儿——甘露，霎时浮现在我的眼前。

那是十年前的事了。当时，我被分配到一个很偏远的大山沟里，那地方挺美，看不见黄土，只见满山的青草绿树和小溪。那时的我，浑身有使不完的劲儿，一周上20节课还觉着不过瘾，有时索性关了门，在宿舍里有模有样自己给自己讲。全班30个学生，我头一天当上班主任，第二天就记住了所有学生的姓名。与他人谈起自己的学生，如数家珍，一脸的高兴。初为人师的热情真的像一把大火，燃烧着整个班级，温暖着每一个学生的心。

可是，慢慢的令我头疼的事儿来了。班里有叫甘露的小女孩，人挺机灵，就是老完不成作业。学习忽冷忽热，成绩忽高忽低。真担心自己想要全班得年级第一，一鸣惊人的雄心壮志，会被甘露打得粉碎。

于是，我便悄悄地对甘露实施了自认为有效的好办法，就是偷偷地打竹板子。我藏着一把一尺来长的竹板子，每当遇到甘露完不成作业或上课回答不上问题什么的，就打竹板子。这办法还真灵，甘露渐渐地学“乖”了。正当我为自己的聪明而暗自得意时，甘露却开始逃学了。

有一次，甘露又逃学了，她竟然拒绝参加期末考试！我大怒了！全班出动，去逮甘露。果然，在一块山坡的草地上发现了她。她头枕大书包，睡得正香。周围的草地碧绿酥软，五颜六色的野花点缀其间，犹如天然的美丽的地毯。小溪在哗哗地流着，小鸟在婉转地歌唱，白云在蓝天上自由自在地游动，阳光温柔地洒下来，像母亲慈爱的手抚摸着甘露，她在做着童话般美丽的梦吗？

几个调皮的男同学要推醒她，我制止了。蓦地，我觉得这可爱的草地就是快乐的“百草园”，而我的课堂活像那枯燥乏味的“三味书屋”了。

突然，一个男同学喊了一声“甘露”！甘露霎时从地上蹦起来了，满脸的惊恐，好像一只被许多人围困在中间的小鹿，惊慌的眼睛不住地搜寻着出逃的缺口。

我默默地走上去，用手抚摸着她的头，把她领回了教室。中午放学，我决定去她的家看看。到了她的家，我不能原谅自己的是，她失去了父亲，而母亲又是一个哑吧！她每天要帮母亲喂猪、喂羊、做饭、洗衣，多么的不容易啊！小小的她怎么承受得了？我还能说什么呢？我泪流满面。

后来，我调离了那偏远的大山沟，可那个叫甘露的逃学的小女孩儿却一直装在我心里，她使我时时都在掂量着为人师的分量，不敢有丝毫的疏忽和懈怠。

突然，一阵风吹来，吹断了我的思绪，却吹不走我心底的懊悔。望着今天眼前这个逃学的小女孩儿，我不止一次地问自己：她就是十年前的那个小女孩儿甘露吗？

1999年1月

素质教育，走好

当儿子极度地不满母亲对自己的考试成绩过分关心，将冷冰冰的铁锤鬼差神使般地砸向望子成龙的母亲头颅时，看着血迹斑斑的弑母现场，看着迷茫的青春少年，善良的人在瞠目结舌之余，不能不掬一把惋惜的凄凉的泪水。

当孙云晓先生徒步于中日少年夏令营坎坷泥泞的途中，目睹日本少年细心周全的准备，坚忍不拔的跋涉，严谨节俭的作风，而中国少年有的仓皇踏上征途，山吃海花，丢盔弃甲，不堪入目，怎么能对那个和我们一衣带水的大和民族的教育无动于衷？怎么能飘飘然于我们中华民族现行的一些落伍的教育机制？

曾几何时，对于那些分数骄人、能力丢人的大学生，我们扼腕叹息。

曾几何时，对于那些“写错一个字，罚抄一百遍”的“严师”，我们难辞其咎。

太多太多的现象，让我们尴尬脸红，惊愕叹惋，感慨良深。我们的教育怎么了？我们的教育领域的痼疾，几经曲折，几番努力，到20世纪80年代中期，一剂良方开出，应试教育乃顽症痼疾，素质教育是灵丹妙药。进入90年代，素质教育一跃而成为一个很前卫的口号，响彻大江南北，蓬勃开展，如火如荼。应试教育俨然如国人的头号大敌，共讨之伐之诛之，相比于五四运动时期新文化运动健将齐声讨伐封建文化之声势，有过之而无不及。

随着时代的进步，随着教育的全球化，应试教育弊端重重，劣迹斑斑，如果还流连忘返，期望教育出优秀的人才，无异于刻舟求剑。这有目共睹，暂且不论。而当前国家大力倡导的，众人齐声喝彩的素质教育，我们就理解得很到位，实施得很科学吗？未必。单单从我们耳闻目睹的说，就不敢恭维叫好。一些地方在具体实施过程中，由于对素质教育的“庐山真面目”难以辨清，雾里看花，陷入误区，怡然自得而不知“误入藕花深处”。

君不见，“忽如一夜春风来，千朵鲜花校园开。”素质要提高，课程要丰富，兴趣小组应多样多彩。语文、数学、英语、物理、化学、政治、历史、地理、生物，太传统！老生常谈！不够“素质”！音乐、美术、体育，再点缀校园，还是有些单调乏味，令人恹恹欲睡。劳动技术、电脑技术、书法艺术、摄影艺术，手心手背都是肉，一样也不能放弃！怎么？还不够丰富多彩？干脆有声有色地搞几次兴趣活动大赛，洗衣服，切土豆，钉纽扣，粘补自行车轮胎。都不够别致新颖，引人注目，开拓创新。索性开辟一个史无前例的栏目——青春期性咨询。好！这么多的选修课，这么多的兴趣小组，如雨后春笋，破土而出，凡所应有，无所不有。够“素质教育”的了！没有专业辅导老师怎么办？一人多用，摄影由美术老师指导，书法由语文老师指点，性咨询由生物老师看着办。学生必须积极参加，积极实践，否则，兴趣狭窄，素质不高，不合格！老师忙得不亦乐乎，手炒菜，脚捣蒜，两个膝盖在擀面。学生蜻蜓点水，浅尝辄止，心神不宁，忙于应付。

不切实际地增加选修课，矫揉造作地开展兴趣小组，那是急功近利，哗众取宠，曲解了素质教育。真正的素质教育是以尊重学生个性，发挥学生的主观能动性，开发学生潜能，注重形成学生健全人格为前提的。

君不见“我劝天公重抖擞，不要考试选人才”。实施素质教育，讨伐应试教育，素质教育和应试教育水火不容。考试就是应试教育，要考试干什么？振振有词，落地有声。原来名正言顺的“学生分数成绩通知单”，忽然一变，美其名曰“学生综合素质评估汇报书”。上面的分数，害羞遮丑，销声匿迹。陡然出场的是阅兵式的A、B、C、D，甲、乙、丙、丁，优、良、中、及格，让再精明的家长也琢磨不透孩子的学习如何。小学升初中，初中升高中，考试题也如川剧变脸似的，叫“义务素质教育质量检测题”。可是，重点中学招生，仍旧我行我素，唯分数独尊。名列前茅的，欢迎欢迎，热烈欢迎。名落孙山的，再见再见，很是抱歉。学生泪流满面，家长大呼上当。早知如此，何必当初？高费上重点，一分值千金。每年以一分之差而被拒之大学门外的莘莘学子，又何以千计？

“考！考！考！老师的法宝；分！分！分！学生的命根！”“分数多可爱，老师家长爱。”这些让人忍俊不禁的俏皮话，真的一点道理也没有？平心而论，考试有什么不对？如果考试错了的话，那不考试上大学的黄帅、张铁生就是时代楷模了？中国要选拔人才，就现在及将来很长一段时间而言，考试仍然是最有效、最公正、最易操作的方法。存在学习，就存在考试。纵观古今，横看中外，概莫能外。实施素质教育，并不是要烧掉考试这把尺子，而是应该想办法让这把尺子更客观更公平更科学。考什么，怎么考，不考什么，分数怎么给，这才是实施素质教育的重要任务之一。

如果盲目地毫无原则地追求所谓的“素质教育”，一味地排斥考试，试想，我们的学生连象牙塔里小小的考试都经受不住，还凭什么豪言壮语“愿乘长风破万里浪”，“直挂云帆济沧海”，去迎接人生征途上一次又一次的大“考试”呢？

君不见“躲进校园成一色，管他万紫与千红”。昔日的校园，言必称尖子，赞必夸状元。今日实施素质教育了，不排名次，大家彼此彼此，半斤八两，平分一院秋色。一班学生，你好我好他好她好大家都好。我们真会见风使舵，随机应变，善走极端。

不讲情面的自然选择，是前人研究证实了的自然之理，我们为什么还要学堂·吉诃德大战风车似的去挑战？适者生存，不适者被淘汰，是自然界的生存法则。“看万山红遍，层林尽染；漫江碧透，百舸争流。鹰击长空，鱼翔浅底，万类霜天竞自由。”谁又能摇头否认？“江山代有才人出，各领风骚数百年。”竞争见风流。百花齐放，百家争鸣，自然之理也……“恰同学少年，风华正茂”，怎么能死气沉沉，万马齐喑，良莠不分，毫无竞争？况且，本班不争外班争，本校不争外校争，本省不争外省争，本国不争外国争。谁叫这是一个充满竞争的时代？我们的孩子只有从小培养竞争意识，方能适应社会。给不同的学生给予不同的客观的评价，不失为培养竞争意识的好手段。制定出客观公正科学的竞争机制，冲出分数定乾坤的窠臼，让出类拔萃的学生成为大家心悦诚服的领头羊，才适合素质教育的良性发展。

君不见“不经一番寒彻骨，仍有梅花扑鼻香”。素质教育愈时尚，苦学精神愈落伍。有人干脆将历来推崇备至的埋头苦读、刻苦勤奋的精神洒脱地扫进垃圾坑，且振振有词，素质教育就是兴趣教育轻松教育愉快教育，什么“梅花香自苦寒来”“业精于勤荒于嬉”，当重新诠释。“头悬梁，锥刺股”，“闻鸡起舞”已不合时宜。风起云涌的是“玩得痛快，学得开心”，“潇潇洒洒学一回”。孔子说，知之者不如好之者，好之者不如乐之者。乐学确实是学习的理想境界，可是，不等于学习就很轻松，随随便便就能懂。乐学是指只有乐于学习，才能愉快地接受教育，轻松学习。苦学也不等于死学，苦学是指对学习郑重其事，刻苦努力，勤奋拼搏。要想成才，怎么能少了这种苦学精神？古今中外，凡有成就者，面对勤奋之路，谁能绕道而行？苦尽甜来，在一个良性的竞争环境中，确信也是条真理。

老百姓说，学习是在走上坡路。经验告诉我们，上坡路难走，那么，学习也就没有玩耍那么轻松舒服，不然，世界上到处是爱因斯坦和居里夫人。说透了，学习是一项艰苦复杂持久的精神活动。学习的苦与乐，关键在于求学者的心态。好学者，苦也是乐；厌学者，乐也是苦。古往今来，学起来不知寒冷、废寝忘食者有之，学起来坐卧不宁、心不在焉者有之。解难题，苦则苦矣，“山重水复疑无路”，可是，刹那间，“柳暗花明又一村”。茅塞顿开，兴奋之情，难以言表。所以，素质教育和苦学精神唇齿相依，抛弃了苦学精神，素质教育就是纸上谈兵、叶公好龙。“不经一番寒彻骨，哪得梅花扑鼻香？”此言真矣。

君不见“河东河西三十年，围着学生团团转”。中国是一个讲究师道尊严的国家，师之地位历来提得很高，一日为师，终身为父。以致“打是疼，骂是爱”，“棍棒出高徒”成了教育的法宝。老师的权威是绝对的，学生以老师为中心，老师说对就对，说不对就不对。随着素质教育的实施，观念变了，“没有不好的学生，只有不好的教师。”“学生是老师的上帝。”虽言之有理，但也要具体分析。客观地说，以教师为中心的教育机制，显然束缚了学生独立自由个性的良性的发展，有悖于素质教育。可是，以学生为中心的教育机制，就符合素质教育的意旨？客观地说，学生的人生经验、知识阅历，有可能不如老师，况且，学生犹如小树，未长高长直长粗，旁逸斜出是自然的，放任自流，姑息迁就，无异于隔岸观火、养脓包疮、误人子弟。教不严，师之惰啊！不错，素质教育应该把学生放在一个活生生的人的天平上来衡量，尊重学生的主体地位和主动精神，可是，绝不等于毫无原则地怕得罪学生而一味地迁就学生。老师应当主动大胆地帮助指导学生学会学习，学会做人。

君不见“问渠那得清如许，为有源头活水来”。素质教育是全民大事，人人有责。可是，搞素质教育“上有政策，下游对策”，屡见不鲜。上面来了喊“素质”，上面走了抓“应试”。借口种种，理直气壮。素质高有什么用？高分考生才是拳头产品。学校一清二白，要什么没什么，一张嘴，一支笔，一块黑板，能搞素质教育吗？要提高学生素质，硬件上不去，软件能上去吗？巧妇难为无米之炊啊！

实施素质教育，不光是教育主管部门的事，也是教师、学生、家长的事，更是全社会都得来关注的大事。实施素质教育，教师的素质是关键，让学生选择高素质的教师，让教师选择高素质的校长。一个好校长，就是一所好学校，一所好学校，胜过十座好监狱。一个高素质的民族，就会将自己的国家建设成世界一流的国家。素质教育，一路走好！

2002年5月25日

是“生活保姆”，更是“精神领袖”

校园里，常看到这样的老师的身影：披星而来，戴月而归，为女生擦去眼角的泪水，为男生钉好扯丢的纽扣。寒风刮起，递给学生一件绵软的毛衣；大雨倾泻，递给学生一把温暖的雨伞。可班里不愉快的事仍频频发生。上午，谁把板擦弄破了；下午，谁将足球踢在了雪白的墙上。今天，一个女生的电子词典不翼而飞；明天，一个男生的钢笔杳无音信。大大小小的烦事犹如暴雨下水中激起的水泡，此消彼生，接连不断。令“蜡炬成灰泪始干”的园丁伤透了脑筋，有一种热泪洒在冰石上的不平衡感。再加上旁观的老师同情和不平，当事的老师很容易认为学生将自己的好心当成了驴肝肺，由此，喋喋不休，愤愤不平，郁郁不乐。

校园里，也常看到这样的老师的身影：按时上班，按时下班，有条不紊，轻松愉快。讲课妙趣横生，学生如坐春风。班会丰富别致，学生心旷神怡。待学生不冷不热，若即若离。遇事情沉着冷静，神情自若。看日出日落，听风歌雨吟。看花开花落，任云卷云舒。学生如同他手中的风筝，蓝天下自由适度地飞翔。课表掉了有人贴，窗帘脏了有人洗。一本书不丢，一支笔不少。班如桃源，相安无事，学生敬畏。

以上两种现象，姑且将第一种称作“种热得冷”，将第二种称作“种冷得热”。那么，为什么会出现这样异常的现象呢？下面从学生和老师两方面进行探究分析。先说学生，高中生是走在成人的大门边向里边观望的一个群体，他们渴望有一张冷静沉着老练成熟的脸，但他们又“恰同学少年，风华正茂，书生意气，挥斥方遒”，他们向往“天下兴亡，匹夫有责”的崇高，但他们又缺少一点“雄姿英发，羽扇纶巾，谈笑间樯橹灰飞烟灭”的潇洒自若。九年的义务教育，为他们积累了一定的文化科学知识，虽然翅膀未硬，但也能在天空中飞翔。对于现实生活，他们有感性的认识，但缺乏理性的思考。他们耳闻目睹的的确已经不少，但可惜不能用思想的梳子梳理得井井有条。这个时候，他们多么渴望一个有思想的人为他们拨开思考的迷雾，看到灿烂的心空。他们曾“独上西楼，望尽天涯路”，他们曾“衣带渐宽终不悔，为伊消得人憔悴”，他们曾盼望“蓦然回首，那人却在灯火阑珊处”，那人是谁？那人应是有学识有思想有魅力的“精神领袖”，而不是有苦心无慧心的“生活保姆”。调查证实，高中生最忌讳的是老师还把他们当乳臭未干的娃娃看待，难怪“生活保姆”式的班主任会“种热得冷”。他们抱怨学生狗咬吕洞宾不识好人心，岂不知，有时太婆婆妈妈了，“虽曰爱之，其实害之；虽曰忧之，其实仇之。”高中生的手脚嘴巴是管不住的，领导他们活跃的头脑，才事半功倍。古人云：“亲其师，信其道。”真是一针见血。

那么，苦口婆心勤勉操劳“生活保姆”式的班主任就无用武之地了？不是，关键是把握分寸，恰到好处。烙馍馍火候到了就熟了，火太大了就焦了，关爱学生也如此。比如，上公开课，十几个老师听课，一男生回答问题精彩，班主任抚摩其头以示鼓励。你说，男生感谢你，还是讨厌你？十七八岁的男子汉，谁愿意脑袋被人当众摸呢？又如，教室里经常有人丢纸屑瓜子皮粉笔蛋儿，班主任可以适当地拾一拾，如果天天拾天天有，还乐此不疲，你说你累不累？为什么不想个办法让学生不要乱仍垃圾？你天天拾，学生感动了，好！学生不感动呢？不是助长了坏习惯吗？所以，作为高中班主任恰倒好处的“生活保姆”式的关心是必要的，但更重要的是成为学生有点崇拜的“精神领袖”。

欲成为学生有点崇拜的偶像，以下几方面的努力追求是不可少的。

首先，是过人的才华。老师的主阵地是讲台，课上得精彩，班主任就成功了一半。试想，一个老师专业精熟，博学多才，出口成章，下笔成文，棋琴书画，吹拉弹唱，样样在行。学生怎能不叹服呢？教育当中，有的班主任给学生的关爱很多，学生只感激不欢迎，不为别的，只为其才华一般。有的班主任不怎么体贴学生，学生倒折服，是因为其才华横溢。

其次，是科学独到的思想。有知识没思想，是一个教书匠；有知识有思想，才有一点教育家的味道。如果满足于教书匠，不追求教育家，到头来连教书匠也当不好。人是一根会思想的芦苇，弱小的人因思想而强大。信息时代的学生，不是太简单，而是太复杂。家庭学校社会的不良气候，无不影响他们健康的成长。班主任不仅应该读书，更应该读生活。观察思考研究现实生活，在学生迷茫的时代，给他们荒芜的心田种植优良的庄稼，使老师的精神思想，成为学生的信仰寄托。今天有的学生，雷锋不信，赖宁不学，沉迷网络，崇拜明星。既令他们心悦诚服，又利于他们成才成人的思想到底是什么？教育者不能不研究了。

再者，是倾人的魅力。魅力是人的知识思想气质风度等的综合体现。班主任一旦有了吸引学生的魅力，连他的言谈举止、穿衣打扮也被学生悄悄地模仿，何况他的谆谆教导乎？到了这个境界，不就有了一点“精神领袖”的味道了吗？人是情感动物，当年《上海滩》里的许文强，不知倾倒了多少人。当然，老师不是明星，但从个人的实际天资和知识思想气质风度出发，塑造个性的怡人的人格魅力，受到学生的喜欢，不也是好事嘛。

2007年6月17日

最好的教育

干旱的西海固，今冬无雪，风天倒不少，一刮风，尘土满天飞扬，乡下本不秀丽的村庄变得有点丑陋了。也许，你会嫌弃她。可是，你稍一留心，就会看见乡村满是尘土的路上，匆匆忙忙走着一个个着装现代、朝气蓬勃的青年，成了乡村一道引人注目的美丽风景。

1999年1月30日中午，晴空朗朗，阳光轻洒，温暖着头营乡李堡村这个普通又朴实的小村庄。这几年，从这个朴实的小村庄中走出去了十几个大学生和几十个中专生，周边的群众无不羡慕。李继林兄弟，是他们中的佼佼者。是他们天资聪明吗？还是……还是少费心思去猜，坐下来和他们说说。

"你们都考上了名牌大学，对于农村孩子来说，是做梦都想的好事，说说你们的学习动力。"

李继林说："我大三了，就读于中国人民大学国际政治系。现在竞争十分激烈，大学多学些，毕业好找工作。再说，身在大学，不能给父老乡亲丢脸。"

"说点中学的。"

"我小学初中念书都不努力，喜欢玩，老师老说我。初三了，还和同学偷偷地跑到银川打工，家里人把我苦苦地寻回来，奶奶和母亲只是抹眼泪不说话。当时，我心里不好受，突然，就想起亲人平时待我的许多好处来。尤其是他们渴望我考上大学的心愿，紧紧地拽着我的心。于是，就去补习了。补习一年，择优录到固原一中。高中三年，除了老师同学的鼓励，亲人的一双双充满希望的眼睛老是瞅着我，催我努力，催我进步。于是，我就下决心好好学习，天天向上。毕业一考就考上了中国人民大学。”

“你寒假怎么不在北京打工挣点学费？”

“想过，可临到放学，怪想家的，回来看看，再干点活，踏实。再回到学校，学习更有劲。”

李继升，上海交通大学电子机械工程系毕业，现在大连电子机械总公司就业。他沉稳冷静，想了想说：“我念书很顺利，好像一直是三好学生。四年级那年，放学回家，手里没有奖状，正遇上母亲从地里回来，肩上扛着重重的犁，吃力地走着。那一天，风很大，母亲浑身被尘土罩着，可是，她的眼睛很亮，很亮……见我手里没有奖状，就软坐在地上，犁压在她的肩上，好久放不下来。我真没有想到，一张轻轻的奖状，在她的心里却重似千斤。从那以后，就老想着拿奖状。高考结束，感觉还可以，问家里人能供我上什么学校。家人说，咱就砸锅卖铁，也要供你上大学！只要你能考上。于是，我就报了上海交通大学。”

“大连是个美丽的花园城市，竞争也激烈，你寄点钱回来不是也行吗？”

“不一样，回家的感觉是说不出来的，带着这一种感觉在外面工作，有使不完的劲。”

李继攀，去年毕业于华东师范大学化学系，现任教于南京市一中学。腼腆的小伙子，说话有点脸红。“我念书很用心，真的！毕业没有考上，很伤脸。补习了一年，又没有考上，又很伤脸。连人也怕见，躲在屋里不出来，都不想念了。可是，一想到父母的希望，还有这十几年的心血，不念咋成？那年家里把两只羊卖了，父亲给了我200元的补习费说，娃娃，只要能吃苦，就没有过不去的坎儿。接过200元，我感觉就像石头一样，沉甸甸的。又补习了一年，就考上了。通知下来，华东师范大学，师范大学就师范大学，反正父母又不希望我升官发财，我喜欢当老师，可以实实在在做点事，很好！”

“你没有想过回固原教书吗？”

“想过，可毕业时许多同学都在那边联系，自己也就去南京了。”

李继斌，兰州铁道学院毕业，现在洛阳铁路局就业。一个很自信的年轻人。“现在不是说要在愉快中轻松地学习吗？我感觉学习有点压力好，有压力就有动力了。我念中学时，可没有这么胖，大学也很瘦。就是经常有压力，哥哥几个比我学习好，大学都是名牌。于是，化压力为动力，好好学习，努力赶上。家里人对我念书很关心，在固原二中住校时，父亲老送馍馍。一次，雪很大，下课了，我看见父亲提着馍馍站在雪地里，一双布鞋都湿透了，当时，我的眼睛也潮湿了……虽然没有考上重点，但现在工作也不错，知足了。好好努力。”

“听说这半年你在浙江温州野外的一条正在修建的高速公路上施工，苦不？”

“对农村长大的我来说，算不了什么。比六月天双折子蜷在地里割麦子松活多了。”李继斌爽朗地说。

“上大学时，最缺的是什么？钱吧？”

弟兄几个笑而不答，微微点头。看来，这个问题一定是他们心中最难而又最珍贵的一笔精神财富，宁愿珍藏在心底，慢慢地品味，也不愿说出来分享于他人。

“在大城市读书、生活、工作，是不是羞于说出自己是西海固人？或者因为故乡的贫穷而感到自卑？”

“没有没有，从来没有！”他们异口同声。

李继林抢着说：“固原人就固原人，贫穷咋了？贫穷是一种动力，人不能因为贫穷而自卑。”

“在外面，最深的感受是什么？”

李继升说：“就是一个‘大’字，外面的世界太大了，发展也快。所以，平时除了把自己的事干好以后，就老希望家乡发展起来，生活好起来。”

我们还想聊聊，李继林的母亲端着几大碗臊子面进来了，我说，你真行！她笑了笑说，多亏了老师。

吃完饭走出屋子，太阳已快要落山了。望着夕阳，再看看李家兄弟的亲人，他们脸上始终在微笑。可他们的微笑却掩饰不住因为辛勤操劳而苍老的面容。苍老是人生无法抗拒的，但是，留给儿女最好的教育却是永恒的。为了儿女念书成才，他们一把苦一把苦地下，一粒粮一粒粮地节省，默默地用无声的行动感化着子女的心，启发着子女的良知。使子女老觉着身后有父母充满希望的眼睛瞅着，身上背着这笔金钱也买不到的精神食粮，一步一个脚印地走着他们要走的路，为自己，为他人，为所有善良的人付出他们的所有。

1999年9月9日

莫重“教书”轻“育人”

谈教书育人，的确俗旧了点。然而，这一亘古不变的朴素道理，今天因为升学率的竞争，被太多的教育者肢解了。有的重“教书”轻“育人”，有的只“教书”不“育人”。为什么会出现这种异常现象呢？

首先，是对高考选拔人才的简单理解。认为“做人诚可贵，考分价更高”，虽要求品学兼优，其实考分定乾坤。因为，考分是硬的，好操作；品行是软的，难操作。于是，领导强调升学率，家长重视中榜率，老师追求成绩，学生竞争考分。至于学生成长记录档案，不过是叫人随意打扮的小姑娘，只要考上大学，档案是千人一面的漂亮，少有瑕疵。有的学生的档案，干脆是学生自己打扮美容。这样，老师省心，家长放心，学生高兴，何乐而不为？如此皆大欢喜，为将来学生的成长发展埋下了隐患。分高能低，才高德低，屡见不鲜。常听老师叹息，学生关心集体的学习不好，学习好的不关心集体。这虽然有点片面，但也不能说不是目前教育的一个不易解开的疙瘩。听说，严谨的德国，学生如果在求学期间有不良品行，老师会客观公正地记录在案，高一级学校的录取，用人单位的聘用，是非常在乎的。你说，哪个学生在校敢不检点自己的品行，只追求高分呢？新加坡更令人叫绝，学生一本书不归还，失去诚信，毕业就打折扣。我们似乎不相信，谁叫我们太重“教书”轻“育人”？其实，中国古代选拔人才也不是一篇文章定天下，有的朝代还要看你在生长环境的德行声望，更有意思的是还要看你的字写得好不好，长相令人看了舒服不舒服。

其次，教师对“教书育人”理解本末倒置。有的教师只抓学习成绩，忽视行为习惯。有的家长也如此，平时对孩子成长的细节满不在乎，考试成绩出来便大发雷霆，忽视“育人”，苛求“教书”，无异于缘木求鱼。“师者，所以传道受业解惑也。”古人将传道育人放在了至高无上的位置。“身正为范，学高为师。”今天的教育家也十分重视教育者的品德对学生潜移默化的影响。仔细思考，“育人”解决“想不想学”的问题，“教书”解决“会不会学”的问题。显然，“想不想学”更重要，因为它是前提。一个孩子连学都不想上，何谈让他会学习？从追求的目的看，“教学”求成才，“育人”求成人。成才的功利性显著，成人的服务性显著。面对今天功利性太强的浮躁环境，老师重传授知识，轻传道育人，家长重考试成绩，轻为人处世。也就不难理解。甚至有的家长孩子当了班干部，就一脸的不高兴，担心服务于大家，耽误了学习。因为，品德高尚是为他人做贡献，成绩优秀是为自己奔前程。家长自然热衷于学习成绩了。岂不知，没有良好的过程，哪来良好的结果？什么是教育？教育就是培养一种良好的习惯，更好地挖掘人的潜能。一般情况下，成绩优异，行为习惯也不错。可见，行为习惯太重要。培养习惯，疏通思想，调整心态，使学生积极主动愉快地学习，比单纯地注入科学知识有效得多。想让小汽车跑起来，加油比用力推强多了；想让禾苗长起来，施肥浇水比往上拔好多了。

那么，如何解决这种现象呢？拿老师来说，上好一节课并不难，教育好一个学生就难了。这需要调动老师各方面学识智慧和谋略。拿家长来说，关注成绩并不难，言谈举止影响孩子就难了。这需要家长严于律己、劳神费心。

面对那些习惯品行有问题的学生，老师一应有热心。不以他们为烦恼，而以他们为快乐。哪怕是热泪洒在冰冷的石头上，也应无怨无悔，痴心不改，一心向前。有“春蚕到死丝方尽，蜡炬成灰泪始干”的崇高。

二应有慧心。仔细观察分析学生生活成长的社会环境、学校环境、班级环境、家庭环境，切中肯綮，对症下药。不然，药再好，学生不想吃，也无济于事，有可能忙忙碌碌工作，辛辛苦苦害人。传什么道，老师应高瞻远瞩，胸有成竹。原则是有利于学生成才成人。

三应有苦心。教育好一个学生，尤其是人见人愁的学生，少了一番苦心是不可能的。谈心鼓励，家访摸底，有时悄无声息地不见了，哪怕是三九寒天，三伏热天，你不去找行吗？

四应有耐心。成长不流畅的学生往往转变也不流畅，立竿见影者更少。不良的习惯成自然就难以改变。特别是那些聪明得令人头疼的学生，为人师者，的确应有耐心教育，放弃了他们实在有些可惜。半年、一年、一年半、两年……打持久战，他不学好我不放弃。

五应有平常心。教育学生不能功利性太强，这个学生能不能给我考出好成绩，给我脸上增光添彩？学生会不会感恩？家长会不会领情？领导会不会重视？这些都不应太在乎。况且，有的学习太差的学生，这些全指望不上，如果教育好了，就等于挽救了一个失足青年，为家长擦干了眼泪。考大学是没有希望的，可是，这样做为社会做出了贡献，工作还是很有价值的。雨果说："多办一所学校，就可少建一座监狱。"

2007年6月20日

仰望星空

这是我的家，一个普通的乡村小院，四面是黄土筑起的高墙，纯朴而沧桑。脚下是自然的黄土地，平整而厚道。北面和东面是土木结构的青砖青瓦的房子，简单而温暖。父母年近八十，身体硬朗健康。谢天谢地，曾经的艰苦劳动锻炼出了他们硬朗的身体。院子虽然不时尚，但我还是喜欢这个味道。历经沧桑，淳厚干净。

有时，离开喧闹的城市，回去转一转，但往往是打个转身就走。这一次，因为本家的一个叔父去世，晚上就住在家里。半夜里，尿急，穿衣出来，到东南角的茅房撒尿。茅房毫无怪味，尿撒在上面，溅起黄土的芳香。尿太长，一边撒一边抬头随意地望。啊！顿时怔在那里。天不是蓝的，天是黑的，彻心彻肺的一尘不染的那种厚重的黑。无边无际，涵盖大地。没有月亮，星星满天。千姿百态，寒光闪闪。镶嵌在无垠的天幕，俯瞰大地，端详着天下苍生。蓦地，觉得人是那么的微不足道，人是那么的猥琐龌龊。村子里万籁俱寂，连狗的吠叫都没有。整个村子静默在星光之下，纯朴，自然，谦恭，简单。此时是凌晨三四点吧？试问，多少人在仰望苍穹？康德说："位我上者，灿烂星空；道德律令，在我心中。"多年前，在德国的那个小村子，夜深人静的时候，他是不是常常仰望苍穹？

可惜，身边如火如荼的城镇化，正在甜兮兮剥夺着人类和自然接近的神圣权利。仰望星空这种天然的行为今天变成一种奢望。我居住的小城市，楼房林立，直插云霄，遮天蔽日，拒星绝月。人们没有家，只有单元楼。人装在单元楼里，像中药材分门别类地装在中药柜里，摆得整整齐齐，纹丝不乱。享受着现代文明的慷慨馈赠：电灯、电话、电视、电脑、电褥子、电磁炉、电吹风、电暖气、电动车、电玩具……

丰富多彩的现代文明，像药品的胶囊，含在嘴里甜兮兮的好舒服，现代人乐此不疲、争先恐后地歌颂着。但是，两年、三年、五年、十年呢？在狭小的空间，开始养花、种树。开始养鸟、养狗、养猫。开始养小老鼠、养小乌龟、养小螃蟹。疯狂地在电脑上开垦荒地，种菜种瓜。开始养二奶、养小三。单元楼四壁满是蔚蓝的大海，高高的椰子树，屋顶一弯月亮，群星闪烁，美其名曰：时尚的壁纸艺术。我看到了人类蜗居后的寂寞，舒适后的无聊，看到了甜兮兮的胶囊过后是苦药。年轻人在焦灼地奔波，中年人在英年早逝，老人在孤独地爱抚着一只脏兮兮的猫，小孩子在抱着一个将死的鹰形的风筝飞不上天。四面全是电线，四面全是高耸入云的楼房，还有那无处不穿梭的汽车。

每天穿梭在城市，拥挤的楼房，千楼一面，没有个性。生硬的道路，黝黑呆板。喜欢读纸质的书，一页一页，慢慢地翻过去。屋里没有风，看到哪儿，书就老老实实地躺在哪儿。“清风不识字，何故乱翻书？”那美妙的沁人心脾的意境我们无福消受。我不止一次地打开窗户，让风吹进来，想一睹“何故乱翻书”的清风是如何地调皮捣蛋的，但都归于徒劳，城里的风没有执着的方向，城里的风随物应变，左右逢源。住在单元楼，没有盛开的鲜花告诉我，春天来了；没有发黄的树叶从窗前飘过，吟诵秋天深了。多少个中秋节，看不到天上的明月。“危楼高百尺，手可摘星辰。不敢高声语，恐惊天上人。”单元楼都高千尺了，夜深人静的时候，为什么连星星都看不见？何谈“手可摘星辰”？天上有人吗？天上没有人，高楼上的歇斯底里的吆五喝六，驴叫似的卡拉OK，为什么不害怕惊了天上人？

日本稻盛和夫活了一辈子，活出了四个字“敬天爱人”。一个人不敬天，就谈不上爱人。这与康德所言“位我上者，灿烂星空；道德律令，在我心中”的话异曲同工，精神相通。小时候，家里没有闹钟，鸡鸣是闹钟，三星是表针。冬天的夜清澈而寒冷，大公鸡嘹亮的鸣叫催醒了我们。走在上学的漫长的小径上，人多了不害怕。有时一个人走着，遇上刮大风，呼呼地吹着，心里就敲起了鼓。仰望星空，满天的星星眨着眼睛，突然，心里就踏实了。看看三星的位置，还早呢，就放慢了脚步。再看！三星都到那里了，快跑，再慢就迟到了。今天，看《爱心校车》栏目，有些地方孩子离学校不到五里路，也矫情地来回接送，是校车里的世界大，还是天地乾坤大？与其说是为了孩子方便安全，还不如说是剥夺了孩子接近认识大自然的权利。

三星，今天抬头看见就好像看见老朋友。可惜，母亲已经白发苍苍，父亲已经满头无发。但是，三星还是那三颗一字排开的星星，不近也不远，君子之交淡如水。母亲说："星星是不可以用手指的，指了会害'染指'。"是说哪个指头指了星星，哪个指头就被感染生疮。从那以后，我就特别敬畏天上的每一颗星星，不得已要指天上的星星，就用嘴示意，今天，还心有余悸，保持着这个习惯。不光是星星，天上的打雷闪电，更敬畏。父亲说："不敢骂老人，骂了雷会抓头。不敢做亏心事，做了天看得清清楚楚。暴风骤雨，电闪雷鸣，闪电就是天剑，专杀亏人之人。秤是天平，秤上不敢亏人，亏了人天意难平。"这些朴素的言语，我相信是天道律令，一直深深地烙在心中。虽然科学昌明，长大了知道它们之间没有必然的联系，但还是一如既往地恪守父母之言。苍天不可以相信，但必须信仰。

科学家证明，闪电是阴阳二气的不期碰撞，雷声是剧烈相碰发出的巨响，星星是遥远的大得了不得的恒星，天堂没有神仙，地狱没有恶鬼。美国的宇航员骄傲地征服了月球。于是，地球上的人开始蠢蠢欲动，跃跃欲试；缺斤短两，弄虚作假，坑蒙拐骗，吃拿卡要，巧取豪夺，穷奢极欲，污染环境，掠夺自然，捕杀动物，药洒植物，相互残杀，胆大包天，无法无天；嘲笑等楚军过河再开战的宋襄公真"脑残"也。

我依然站在大地上，仰望星空，敬畏苍天。

2012年4月26日

想有一个书院

想有一个书院，像那时候的岳麓书院、白鹿洞书院。不讲英语，不讲政治，不讲数理化。高兴了，讲讲三字经、百家姓、千字文、弟子规。心情好了，说说老子庄子孔子孟子荀子墨子杨子告子韩非子。兴趣来了，侃侃汉赋唐诗宋词元曲明清小说。心绪不佳的时候，随便聊聊曾国藩康有为孙逸仙毛润之胡适之周树人林语堂沈从文。当然，苏格拉底柏拉图亚里斯多德康德黑格尔尼采萨特也可以聊聊。不求蜜蜂采花，只求蜻蜓点水。来人无需多，只求有声和。

其实，现在就有一个“书院”。处城之闹市，居高在五楼。掀帘见蓝天，推窗接白云。藏书八九千，闲来随便翻。门板做书案，臬墨常不干。墙上一横幅，曰：“正均书屋”。起首印“墨语”，言墨会说话。语求抑扬顿挫，字讲轻重缓疾。押脚阴印“张政军”，姓是真姓，名不符实，不问政治，无缘军事。押脚阳印“谷雨先生”，喜欢滋润谷子的细雨，崇尚“先生”的道德风范。书案边一副对联：“公正而有原则，灵善而又均一。”起首印“天书”，好字乃天然流露，无需矫揉造作。押脚阴印“张正均”，取“政军”之谐音矣。押脚阳印“天润”，吾辈皆“天”字辈，生性愚拙，祈求上天滋润。吾喜欢天，敬天，信天，畏天。我的天，在梦呓。

卧室一床，二十一岁，敝帚自珍，翻身就响，头挨枕头，酣然入梦。床头一书，《瓦尔登湖》，偶尔翻翻，装点门面。客厅电视，结婚时买，二十一年了，2780元，90年代初，三年的工资，康佳康佳，完好无损。沙发上丢一书，《一个人的村庄》，不看，装装样子。“书院”是一个人的“书院”，往来无白丁，谈笑少鸿儒。什么年代了，没钱寸步难行，人皆痴心赚钱；没权一事难办，人都苦心捞官。有时空谈空谈，听者零零星星。学生尚觉有用，成人全作胡诌。

嗨！这哪里是书院？不过一书屋耳。在这物欲横流、喧嚣浮躁的时代，我的书院是这样的。

既是书院，离城市远一点，听不到嘈杂的机器声，听不到不休的车鸣声。和老家若即若离，“即”则鸡犬相闻，早晚见炊烟袅袅；“离”则不可和村人对门，出入要打照面，虚意寒暄。有一条独立的小路，曲曲折折，通往书院。走着走着，脚下松软潮湿，青草探头探脑，蓦地知道，春天来了。冬天，大雪纷纷，小路迷茫，踏雪乱走，天籁之音，洗心洁肺。这样的地点在哪儿？哦！故乡杨郎张家河的老院子就是。这些年兄弟姐妹都在外面奔波，前两年，父母从老院子搬到村中间大哥的家院，村边的老院子就一直空落而荒芜。去年深秋回家，橘黄色的杏树叶子吹落满院，土墙塌跌，野草丛生，童年栽的那棵椿树在北风的吹扯下，树冠呼呼嘶鸣，树杆长得人腰粗。有几次，父母说有人要买，我都没有吭声。在这个城镇化的时代，有多少老院子是注定要卖要拆的，有多少童年的记忆没有了形象的载体，只有梦中的回忆。老院子是童年的记忆，哪一年能成为梦想的书院？门前五棵杏树要留下，被天牛吃得满身疮痍的杨树榆树要留下，尤其童年栽的那棵椿树，都一腰粗了，更应留下。几棵苹果树，有的枯了，品种也不好，但叶生叶落，告诉人春夏秋冬。老房子，东边的留下，能用，有沧桑感。其余的推土机一推，不求平整，起伏顺其自然。三亩见方土地的边缘，栽三行白杨树，高大挺拔伟岸，几丈之内，旁无斜枝，青亮光滑，直插蓝天。几年疯长，树连成墙，猫狗不入，隔而不隔，界而不界。东边中间三步内杨树不栽，算一门。植两柳树，出出进进，掀柳门即开，放柳即关门。杏树苹果树任性而长，旁逸斜出，不予理睬。杏子黄了，苹果熟了，不必伸手，张口可摘。种几株梨树，一场大雪，隔窗一看，梨花开了。栽几棵丁香，暮春一阵清风，打个呵欠，香飘满院。松树柏树，一棵不种，四季一色，没有春去秋来。冬天脏兮兮地呆立，伤眼。

枸杞要种的，深秋片片绿中点点红，好看。草不种，爱长什么长什么，高不过尺。苜蓿种一些，春天煮着拌菜，夏天蓝花玲珑。韭菜种一些，清清爽爽，井井有条。铲而生，生而铲，顽强。种一点小麦，麦黄了挥镰收割；种一点玉米，风起了飒飒作响；种一点荞麦，花开了香漫书院；种一点向日葵，天阴了寻找太阳。

一楼做书房，二楼是讲堂，三层为楼阁。爱阅读的进书房，爱交流的去讲堂，爱独处的上楼阁。当然，楼阁吾常居，闲人请留步。名曰“天润阁”，墙挂一书法，“道可道非常道悟道天润阁”。书乱放，字乱写，墨臭熏天，纸香怡人，窗明几净，神清气爽。有蝴蝶之翩跹，无蜘蛛之结网。有蜜蜂之欢歌，无苍蝇之哼唱。有蚂蚁之爬行，无蚊子之狂妄。推窗望星空，闭门听风琴。醒时笑庄周，困则梦周公。饿则狼吞虎咽，哪管它是洋芋面。饱则吸风饮露，哪管天昏地黑。喜则歌，忧则咏，怒则吼，伤则诵，自由在高处。

讲堂轻易不开口，“不愤不启，不悱不发。”弟子不想，师傅乱讲，不如不讲。讲则“无边落木萧萧下，不尽长江滚滚来”，讲则“谈笑间，樯橹灰飞烟灭。故国神游，多情应笑我，早生华发。人生如梦，一樽还酹江月”。清风进讲堂，白云过天窗。“一蓑烟雨任平生”，“也无风雨也无晴”。喜鹊在杨树上报亲戚，麻雀在丁香枝头找朋友，蚂蚁在枸杞树下搬家，蜜蜂在向日葵上采花，蚂蚱在草丛里戏耍，蚯蚓在湿土上转悠，师徒在清风中争论。阳光下黄土地上吼个秦腔，夜空里看天幕下星光灿烂。夜半听风声，天明踏霜程。杏叶一地金，垂柳还泛青。

栽两根木桩，打两个孔，撺一根木棍，就算是单杠。犯错的弟子拉引体向上。

有碌碡，有碾子，有石磨子。

有一陈列室，农耕文明下的器具，凡所应有，无所不有。

有一大窖，常收雨水，木桶打吊。土粪长菜，手工磨面，胡麻榨油。开一食堂，天天有青菜，月月无肥肉。师徒天天吃，村民月月来。不亦乐乎？

2012年2月5日

童年的故乡

一片杏树林，一座古堡，一排窑洞，一条小河。这就是童年的故乡张家河，今天看来，它是我童年最好最丰富的学校了。上世纪六七十年代，一大把年纪的人叫它张家堡子。

一片杏树林

杏树林过百亩，每一棵树杆都比村里最壮实男人的腰粗，孩子躲藏其后，什么也看不见。一年四季，孩子们老在林中捉迷藏，吵闹声，呐喊声，在无际的林中荡漾。农历二月底了，杏花才铺天盖地地绽放。人行林间，仰望，乃花的天空；身置林外，远看，是花的海洋。快乐的蜜蜂畅游其中，风起香飘，弥漫了邻近的村庄。我两个姐姐常常折几枝回家，插在盛水的酒瓶里，摆在桌子上，灿烂好几天。尽管上世纪六七十年代，吃穿一点儿也不灿烂。

杏花纷纷，雪花飘飘，满地粉白，酥软如棉，摔跤，斗鸡，翻跟头，浑身是花香。北风呼啸，花瓣紧旋，水渠，墙脚，井畔，一堆一堆地蜷缩，心里怅然若失。

村民上山种糜子了，青涩的杏子指头弹大，树叶刚刚展开，青绿养眼，沁人心脾。酸杏儿裸露在阳光下，一望就口水澎湃。正是青黄不接的日子，摘了一兜又一兜，吃不完就和其他村的同学换馍馍吃。有时还不换，同学就骂了：“张家河人，馊馊鬼，两树酸杏儿了不起……”不争气的是有的马虎鬼，衣兜破了，杏子漏光了，人家拾着解馋了，洋洋自得地不骂了，他还浑然不知。于是，他就是叛徒，谁也不和他耍。

林子里边，村里派了专人看管，只有外围的树任人摘打。低处的摘了，高处的只有打。因此，我打破了两个头，一个是我的堂弟的，另一个是我的弟弟的。一次，半页砖摔上树，杏子就哗啦啦掉下来。不等我拾，一个堂弟就抢着拾。砖头掉在头上，霎时，红红的血直流，双手抱着头，不哭也不喊，杏子散落一地，我往伤口按些黄土，半天就好了。一次，是我的亲弟弟，也是类似状况受伤的，他边哭边往回跑，吓得我爬上一棵大树，藏进叶子茂密处，饿得吃了半天酸杏子。以后，他跟上我我就愁。

杏子黄了，一家分几棵树随便摘，哪里吃得了啊。晒杏干，喂猪，用小背篼背了送亲戚，一路上摇啊摇啊，摇到亲戚家，摇了个稀巴烂。

我家院里有两棵杏树，一棵杏子是圆的，好吃，没有黄就摘完了；一棵杏子是扁的，不好吃，黄了还在树上，风一吹掉下来，猪香香地吃。有一年，杏子黄时，父亲忧心忡忡，说，生产队长找他谈了，两棵树是公家的，只不过长在我们院里，杏子交给生产队，社员一起分。杏子是交了，夜里在煤油灯前，父亲低声念叨，树还是我二爷种的。那时是民国，开始，二爷一个人每逢雨后，挖一小坑，埋一杏核；后来，子侄跟着玩，挖一小坑，埋一杏核；再后来，成了一片杏树林。那时村里的地全是我们的，还有三十亩桃树，解放了，全挖了，所以，我不曾看见。那个夜晚没有风，月亮好亮啊，但我们都不敢高声说话。桃花盛开的时候，那是一片怎样的桃林？可惜看不到，能看到的是这片杏树林。深秋时节，树叶泛黄，有的慢慢变红，看着，望着，禁不住地心摇。杏林一片，红黄尽染，秋风萧瑟，纷纷飘落，村姑村妇，抛了又扫，树叶回家，烧火煨炕。那时候，家里不养牛羊。

突然有一年，杏树没了，土地第二年分成了好些块，种菜。树身堆积如山，锁在生产队一大院里。于是，不时地听说有人翻墙偷。我到现在想不通，树身那么沉重，墙怎么翻得过？终于，1980年的春天，村民挤开门，一哄而抢。因为杏木做案板，绝了！红艳艳的，漂亮；柔柔的韧，耐剁。刀剁上去，一条口子，拔了，口子又愈合如初。张家河人，皆杏木案板。连亲戚家亦全是杏木案板。可惜我家离那个锁着的大院子太远了，没抢上。说起来只有羡慕的份儿。

一座古堡

因为一座土堡子，张家河在民国叫张家堡子。因为一条河，解放了改叫张家河。堡子留给我的记忆，是因为伴随着童年的许多欢乐。至于有什么价值，没有想过。西海固这样的土堡子也有，破破落落地散落在曾经的繁华地上，西北风吹着高墙上的蓬蒿呜呜地响，尽显无限的苍凉。直到前年去了镇北堡，才心生憾意。什么西北影视城，不过一土堡子嘛。张贤亮也真有创意。但是，镇北堡也太化妆打扮了，拉虎皮，树大旗，借名人，做广告。游人络绎不绝，热热闹闹，花花绿绿的，找不到我童年古堡的味道。

堡子是1928年动工修筑的，四年后才成，那年奶奶生了一男孩，取名新成，就是我父亲。所以，父亲有时说，堡子和他同岁。堡子四四方方，足有二十亩。其时，堡子里空空荡荡，杂草丛生，有时有野兔跑。松鼠是常见的，它们的洞就在高高的堡墙上，有几次，我们眼睁睁看着小松鼠钻进去了，怔怔地望着天空。

东南角一石磨子，灰白色，雨水洗得一尘不染，睡在上面晒太阳。蚂蚁也悄悄爬上来，围在鼻孔抢着吸鼻涕。

一石碾子，青灰色，光滑如玉，骑也骑不稳。有一次，谁偷偷撒了一泡尿，堂哥往上一爬，滑下来磕破了膝盖上的皮。

一石槽，里面常有水，麻雀、喜鹊、鸽子，经常警觉地立在石槽沿上，啄一点水，抬起头，啄一点水，抬起头。有一次，我见一只乌鸦啄水，伙伴们全不信，说是喜鹊，但是，我坚信是乌鸦，嘴明明是红的。

西南角有土筑的长长的台子，两米宽，边上生长许多席芨草，夏秋郁郁葱葱，冬天干干枯枯，点着了呼呼地烧半天。顺着台子，我们就追着跑上去跑下来，跑上去跑下来。堡墙上面，一马平川，四五个小孩并排跑。一圈、两圈……现在想起来真怕，挤下去可就没命了。

奶奶说，临解放跑土匪，一土匪能飞檐走壁，“唰”的一声就上了高高的堡墙，吓死人。可落在一丛青翠的席芨草上，滑下去了。好好的，没摔死。她娘家庄上一家地主就没有这么幸运，土匪翻墙开了门，“哗”全涌进去了，要金银，不给；再要，不给；还要，就是不给。就将掌柜子衣服扒光，竹子扫帚点燃，蘸了清油抽打，就是不给；再打，不给；再打，“呸”嘴里飞出来一块硬东西。一看，是咬断的舌头。“日你妈，老子舔碗攒了一点，你婊子儿想抢去？叫你妈再下一遍你。”我似乎有点明白，她老人家为什么偶尔自言自语：“房是招牌，地是泪，挣下的金银催命鬼。”

“文化大革命”时，一年腊月，造反派要地主交出剥削劳动人民的金银财宝，没有。于是，两个地主婆子站在了厚厚的冰上，头上顶一块，一双手掌两块，又都是三寸金莲。国之小百姓，不过历史江海里的一叶浮萍。

古堡承载的辛酸是非再多，但湮没不了天然的纯朴美丽。站在古堡上，看杏花开遍，燕子回归，小河弯弯；站在古堡上，看杏叶尽染，群雁南飞，夕阳落下。厚重的黄土墙，历月经年，风吹雨打，日晒月照，鸟啄鼠钻，刀砍枪射，贼挖匪刨，斑驳疮痍，依然苔草青青，傲然矗立。堡院空旷，荒草莽莽。门洞深深，回音袅袅。青砖灰瓦，石柱凛凛。墨门漆漆，炮钉银银。惊起的鸽子，哗啦啦地飞旋，飞旋……飞上那蓝蓝的天，苍凉的鸽哨在古堡的上空回旋，回旋……这就是童年古堡的味道。

有一年冬天，生产队社员有些闲，用导火索、炸药包引炸古堡。整村的劳动力全上，“轰，轰，轰……”炸了一个月，才将剥削阶级的堡垒消灭干净。堡墙太结实了，炸飞的土碗子，小孩子用来当锅玩，刀子都削不下，撒一泡尿泡一泡，才可以削一块。纵使人有罪，土墙亦无过。若留至今日，也是一文物。里外种庄稼，占地何其多？

一排窑洞

在杏树林玩耍，玩耍在土堡子。其时，我们正住在窑洞里。人为地带来的生活的贫穷丝毫减少不了自然赋予人的乐趣，尤其是孩子。人生之乐多来自大自然，人生之苦多来自社会。几个爷爷，突然从大堡子被赶到土窑洞，落差太大，年不过半百，相继入土为安。堡子毕竟是他们规划着筑造的，有他们的骄傲；窑洞也毕竟是他们亲手挖的，有他们的委屈。十几个叔父，一个个低头做人，弯腰干活，背驼得拉一根牛筋，就可以拉弓射箭。没体验如何压迫劳动人民，却拥有了剥削阶级的恶名。吾辈年长的，知道看他人脸色行事；我等年少者，吃饱吃不饱，穿新穿不新，住好住不好，蹦着跑着跳着乐。

和陕北的窑洞一样，在村西边靠两丈高的坎子，挖了十几孔高近三米、深则两丈的大半圆的土洞，美其名曰：家。冬天暖夏天凉，不是自我安慰，而是科学原理。窑里用麦草粗泥先镘一层，再抹一层麦衣细泥，人常靠的墙上糊上报纸，就焕然一新了。一门一窗，窗下盘炕。每逢过年，红红绿绿的剪纸贴在窗户纸上，名曰“窗花”。寒冬腊月，天降大雪，一家人围坐在烧烧的土炕上，听母亲讲“毛野人背瓜女子”的古经，我现在回忆起来都温暖如春。

窑洞前开垦了一点闲地，种了菜，种了树。菜不分你我，谁吃谁铲。杨树不几年就长过了窑顶，郁郁葱葱。一堂哥还种了一畦菊花，开得热热闹闹，灿灿烂烂，绚丽多彩。三只狗，不知是谁家的，看每一家的门；两只猫，谁家的老鼠也抓。有一口井，深不过丈，清澈见底，用扁担就可以吊上水。井边一柳，树荫如巨伞，夏可遮阳，冬可当雪。一次下毛毛雨，我和一堂弟比蒙了眼睛跨井口，我先跨，过去了；他后跨，掉下去了。因为我装着蒙眼睛，他真蒙眼睛。幸亏井浅水不深，把他抱了上来，额头碰了条口子，现在还有伤疤。前几年说起伤疤，他很惊讶：“是真的吗？”

四叔那时在西安体育学院教体育，两三年回来一次，回来了常挑水，挑水常放响屁，我们就跟着数，一次数了十几个。

是1980年吧，国家落实赔偿政策，补了几个钱，叔父们起了心事，关系疏远了。“天”冷则近，“天”热则远啊。后来，时光流逝，又淡然相处。日子好一点，陆续搬离了那排温暖的窑洞。

一条小河

我的童年是和这条小河分不开的。可惜它已经干涸了十几年了。中国的工业文明、电子文明、信息文明糅合在一起，一下子在这二十几年从农耕文明跳过来，让人应接不暇。前面说的杏树林、土堡、窑洞，不过是上世纪50年代至70年代的事，距今不过三十年，但今天的孩子看了，一定恍如隔世。至于下面说的这条小河，今天又有多少孩子能身历其境、乐在其中呢？

想起那条小河，我常常想，不要长大多好。但长大，长老，长死，是自然的。正如社会，不停地往前走，尽管未来不一定比现在幸福。尤其是今天，没了刹车，往各自的目的地飞奔。有的人不择手段，不计成本，不管幸福不幸福。反正是“人在江湖，身不由己”了。能不能悠着点，在奔向目的地的时候，欣赏欣赏路边的风景。犹如童年盼望有一张成熟的脸，成熟了又怎么样呢？成熟的人知道。

小河绕在村子的西边，即使发了洪水也淹不到村子。这是先人的常识，不要感慨多么聪明。看看中国的大城市都在哪儿？黄河，长江两岸数一数，一目了然。恨也江河，爱也江河。我的故乡就是清水河两岸若干个村落中的一个。多少年了，先民们生生不息，繁衍耕耘。

童年，小河从容自如，潺潺而过。水清见底，鱼游其中。青蛙在河边唱歌，蝌蚪在河里戏嬉。老妪在青石上浴足，姑娘在碧水里洗发。小伙沐浴于河中，儿童打闹在水里。绾起裤管，逆流而上，找几颗青石，捉几条小鱼。卷起袖子，顺水而下，掬一捧清水，漱一漱臭嘴。无污染之担心，无干涸之忧虑。牛也喝，羊也喝，驴也喝，马也喝，猪也喝，人也喝，全村就靠这条河。河边种菜，河水浇菜，河水洗菜。张家河，张家河，上学赶集要过河，走亲访友要过河，紧过列石慢过桥，跌进河里没人捞。冬天去滑冰，冰上打陀螺。夏天去戏水，顺便把羊洗。河边有细软的沙子，岸上长满丰茂的青草，牛羊悠闲地吃着，牧羊人悠闲地坐着。

恍如一梦，十五年前小河臭不可闻，十年前小河滴水不流。人来人往，无从察觉，曾经流过一条美丽的小河。只有山洪暴发，人们才恍然大悟，这儿有一条小河。

我童年的故乡——张家河。

2012年2月13日

栽了两棵树

外甥张富强送来两棵树，一棵是红梅杏，一棵是梅李子。清明时节，树枝小指粗，一米长，水分饱满，表皮滑亮，根系柔润，带着湿土的芳香。蓦地，童年春天种树的味道又萦绕鼻际。天是晴朗的，没有风，不冷也不热，土地看上去表皮干燥，踩上去酥软，一脚踏下铁锹，干燥的黄土“扑哧”一冒，翻上来的是潮湿的软土，一股股湿土的芳香扑鼻而来，间或还有嫩草洁白的根，蠕动的刚苏醒过来的昆虫。坑挖好了，放上树，培土，将树稍稍往上提一下，松开，浇一点水，歇一会儿，将树扶正，上面撒一些松土保墒。满满一个春天，等待树活了发芽。

城里生活了二十几年，再也没有遇到童年栽树的那种感觉。尽管每年春天也带着学生义务植树造林，但好像只是为了完成一个任务。开始，学生像出笼的小鸟，叽叽喳喳，高高兴兴，干得热火朝天，趣味盎然。慢慢地筋疲力尽，坐下去就不想起来，看着铁锹就闹心。日落回家时，一个个垂头丧气，拖着铁锹有气无力，如乏兵败将。这样一年不劳动，一劳动就接连两三天，劳动强度大，一下子就倒了劳动的胃口，说什么种树的乐趣，乃百日寒一日曝也。

外甥拿来两棵树，其实是补种的。五年前，在东海园区买了单元楼，一楼，带一点小园子。第二年，父亲带来两棵野杏树苗，栽上后一年就长大拇指粗，茁茁壮壮，煞是茂盛。前年春天，三姐夫剪了他家的红梅杏树苗、梅李子树苗，嫁接了五枝。都蓬蓬勃勃地活了，疯了似的猛长，可惜，树叶太茂盛，一场大风，刮折了四枝。只有一只杏树苗存活下来，独占水分养料，茁壮猛长。今年已是树冠如伞，花蕾满枝，热热闹闹，含苞待放。另一棵则吹折了嫁接之苗，水分养料没处释放，主杆压抑难受，旁逸斜出许许多多野枝丫，我一次又一次地将其剪掉，主杆终于认输，偃旗息鼓，郁闷而枯死。外甥拿来两棵，正好补栽一棵，再栽一棵。正好三棵，即成森林，告别孤独。

没有风，阳光已有些闷热，晒在脸上灼热不爽。铁锹一年没用了，锈迹斑斑，踏进土里拙钝而不利索。见小葱如茵，蒲公英茂盛，春天已在土里孕育，城市还一片生硬。一锹一锹翻出潮湿的黄土，又回到了童年种树的情境。土地看上去表皮干燥，踩上去酥软，一脚踏下铁锹，干燥的黄土“扑哧”一冒，翻上来的是潮湿的软土，一股股湿土的芳香扑鼻而来，间或还有嫩草洁白的根，蠕动的刚苏醒过来的昆虫。坑挖好了，放上树，培土，将树稍稍往上提一下，松开，浇一点水，歇一会儿，将树扶正，上面撒一些松土保墒。满满这一年，我将等待树活了发芽，发芽了生长，生长生长，叶子大了，雨打在上面有了响声，风大风小能听出声音。有一天，叶子黄了，我知道秋天来了。有一天，叶子落了，我知道冬天来了。有一天，花儿开了，我知道一年又开始了。可是，栽了两棵树，我汗流浃背，口渴难忍，这是怎么了？读书讲课，讲课读书。吃饭睡觉，睡觉吃饭。一天复一天，一年复一年，就这样单调，就这样寂静，就这样循环往复。不知不觉地软了，朽了。城市啊，不该是这样。应该留有空地，种草，种树，甚至种菜，种瓜，种豆，种庄稼。工作啊，不该是这样，应该一张一弛，劳逸结合。上班精神焕发，激情燃烧。下班融入大自然，一花一草可养眼，一声一叫可悦耳，一风一雨可提神，一星一月可开慧，一劳一动可健身。

2012年4月4日（清明节）

雨中的记忆

那年，我上初二。四月的一天早上，我从梦中惊醒，天已经大亮，看看母亲，睡得正沉呢。这可是从未有过的事。以前，母亲总是六点以前就叫醒我。昨天晚上，母亲纳鞋底纳到一点多，是太困了吧？

我边发脾气边责怪母亲怎么就忘了叫醒我。胡乱穿了衣服，背上书包奔出家门。天上春雨淅淅沥沥地下着，地上泥泞不堪，天气冷冷的。我急急忙忙地往学校飞跑……

“政军……政军……把棉衣穿上……把棉衣穿上……”似乎是母亲在喊。回头一看，果然是她。我偏不站住，执拗地往学校跑。

跑到学校，已经上课了，喊声“报告”，老师望着我像落汤鸡一样，让我进了教室。坐下来连连打了几个喷嚏。

下课了，我透过窗户望学校的大门，母亲竟站在雨中等我。我跑到她跟前，她浑身湿透了，头发贴在脸上，把我的棉衣裹在怀里。见我来了，脸上满是笑容，揭开她的湿衣服，取出我的棉衣，棉衣干干的。于是，我换上了干棉衣，母亲如释重负，在迷蒙的雨中，轻轻松松地回家了。

下午放学回家，我头疼恶心，呕吐不止，整整一晚上都不曾入睡，母亲也守了一夜。

第二天，我嗓子沙哑，脖子周围起了几个肉疙瘩，母亲急得没有办法，父亲又在水库上工作，于是，叫来了哥哥。无奈村庄偏僻，又阴雨连绵，道路泥泞不堪，去县城医院，难！

第三天，我的耳朵里像针刺一样，疼得在炕上直打滚。到了晚上，耳朵里先是流黄水，后是流血水。母亲吓坏了，哥哥背起我在泥泞的黄土路上跑了十几里，才上了公路，挡了辆车，连夜赶到县城医院。大夫诊断，是重感冒引起的中耳炎，幸好耳膜尚未穿孔。于是，开了一些药，至今我印象深刻，滴的双氧水进了耳朵，凉凉的，舒服极了。不几天，就好了。可脸上竟脱了一层皮。同学开玩笑，是蚕脱皮。

后来工作了，成家自立生活，有时，少钱的尴尬，不好启齿。可有时去医院看望生病的亲戚朋友，又庆幸自己的健康。才深感健康才是最重要的。于是，常常记起母亲那年雨中给我送棉衣的那一幕。

1998年9月9日

没事儿打个电话

1998年7月，我弟张天雄徐州师范大学毕业，被派遣到灵武矿务局教育中心等待再分配。教育中心下管好几个小学和中学，条件有好有差。他分配到哪个学校呢？我们无能为力，只好看运气了。

临走那天，我送他。到固原车站，我不想去了。一是他都那么大了，又是体育系的，身体那么结实，身上还装了200元，怕啥？二是现在车费也不便宜，我不去省两个钱。临上车时，我给他100元钱和我们学校的电话号码，说："到那边分好了，打个电话！"车就匆匆开走了。

回到家，父亲问："你咋没去？"我说："都那么大的小伙子了，一个去没问题。"父亲就不说话了。不过，从父亲的眼中我看出了他的担心。我不明白，在父母的眼中，儿女怎么就长不大呢？

一个星期过去了，不见电话。我到门房子问曹老师："有我的电话吗？""没有。"曹老师说。"有了叫我。""好，你放心。"

半个月过去了，没有电话。我想，大概是分配到一个不好的学校了，心里泼烦吧。这期间我回过三次家，每次进家门，父母就问："你弟弟来信了吗？""来了。"我骗他们。"分到啥地方了？""分到好学校了。"看他们脸上宽展了许多，我为什么不骗他们呢？

国庆节放假了，弟弟回来了。脸黑了许多，原来分到灵新煤矿子弟中学。我说："也不打个电话回来？"他说："没啥事儿，打电话干啥？"一脸的阳刚硬派之气，好像他在外面干惊天动地的大事。

我在他那个年龄，也很硬派过，严肃得有些冰冷，老是轻松和蔼不起来。倔强地认为，这个世界没有几个人真心关心我。后来，工作了，有一次，因为自己的事儿，给一个认识的有身份的当官的先生真诚地婉言轻语地打电话，可是，人家一听求他办事，不等我把话说完，“咔嚓”一声，很潇洒地挂了电话。我木在那里，电话挂在耳朵上放不下来。“嗨！发什么神经？钱多很？”守电话的女士打趣道。那时那地，我在想，人情薄如纸啊。于是，更坚定了我处世的冰冷态度。后来，结婚了，也一如既往。有一次，妻绕了一个大大的圈子，说：“好几个人说你是冷血动物。”我说：“要骂就直骂好了。”事后一想，何必那么冷酷？自己和自己过不去。再后来，有了孩子，顿悟，这世界除了权钱名利，还有许多……比如老人和孩子，就需要我们去照顾和呵护，他们没有充沛的精力和强健的男人去竞争。如果，世界上只有健壮的男人，那世界会疯的。

在志高气盛的男人心里，所谓的事儿，就需和名利前途沾边儿，可是，人生的日记本上不全是名利两个字。亲人、朋友、同学之间，有时打个电话问一下，为什么非要有正经严肃的事呢？

没事儿，打个电话，不到一分钟，听听声音也好。

1998年12月9日

二月初九

今天感觉很好，昨晚下了雪，清晨走在厚而白的雪地上，天地一片清爽。上课还讲了王子猷雪夜访戴的趣事，雪夜茫茫，兴起而动，踏雪而访，到了家门口，尽兴转身而回，生命如此洒脱，过程的享受胜过对结果的苛求。

春雪融化得快，使其更显得娇美；不像冬天的雪，头几天洁白松软，煞是可爱，过几天，脏得不堪入目，也就人人嫌弃。近窗远望，城里的雪多变成了水，远方的山仍白雪茫茫，壮丽可观。

蓦地，听到电视里有毕福剑说，今天是3月1日，农历二月初九。恍然记起，今天可以美食一顿，因为是我的生日。于是，跟妻子说："今天跟我沾光走，你想吃啥我请啥。"妻愕然："咋了？""我生日。"

其实，3月1日，我老是记着，只是它不一定经常和农历二月初九巧合，今年是巧合，真好！小学时，3月1日是铁定的开学日。记得开学了，还穿着棉衣，跑在田地上，潮湿松软，风冷冷地吹着，但不觉其冻。杨树皮淡淡地发青，狗也紧追着撒欢子。我们追着闹着撕着打着去学校报名。有一次，我高兴地写了一篇作文，开头记忆犹新："3月1日到了，要报名了。我的作业也完成了，我又要念书了，我高兴得很啊！"

倒是二月初九，老是记不住，印象深刻的一次是五六岁吧，母亲做的是长面条，我一人独自享受，因为只做了一碗，连我弟弟也吃不上。于是他一直黏在我屁股后面，很是讨厌。我实在不想给他喂一嘴，因为实在太香了，面条柔而长，汤酸酸的，还有臊子蛋蛋。弟弟跟前跟后，跟后跟前，我就要他一个弹豆儿，才换两三根面条尝尝。至于他想吃一个臊子蛋蛋，那就要付出两个弹豆儿的代价了。他那时是不干的。跟得我有些困乏了，就坐在北窑的门槛上，有一半的饭，舍不得吃了，嬉诱弟弟的馋涎水。汤早就喝干了，舍不得吃的饭让他看一下，用身子堵住，看一下，堵住。突然，动作幅度大了，不小心一个仰面朝天，长面全扣在了脸上，弟弟哈哈哈地笑着跑了，乘机还拿走了他的弹豆儿。从那以后，我再也没有吃过那样香的生日长面。有一年说起那事，年近不惑的弟弟全然忘却，问："有过那样的事吗？"

我18岁考上大学，到今天25年，似乎不曾记住这个日子。有时过二月二，龙抬头，炒豆豆，蓦地自语，二月初九就到了。可到了也就忘了。近几年，有个说法，说父母都记着儿女的生日，儿女都记不住父母的生日。这也许是真理。但言外之意好像父母有点吃亏，儿女占了便宜。其实，一代一代都这样，做父母的也不必太自傲，甚至觉得付出得多了。谁请你付出？你付出你幸福，动物亦如此。还有比思念儿女更令父母幸福的吗？还有比儿女成长过程的点点滴滴更叫父母记忆犹新的吗？上帝真是智慧，给人甜头，让人心甘情愿地生儿育女，不辞辛苦，无怨无悔。

我不知道我的父母是不是每年都记得我的生日，记得也就默默地记得，渲染则显得矫情，农村人是不时尚渲染的。父母的生日我不记得，有时，其中的一个姐姐提醒了，我便买点吃的带回去。前年，父亲的生日一下子给记住了，不为别的，是缘于一句诗"可怜九月初三夜，露似珍珠月似弓"，父亲生日恰好是九月初三。父母同岁，今年都八十了，又是闰年，九月初三，一家人为父母贺了寿，他们自然很高兴。中国人图的就是儿孙满堂，平平安安。大哥因为忙，没有到位。儿子张东阳因为在古巴留学，也没有回来。还有两个外甥女秋红和小惠，因为忙，也没有来。以后再聚吧。

儿子的生日，我记得不清，这不要紧，妻记得一清二楚，去古巴留学之前，年年都庆贺的。留学这两年，有同学庆贺，也蛮快乐的。前些年，我带儿子上中学，儿子有时就提醒我："怕要美美撮一顿呢吗？""为啥？""老爷子大寿啊！"于是就美美大吃一顿，解解他的馋，因为，那几年，我正对他实行艰苦奋斗、自力更生的教育，素菜淡饭，饥饱不定。他只好记着我的生日沾光了。当然，他妈妈的生日他有时也记得，也是想蹭一顿美餐。妻的生日我是记不住的，记不住就记不住，以记住对方的生日为夫妻感情的标准，那也有些煽情了。两情若是长相守，又岂在一朝一夕。但我的侄儿张思博的生日，我是记得清清楚楚啊，因为他和我是同一个生日：农历二月初九。今天，他一定要吃好的。一会儿，妻回来了，我们也去吃好的。这年头，谁吃不过谁?

2012年3月1日

儿子笑刘翔

儿子笑刘翔。我暗喜，他是有向自己的弱点开战的味道了。比如，浮躁、张扬、沉不住气，少坚忍不拔的意志品质。刘翔之黯然，就在这些弱点上。一米九几的男子汉，在父老乡亲面前，不是拼搏在110米栏的跑道上，以展示男儿血染沙场的慷慨悲壮，而是给人们留下了一个黯然神伤的背影。太多太多的中国人呆若木鸡，失落不已。他们难以接受神往几年的英雄刹那间被伤痛击得寸步难跑，这就是那个打破世界纪录的亚洲飞人吗？这就是那个令黄色人种自信不比黑人白人跑得慢的黑头发黑眼睛黄皮肤的中国小伙子吗？这就是那个充满豪气和霸气的百米跨栏的世界冠军吗？这就是那个到处做广告的张扬的小帅哥吗？这就是那个偶尔客串演艺圈涮一回的男艺人吗？是的，一点儿也不错，刘翔未跑以前，身边的好些人说他跑不了第一。冠军怎么会是到处做广告的张扬的小伙子的呢？虽然是普通人感觉，但不幸言中。刘翔停在了起点，而没有倒在终点，主要不是生理的伤病，而是心理的疾病。这个被国人捧上天的飞人，飘飘然而懈怠于脚踏实地的艰苦训练；这个罩在鲜花中的飞人，醉眼蒙眬地尽情享受着人们的赞美。至于那些刘翔的粉丝，爱刘翔爱得死去活来，甘心做刘翔的跑鞋。奥运会以前，中国人似乎淡忘了所有的运动员，心里只有刘翔。翔的广告，目不暇接；翔的宣传画，铺天盖地。这是一个飞人，中国腾飞的象征，多么善于联想的民族啊！

是的，中国腾飞了，这个穷怕了的民族在地球上起飞了。北京奥运会的开幕式上，文明古国的古老经典的元素，大手笔地展现在世人的眼前，书法、汉字、戏曲、丝绸……曾经的大家闺秀，风流亦存，风韵依旧。在四个小时的观看中，我激动不已，身为中国人，感到无比的自豪。比赛开始了，中国健儿摘金夺银，捷报频传，春风得意马蹄疾，全国人民皆欢喜。我虽然没有过多地关注比赛，但听到同事高兴的闲聊，就知道中国运动员在家乡父老面前奋力拼搏，坚忍不拔，让五星红旗一次又一次地升起。台上一分钟，台下十年功。多年的刻苦训练的汗水，浇灌开了今天绚丽的鲜花。为他们喝彩吧！

百忙之中，最关心的还是刘翔的百米跨栏。运动之爽，莫过于百米角逐，无论输赢，皆令人荡气回肠。可惜，守在电视机前，顷刻之间，愕然不已。刘翔竟然退出了比赛？全场的人悄然无声，疑云密布，惊愕不已。飞人怎么了？伤痛折磨，迫不得已告别沙场？还是夺冠无望，虚荣使然，借机一溜？谁来解开这个谜？

假使刘翔因为伤痛的折磨，自己会坦然的，关爱他的人也会释然，但没有必要像电视上宣传的那样："向刘翔致敬！"请问，向刘翔致什么敬？艰难选择？临阵脱走？这不是运动的灵魂，运动之美，在拼搏精神。国家副主席也不必在电视上安慰刘翔师徒，安慰一下关心刘翔的老百姓就行了。我甚至偏激地想，即使伤痛折磨着，如果能走下场，就能走到跑道的终点。哪怕单腿跳跃到终点也虽败犹荣，精彩纷呈。赛场上没有永远的第一，但有永远的坚强。中国人民也不会苛求你第一个飞出跑道，但一定盼望你坚强拼搏。新闻发言人的话是难以服众的，"非运动员是难以想象刘翔的无可奈何"。笑话，凡双腿健全的人，都明白能走下场，就能走到终点。是英雄者，宁可血染沙场，也不临阵退回。刘翔还是有些草率，不懂得马革裹尸的悲壮激烈。如果他坚忍不拔、克服艰难地跑跳到终点，观众一定会肃然起立、掌声雷动、热泪盈眶的。人性的弱点是更同情失败的英雄。

我曾经被这样的场面深深地打动。在长长的跑道上，一个黑人运动员，并不年轻了，飞奔着、飞奔着，突然，他痛苦地跌倒了；可是不久，他又站了起来，小腿绑了白色的绷带，又跑了起来，观众全情不自禁地站起来了，掌声雷动。但他实在跑不动了，父亲跑上前给了他肩膀，他扶着走到了终点。此时，不少的观众泪流满面，得到了运动带来的极大的精神享受。这是一种何等的精神救助啊！刘翔怎么就不明白呢？

如果刘翔是心理压力太大，担心与冠军无缘，所以，与其不好看，还不如不给观众看。不跑，曾经的冠军殊荣还在；跑，冠军丢了咋办？那还有什么说的，看看亿万观众的惊愕失落的面孔，看看教练的泣不成声，听听副主席的安慰的声音，一切都不必说了。

儿子是高三的学生，喋喋不休地埋怨刘翔，听着听着，觉得他在释放情绪罢了，于是，就说了他几句。对生活现象应对事不对人，刘翔是一名优秀的运动员，但也有弱点，比如，浮躁、张扬。谁叫今天流行浮躁？

2008年9月26日

西海固的春

西海固是没有春天的，都四月天了，还脱不下线衣毛衣棉衣。晴朗的天，阳光是夏日的阳光，风却是冬天的风。阴霾的天，雪花在空中胡乱地打旋，倏地落地就化成了水，脏兮兮的，无雪花之晶莹，少雨水之清亮。有时，清晨还穿着棉衣，中午身着线衣都有点热了，不小心，入夜又冻得流鼻涕。西海固的春，是这样的乍暖还寒，忽喜忽怒，倔强无比，没有过度，没有缓冲，任性而执拗。如此性情，浸透在每一个西海固人的骨子里，和蔼是一时，愤怒是一时，不遮不掩，不藏不掖，乃十足的“山狼”也。

但西海固的春天也毕竟是春天，正如再蔫的孩子，到了青春期总是要发情的。西海固的春天也低调地发情。城市在凛冽的寒风中，表情呆滞。灰蒙蒙的天，慵懒的太阳，呆头呆脑的楼房，僵硬冰冷的街道，尘土染身的树木，丝毫不见春的气息。夜深人静的时候，突然，几声声嘶力竭的猫叫，令人惊魂未定，努力地琢磨，噢！猫按捺不住春的挑逗，正发情呢。西海固的城市，一下子活了，匆匆忙忙上班的人，看一眼追逐撕咬的猫，矜持地抽动嘴角，脸上活跃了许多。春天来了，忙碌的城市人却浑然不知。是一只蚊子咬破了呆坐的寂寞，哦！春天来了。是一只苍蝇吵碎了郁闷的孤独，哦！春天来了。是一只蜘蛛打扰了凝望的视线，哦！春天来了。在城市阴冷的角落，冰雪尚未融化；在阳面的角落，水泥的罅隙，小草探头探脑，春情澎湃，暖意盎然。

西海固的山村是坦然的，尽管凸凹不平，但春天的阳光一视同仁地洒在上面，皱褶的脸面比城市生动得多。干旱的黄土地踩上去松软柔美。我常常一个人爬上高高的黄土塬，俯视我的故乡，阳春三月了，看不到绿的树，绿的草，绿的麦苗。看不到蓝蓝的天，温暖的太阳，悠然的白云。看不到回归的大雁，滑翔的小燕子，调皮的丑麻雀。看不到飞奔的野兔，惊恐的田鼠，狡猾的狐狸。我想象不到在遥远的时代，脚下的黄土塬是郁郁葱葱的森林，还是汪洋恣肆的大海。但我明白，站在厚重浑阔的黄土塬上的我，不过一个小小的黑点。在春天的寒风里，美得发颤。我看见了村里的男人吆喝着黄牛开始松土耕耘，女人在田间不停地穿梭。我看见了炊烟袅袅，如青青的云萦绕在村子的上空，女人放肆地呐喊着她的孩子“回家吃饭”。我看见了激动的毛驴在辽阔的苜蓿地狂妄地乱跑，肆无忌惮地大叫。我看见了村里的狗三五成群地打情骂俏，小孩子啊哦啊哦的喊叫。西海固乡村的春天，如此的肆无忌惮，酣畅淋漓。虽然没有红杏绽放，桃花盛开。

西海固的春天，暗藏杀机。间或有一年，寒风凛冽，沙尘卷地，狂风到处尥蹶子，好像疯了的野马群，你一出去就会踢死你。花草树木都悄悄地缩着头，不敢有丝毫的轻举妄动。突然，一连好几周，风平浪静，晴天丽日，单纯的西海固人高高兴兴，嘻嘻哈哈，花枝招展，摇曳生姿。桃花杏花竞相争妍，梨花苹果花也不甘示弱，都热热闹闹地绽放。杨树柳树榆树在温暖的阳光抚摸下，碧青的叶子也一天天舒展开了。蚊子放肆地叮咬，苍蝇狂妄地飞窜，蜜蜂快乐地歌唱。突然，狂风横扫山川，沙尘席卷乡镇，大地冷若冰霜，花蔫叶枯，凄惨一片，太阳悬在高高的天空，阴阴地冷笑。只有那些角角落落的小草，才幸免于难，逃过一劫，精灵骄傲地活着。这样的磨刀霍霍杀气腾腾，只有过了农历四月八，才会“轻轻地我走了，不带走一片树叶”。

2012年4月1日

只是不想跟风（代后记）

看着各种各样的图书络绎不绝地上市，封面总有大师的重磅推荐妙语，翻开，又有名家的欲扬先抑的序言，再一看有的书“吹”不符实，突然就想起了小学老师讲的《狐假虎威》的故事。有的老虎也真笨，怎么就被狐狸忽悠了呢？不，市场经济，吃了人家的嘴软，倪萍不也给三鹿奶粉做广告吗？再说了，狐狸随着老虎，也只能吓跑小鹿、小羊、小猪、小兔子。狮子能吓跑吗？豹子能吓跑吗？大象能吓跑吗？有脑子的，能分辨出书的优劣好坏。好的文字，当是有独到科学的思想，当是有敬天悯人的情怀，当是有美妙怡性的形式，当是让人读了掩卷沉思，大脑像洗了澡，神清气爽，愉悦异常。蓦地就想做一个好人，一个聪明人。文字不赢人，请个名家作序有何用？太监请了皇帝见美女，美女是看太监，还是看皇帝？

所以，真的不想请个名家作序，害怕我的文字平庸，读者说我狐假虎威。再说，凭什么欠人家那么大的人情？给润笔费又囊中羞涩，因此，鼻涕下来用自己的拳头揭，不嫌脏，自己写点文字，聊作后记。

我所写的文字，比如教育，是从实践中体会到，没有不好的学生，只有不好的教育。教育者不可以只揪住“问题学生”不放，应多研究“学生的问题”。有人说：“上等人自成才，中等人打成才，下等人打死也成不了才。”试问：他的孩子是个所谓的“下等人”，他会不会认为打死也成不了才呢？所以，我固执地认为，教育就是给人以希望。人活着也不容易，客观世界常常给人设置许多阻碍，主观臆想又时不时地犯昏，所以，孤独和无助动不动就调戏人类。如果校园里“唯分数独尊”，“差生”度日如年，那教育的价值究竟是什么？再说，人生就是一种向往，况且，学生毕竟还是些孩子，为什么考高分才算是“人才”呢？雨果说：“办好一所学校，就可少建一座监狱。”教育者当有此胸怀，不可只钟情于高分，不可唯功利是图。

我所写的文字，比如社会，是我一直在观察思考的结果。我也一直认为，没有不好的百姓，只有不好的官员。孔子云：“君子之德风，小人之德草。草上之风必偃。”羊好全看牧羊人。

我所写的文字，比如政治，窃以为，没有不好的官员，只有不好的制度。人性如水，遇直则直，遇弯则弯。适者生存，不适者被排挤。有多少人心甘情愿徘徊在主流的边缘？也许有人说，我错了，但是我相信，未来会证明我无错。因为，文字揉和了我的良知，文字渗透了我的真实。即使有人批判我，我也毫不后悔。只是害怕“急雨渡江东，狂风入大海。生死总为君，可怜君不解”。

二十多年了，行走在这个城市的边缘地带，虽是一介书生，但影子还是地地道道的农民，所以，梦中经常是童年的故乡——六盘山脚下、清水河畔一个叫张家河的村子。故乡的山，故乡的水，故乡的小径，故乡的麦田，故乡的黑猪，故乡的黄狗，故乡的白杨树，故乡的芨芨草，故乡的黄土墙，故乡的老院子……一直霸占着我的梦乡。城市的灯红酒绿，一次也没有出现在我的梦乡。于是，一次朋友聚会，我说：“人生是童年的延续和放大。”他们说：“有点道理。”

在这个跟风的年代，我只是不想跟风。想固守童年的自然和绿色，纯朴和厚道，善良和诚信，自由和平等。我甚至可笑得不愿融入这个数字化的信息时代。不是拒绝科学，而是怕失去了诗意。

不想戴钥匙。怀念“鸟宿池边树，僧敲月下门”，怀念“柴门闻犬吠，风雪夜归人”；向往路不拾遗，向往拂晓闻鸡鸣，向往无墙无门无锁无盗贼。

不想带手机。向往“松下问童子，言师采药去。只在此山中，云深不知处”，向往“烽火连三月，家书抵万金”，向往“谈笑有鸿儒，往来无白丁”，向往“开轩面场圃，把酒话桑麻”，向往围炉夜说话。

不想住单元楼。单元楼不过一出进自由的监狱，充其量只是一宿舍，没有家的味道。怀念“倚门回首，却把青梅嗅”，怀念“青山横北郭，绿树村边合”，怀念“几处早莺争暖树，谁家新燕啄春泥”，怀念“黄四娘家花满蹊，千朵万朵压枝低”，怀念“忽如一夜春风来，千树万树梨花开”，怀念“墙角数枝梅，凌寒独自开。遥知不是雪，为有暗香来”，怀念“君自故乡来，应知故乡事。来日绮窗前，寒梅著花未？”，怀念“两个黄鹂鸣翠柳，一行白鹭上青天。窗含西岭千秋雪，门泊东吴万里船”；怀念房前屋后九月狗追狗，二月猫叫春；怀念屋后的那棵椿树，亭亭如盖；怀念门前的那棵老杨树，上面还有喜鹊筑的巢，远远地望见那棵树，知道那儿就是我的家。

不想装钱。两次用银行卡取钱，卡都吞进了机柜里，转过来转过去地乱转，取款的美女小心翼翼地看着我，以为我踩点抢劫呢。我像贼吗？妻说：“像个木头。”

不想买车。上班的路上有两所小学，三个十字路口，开车还不如蜗牛爬行。憧憬“撑着油纸伞，独自/彷徨在悠长、悠长/又寂寥的雨巷，/我希望逢着/一个丁香一样地/结着愁怨的姑娘/……”憧憬“我打江南走过/那等在季节里的容颜如莲花的开落//东风不来，三月的柳絮不飞/你底心如小小的寂寞的城/恰若青石的街道向晚……//我达达的马蹄是美丽的错误/我不是归人，是个过客”。

儿子网聊说：“买辆好车，乘年轻享受享受。”我不知道我这个足不出城的已过不惑之年的书生能享受什么？开辆车不过给这个浮躁的城市多排些废气，多放些响屁，多惹些走路人的“呸”的一口痰而已。

喜欢阮籍的穷途而哭，可惜没有牛拉的木车；喜欢嵇康的《广陵散》，可惜不懂宫商角徵羽；喜欢王子猷的雪夜访友，可惜遇不上那样凄美的雪夜。

熟悉的人每天都忙于正事，不是为升官，就是为发财，剩下的就是为生活栉风沐雨。重庆的侄儿要QQ号，我没有，侄儿笑道：“太落伍了吧？”我偶尔也上网，蓦地就有了进妓院的感觉，一个个烟花女子扑面而来。于是佩服今天孩子的抵抗力和免疫力。我年轻的时候，见一个漂亮的姑娘从身边飘过，会“若无其事”地打量一番。

我常常躺在跟了我二十年的布沙发上看电视，看着看着就睡着了，偶尔惊醒，电视还哗哗哗地演着，遥控器一点，又酣然入梦。一直想不通，有的人升官了，发财了，春风得意了，飞黄腾达了，怎么还会辗转反侧地睡不着？

如果城镇化的飞快速度温柔地剥夺了我们的睡眠、幸福、蓝天、白云、绿色、环保、纯朴、厚道、善良、诚信、自由和平等，那人类还没日没夜拼命地掠夺地球资源，追求飞速发展干什么？生硬的钢筋水泥楼高傲林立，狂妄地刺向蓝天；纵横交错的沥青柏油路四通八达，自豪地把人类和土地隔离。城镇化的城市，没有花草树木，没有蓝天白云，没有星星月亮，没有一年四季，没有像凝固的音乐一样的建筑，那飞速的城镇化又有什么味道？为了钢筋水泥楼，为了柏油路，为了自来水，为了暖气，为了电脑，为了机动车，为了灯红酒绿，就抛弃蓝天白云、灿烂星空、清风明月、花草树木、绿色粮食、天然蔬菜、纯净溪水？

慢一点，慢一点，停一下，想一想。生命是一次旅行，仰望星空，沐浴清风，听听小鸟的千回百啭，看看路边的蚂蚁蜜蜂，给行走一个科学的度，不要盲目地拆了建，建了拆。如果全面的城市化，那还有城市吗？真的到那时，城里人会疯了似的往乡村跑。建好城市，建好乡村。建设是为了幸福。

常常一个人在街上茫无目的地转悠，有时看着一本发黄的线装书，有时狼吞着一个白面馒头，有时剥噬着一个烧焦的土豆，有时狂抽着一根黑硬的雪茄，摩登的市民眼睛贼溜溜地看我。突然遇见衣衫褴褛、白发苍苍的老人，吝啬地递过去两元人民币，摩登的市民长出一口气，恍然大悟似的，这个人原来没有神经病。

有时，遇上年纪轻轻、黑发油油的行乞的青年，我不屑一顾。一次，对一个行乞的青年说："你不如去洗碗挣钱。"他立即抬起头，白眼于我。

笛卡尔说："我思故我在。"

我想，我歌我且谣。

是为后记。

2012年4月19日